4차 산업혁명의 역습:
사이버공간을 탈출한 사이버범죄

사이버범죄론

이원상 저

The Fourth Industrial Revolution Strikes Back:
Cybercrime Escaped From Cyberspace

박영사

서문

　요즘 미디어, 정부정책, 학술회의 등을 보면 우리 사회의 큰 이슈 중 하나는 4차 산업시대가 도래하고 있다는 것입니다. 농업 위주의 1차 산업시대, 공업 위주의 2차 산업시대, 정보가 중시되는 3차 산업시대를 넘어 인간의 첨단 기술이 결집된 4차 산업시대가 우리에게 유토피아를 선물해 줄 수 있을지, 아니면 디스토피아가 되어 인류에게 불행을 초래할지에 대해서는 의견이 분분합니다. 지금 우리의 손에는 '첨단 기술'이라는 도구가 쥐어져 있습니다. 이 도구를 어떻게 사용하는지에 따라서 유토피아가 될 수도 있고, 디스토피아가 될 수도 있습니다. 그런데 문제는 대다수 시민들은 주어진 도구를 선하게 사용하려고 노력하지만, 일부 시민들은 그 도구를 가지고 자신의 사욕을 채우기 위해 타인이나 사회, 국가, 더 나아가 전 세계에 피해를 입히는 것에 사용합니다.

　우리의 고민은 여기에 있습니다. 시민들이 사이버공간에서 자유를 충분히 누리도록 하면서도 자유가 방종이 되어 범죄로 나아가지 않도록 균형을 맞추는 정책을 마련해야 하는 것입니다. 또 하나의 고민은 현실공간에서는 국가권력의 힘이 매우 강하기 때문에 그 힘으로 범죄를 억누를 수 있지만, 기술이 지배하고 있는 사이버공간에서 국가의 힘은 상대적으로 약화됩니다. 오히려 한 국가가 일부 해킹집단의 능력에 밀리는 경향도 나타납니다. 이런 상황에서 시민들은 최후수단(ultima ratio)의 지위를 지키고 있는 형사법에 대해 최우선수단(prima ratio)으로서 선제적으로 대응하라는 요구가 거세지고 있습니다. 인권을 침해한다던 비판을 받던 CCTV를 더욱 많이 설치하고, 인공지능의 사용과 빅데이터 분석을 통해서 발생할 범죄를 분석하여 사전에 차단하라고도 합니다. 하지만 한국의 형사법은 아직까지 그런 요청에 부응하고 있지 못하며, 첨단 기술을 활용하여 범죄에 대응하는 것도 인권침해와 맞물려 쉽지 않은 상황입니다. 즉, 아직까지 사이버공간에서의 시민의 자유와 범죄로부터의 보호를 위한 균형점은 발견되지 않았습니다. 그런 상황에서 사이버공간은 점차로 현실공간과 융합되어 가고 있으며, 사이버공간에만 머물던 사이버범죄는 사이버공간을 탈출하여 육신화되어 마치 울트론(Ultron)이 비전(Vision)을 만든 것과 같이 현실공간으로 나오게 되었습니다. 이제부터 영화 터미네이터에서와 같이 본격적으로 사이버범죄와의 전쟁을 치러야 할 것입니다. 우리는 사이버범죄와의 전쟁을 준비해야 하는 것입니다.

사이버범죄를 연구하는 학자로서 연구를 하면 할수록 항상 사이버범죄에 대응하는 역량이 부족하다는 것을 느끼게 됩니다. 사이버범죄에 대응하기 위해서는 우선 늘 새롭게 등장하는 첨단 기술들을 이해해야 하고, 그로 인해 발생하는 새로운 범죄 유형들에 대해 분석해야 합니다. 그를 기반으로 현행 형사법의 학문적 이론들과 첨단 기술의 특성을 접속시켜 적절한 형사법 이론을 구축하고, 입법적 미비가 있으면 입법적 촉구를, 실무에서의 미흡함이 있으면 실무적 개선을 요구해야 합니다. 그런데 문제는 첨단 기술은 어렵기 때문에 법학자들이나 입법자들이 제대로 이해하기 쉽지 않고, 그로 인해 적절한 법학 이론들이 구축되지 못하며, 그 결과는 입법의 왜곡이나 실무적인 한계로 나타나게 됩니다. 그래서 사이버범죄를 연구하는 학자들이나 시민들이 더욱 많아졌으면 하는 바람이 있지만 범죄라는 네거티브한 분야가 가지는 심리적, 사회적, 직업적인 한계로 인해 언제나 시민들의 주된 관심사에서는 멀리 떨어져 있습니다. 이런 상황에서도 혹시나 이 분야에 대한 관심을 갖고 있을 '샤이 시민'이 있을 수도 있다는 희망을 갖고 그동안의 관련 연구들을 일반 시민들에게 거부감이 없도록 그동안의 연구들을 리마스터링(remastering)하여 작은 책을 발간하게 되었습니다.

무엇보다 늘 옆에서 응원을 해 주는 우리 가족 모두와 책이 출간되는데 많은 도움을 주신 박영사에 진심으로 감사의 마음을 전합니다. 그리고 처음부터 끝까지 꼼꼼하게 읽어 보시고 조언을 해 주신 아버님께도 특별한 감사를 드립니다.

2018년 12월 빛고을에서
이원상

contents
차례

Prologue
사이버범죄란 무엇인가?   1

I. 입장하기 ● 3
II. 정보화 사회와 위험 사회 ● 5
  1. 제3세대 정보화 사회 _ 5
  2. 정보화 사회에 깃든 위험사회 _ 10
III. 사이버공간에서의 행위규제요소 ● 14
IV. 퇴장하기 ● 18

chapter 1
사이버범죄 이전의 정보화 역기능 분류   21

I. 입장하기 ● 23
II. 정보화 사회 초기 정보화 역기능 분류모델 ● 24
III. 법제도에 따른 정보화 역기능 분류모델 ● 28
IV. 정보격차 해소 및 정보문화발전을 위한 분류모델 ● 30
V. 사회적 현상분석을 기반으로 한 정보화 역기능 분류모델 ● 31
VI. 로렌스 레식의 행마법을 기반으로 한 정보화 역기능 분류모델 ● 33

VII. 현실에 적합한 정보화 역기능 분류모델 ● 34

    1. 정보화 역기능 분류기준 _ 34

    2. 정보화 역기능 분류 방법 제안 _ 37

VIII. 퇴장하며 ● 48

chapter 2
4차 산업혁명 시대의 도래   51

I. 입장하기 ● 53

II. 4차 산업혁명의 이해 ● 56

    1. 4차 산업혁명의 개념 _ 56

    2. 주요 기술개념 _ 58

III. 형법상 범죄능력의 문제 ● 63

    1. 행위론 및 법인의 범죄능력 논쟁의 재점화 가능성 _ 63

    2. 강한 인공지능 로봇의 범죄능력 _ 65

IV. 형법적 책임성의 문제 ● 67

    1. 현행 형법에서의 책임성 _ 67

    2. 약한 인공지능 로봇의 책임성 _ 68

    3. 강한 인공지능 로봇의 책임성 _ 69

V. 형법상 과실범의 문제 ● 73

    1. 형법상 과실범의 구조 _ 73

    2. 자율주행자동차의 과실범 문제 _ 75

VI. 퇴장하기 ● 78

chapter 3
첨단 기술을 활용한 범죄예방   81

I. 입장하기 ● 83

II. 첨단과학기술을 활용한 범죄예방 필요성 ● 85

   1. 첨단과학기술과 범죄예방의 형태 _ 85

   2. 범죄예방의 미래 _ 87

III. 첨단과학기술을 활용한 범죄예방 형태 ● 89

   1. 소프트웨어(Software)적 방법 _ 90

   2. 하드웨어(Hardware)적 방법 _ 91

   3. 범죄예방 환경설계(CPTED)적 방법 _ 94

IV. 법제도적 현황 및 문제점 ● 96

   1. 소프트웨어 관련 현황 및 문제점 _ 96

   2. 하드웨어 관련 현황 및 문제점 _ 98

   3. 범죄예방 환경설계 관련 현황 및 문제점 _ 100

V. 법제도 개선 시 고려사항 ● 102

   1. 프라이버시 침해 방지 _ 102

   2. 첨단과학기술의 안전성 확보 _ 106

   3. 첨단과학기술의 보안강화 _ 108

   4. 사회적 신뢰성 강화 _ 109

   5. 입법체계의 문제점 개선 _ 110

VI. 퇴장하기 ● 112

chapter 4
빅데이터 기술과 생체정보를 이용한 범죄대응   115

I. 입장하기 ● 117

II. 빅데이터 환경과 생체정보 이해 ● 118

1. 생체정보의 개념정의 _ 118

2. 생체정보 활용분야 _ 121

3. 빅데이터 환경의 이해 _ 124

Ⅲ. 생체정보의 형사정책적 활용사례 ● 126

1. 수사 분야에서의 활용사례 _ 126

2. 증거 분야에서의 활용사례 _ 129

3. 보호관찰 분야에서의 활용사례 _ 131

Ⅳ. 생체정보의 형사정책적 활용을 위한 제언 ● 133

1. 생체정보 보호를 위한 근거규정 마련 _ 133

2. 생체인식의 기술적 오류가능성 고려 _ 136

3. 엄격한 처리절차 및 비례성원칙 적용 _ 137

Ⅴ. 퇴장하기 ● 140

chapter 5
인공지능의 범죄 VS. 형사법   143

Ⅰ. 입장하기 ● 145

Ⅱ. 인공지능에 대한 이해 ● 147

1. 인공지능의 의미 _ 147

2. 약한 인공지능 _ 149

3. 강한 인공지능 _ 150

Ⅲ. 인공지능에 대한 영역별 대응현황 ● 151

1. 로봇 윤리 영역의 대응 _ 151

2. 민사법 영역의 대응 _ 153

3. 저작권법 영역의 대응 _ 155

4. 자동차 보험법 영역의 대응 _ 156

Ⅳ. 형사법 체계의 기획 ● 158

　　1. 인간중심의 행위체계 _ 158

　　2. 인간 중심체계의 예외 _ 160

　　3. 형법상 책임의 귀속 _ 161

V. 현행 형사법 이론의 한계 ● 162

　　1. 인공지능의 범죄능력 인정여부 _ 164

　　2. 인공지능의 형사책임능력 인정여부 _ 166

　　3. 인공지능의 수형능력 인정여부 _ 169

VI. 퇴장하기 ● 171

chapter 6
사이버범죄자를 잡는 디지털 증거　　　　175

I. 입장하기 ● 177

II. 클라우드 컴퓨팅 환경의 이해 ● 179

　　1. 클라우드 컴퓨팅의 개념정의 _ 179

　　2. 클라우드 컴퓨팅 지원 기술 이해 _ 182

III. 디지털 증거 압수·수색 논의의 발전과정 ● 185

　　1. 디지털 증거 압수·수색의 논의 개관 _ 185

　　2. 개정 이후 클라우드 컴퓨팅 환경에서의 압수·수색의 문제점 _ 189

IV. 클라우드 컴퓨팅 환경에서의 디지털 증거 확보방안 ● 196

　　1. 디지털 증거 확보의 대한 실증자료 파악 _ 197

　　2. 법원과 수사기관의 인식 동조화 _ 198

　　3. 압수·수색 영장제도에 대한 재고 _ 199

　　4. 형사소송법 규정의 개선에 대한 재논의 _ 201

　　5. 정보제출명령(subpoena) 및 제3자 협력의무에 대한 재고 _ 203

　　6. 온라인 수색의 도입방안에 대한 신중한 검토 _ 207

V. 퇴장하기 ● 210

Epilogue 213

사이버공간을 탈출한 사이버범죄 VS. 형사법, 그 미래는? 213

I. 입장하기 ● 214

II. 새로운 종(種)의 탄생? ● 215

III. 범죄대응의 미래 ● 218

    1. 범죄를 예측해서 처벌할 수 있을까? _ 218

    2. 인공지능로봇을 통한 범죄대응은 가능할까? _ 219

IV. 형사법의 미래 ● 221

V. 퇴장하기 ● 224

색인 **226**

사이버범죄란 무엇인가?

I. 입장하기

1980년대에 엘빈토플러(Alvin Toffler)는 현대 사회가 농업사회, 공업사회를 거쳐서 정보화 사회에 접어들 것이라고 예견하였다. 정보를 소유하고 있는 자가 권력을 갖게 되며, 정보가 재화가 되는 사회를 예견한 것이다. 그러나 현대 사회는 어느덧 정보화 사회를 넘어 '유비쿼터스 사회(ubiquitous society)'로 나아가고 있다.[1] 유비쿼터스 사회란 사이버공간과 현실공간이 융합된 사회로서 정보화 사회의 궁극적인 종착점이라고 할 수 있다. 유비쿼터스 사회에서는 각각의 물체에 RFID(radio frequency identification)나 3차원 바코드가 장착되어 원하는 사람은 언제라도 이 물체의 이력에 대해서 확인할 수 있다. 또한 음식점을 찾기 위해서 더 이상 인터넷에 연결된 컴퓨터를 찾아갈 필요도 없다. 스마트폰의 카메라를 작동시켜서 주변을 촬영하면 증강현실 앱을 통해 주변에 있는 식당의 이름, 주소, 연락처가 스마트폰의 화면에 나타난다. 사람들과의 관계를 맺기 위해서 휴대폰으로 전화를 하거나 컴퓨터의 메신저를 이용하는 것은 이미 오래된 이야기이다. 페이스북(Facebook)이나 카카오톡(Kakao Talk) 등과 같은 SNS에 항상 연결되어 실시간으로 관계망을 형성하고 있기 때문에 물리적 공간에서의 만남이 더 이상 큰 의미를 갖지 않는다. 그리고 P2P(peer to peer) 기술로 인해[2] 정보는 '만인에 대한 만인의 제공'이 가능하

---

1   '유비쿼터스(ubiquitous)'란 라틴어로 '언제 어디에나 동시에 존재한다(편재성)'라는 의미이다. 유비쿼터스 사회에서는 유비쿼터스 컴퓨팅 기술이 사용되어서 사용자가 컴퓨터와 네트워크에 물리적으로 제약되지 않은 채 언제 어디서나 네트워크에 접속할 수 있는 사회를 말한다.

2   사이버공간에서 개인(peer)과 개인(peer)이 직접 연결되어 파일을 공유하는 것을 의미한다. 냅스터나 소리바다, 그누텔라와 같은 것이 그 대표적인 예이다.

게 되었다. 이와 같은 유비쿼터스 사회를 살고 있는 세대를 '넷세대(N-generation)'라고 칭하며, 더 나아가 이들을 '디지털 원주민(digital native)이라고 칭하기도 한다.[3]

이처럼 정보화 사회가 현대 사회의 장밋빛 청사진이라면 그에 드리워진 그림자로서 '위험사회(risk society)'라는 특징도 나타나게 된다.[4] 이는 정보화 사회는 기회와 위험원이라는 두 개의 모습을 가지고 있기 때문이다.[5] 물론 과거에도 다양한 위험이 곳곳에 도사리고 있었지만, 현대 사회의 위험은 전 인류를 대상으로 하고 있으며, 전 지구적으로 전개되고 있다.[6] 우리 사회의 곳곳이 정보화의 수혜를 받는 만큼 그에 수반되는 위험도 편재되어 있다. 이처럼 정보화 사회 속에 위험이 존재함으로 인해서 이를 제거하려는 노력이 이루어지고 있는데, 최근에는 그 최전방에 위치하고 있는 것이 바로 형사처벌이다. 그러므로 정보화 사회에 내포되어 있는 위험사회의 모습은 여러 모습으로 형법에 영향을 미치고 있다. 무엇보다 새로운 위험원이 출현하여 개인의 손해뿐 아니라 공동체 전체에 대한 대단위 위험을 창출하고 있다.[7] 이 때문에 형사법은 다양한 사이버범죄 현상들에 대해서 양적으로나 질적으로 대응하고 있다. 양적으로는 해킹, 바이러스 및 악성프로그램 유포, 불법복제 등 새로운 구성요건들을 추가하였으며, 질적으로는 사이버 사기, 사이버 명예훼손, 사이버 스토킹, 사이버 성폭

---

3   돈 탭스콧, 디지털 네이티브(이진원 옮김), 2009.

4   '위험사회'란 독일의 사회학자 울리히 벡(Ulrich Beck)이 현대사회를 이전의 사회와 구분하여 특징짓는데 사용한 표현이다; Ulrich Beck, Risikogesellschaft - Auf dem Weg in eine andere Moderne, 1986, 참고.

5   Ulrich Sieber, Verantwortlichkeit im Internet, 1999, 1면.

6   Beck, 앞의 책, 28면.

7   하태훈, "인터넷과 형법의 변화", 인터넷 법률(창간호), 2000, 93면.

력 등 기존 범죄의 개념에 사이버공간을 매개로 하는 개념들을 새롭게 추가하였다. 이 뿐 아니라 기존의 아날로그 사회에 맞게 구성되어 있던 형법 도그마틱에 있어서도 일정부분 변화의 요청이 제기되고 있다. 그러나 형법이 정보화 시대에 맞게 양적 또는 질적으로 변화하는 것은 어쩌면 쉬운 문제일 수 있다. 그보다는 오히려 현대 형법이 담고 있는 아날로그식 가치관과 관념에 디지털 시대의 그것을 흡수시키는 것이 보다 중요할 것이다. 이러한 과정에서 기존에 제기되었던 현대 형법이 당면한 문제점들은 물론 디지털 시대의 가치관을 포섭해야 할 필요성이 새롭게 제기될 수 있다. 그를 위해 먼저 우리는 정보화 사회와 위험 사회에 대해 좀 더 상세히 알아보고, 형사법에게 요청되는 큰 그림(big picture)의 요청을 살펴볼 필요가 있다.

II. 정보화 사회와 위험 사회

1. 제3세대 정보화 사회

정보화 사회는 크게 제1세대, 제2세대, 제3세대로 구분된다.[8] 제1세대 정보화 사회는 아날로그 정보가 디지털 정보로 바뀌기 시작하는 것을 의미한다. 초기 컴퓨터가 사용된 것은 군사적인 목적을 위해 미사일의 탄착점 등을 계산하거나 인구조사와 같은 대량의 정보를 보

8 　정보화 사회의 패러다임의 변화를 전산화, 정보화, 지식화, 유비쿼터스화의 4단계로 나누어서 파악하기도 한다; 하원규/김동환/최남희, 유비쿼터스 IT혁명과 제3공간, 2003, 43면 이하; 그러나 정보화와 지식화는 네트워크화를 통해서 한 개념으로 묶여질 수 있다고 여겨져서 전산화, 네트워크화, 유비쿼터스화의 패러다임 하에서 정보화 사회의 세대를 3세대로 나누었다.

다 빠르고 효율적으로 처리하기 위해서였다. 따라서 외부에서 천공을 뚫어 기계식으로 처리하던 데이터를 기계어라는 컴퓨터 언어를 이용하여 컴퓨터 내부에서 처리하기 시작하였다. 이후 컴퓨터 기술이 점차 발달하면서 전자문서작업, 전자회계처리, 데이터베이스 구축 등 기존에 인간이 손과 펜, 주판, 전자계산기 등으로 하던 작업을 컴퓨터가 대체하여 보다 빠르고 효율적으로 처리할 수 있게 되었다. 이후 개별적이던 'stand-alone 컴퓨터'에 통신기술이 결합되어 통신으로 서로 연결되면서 컴퓨터가 사용되는 영역들은 보다 넓어지게 되었다. 회사들은 인트라넷을 통해서 직원이 자리를 이동하지 않고도 전자화된 서류를 다른 부서로 보낼 수 있게 되었으며, 물품을 보내는 송장이나 신용장 같은 문서들도 물품이 도착하기 이전에 이미 컴퓨터간 자료교환을 통해서 전달받을 수 있게 되었다. 서신의 전달도 더 이상 우체국을 이용하지 않고, 이메일을 통해 정보통신망으로 연결된 어느 곳이든지 소식을 알릴 수 있게 되었기 때문이다. 그 때문에 기존에 아날로그화 되어있던 문서, 이미지, 음성, 동영상 등이 점차 디지털화 되어 컴퓨터에 저장 및 전송되기 시작하였다. 다만, 이 세대 정보화 사회의 주요 사용자는 개인 컴퓨터 전문가들, 기업체 전산담당자, 군대, 연구원들일 것이다. 이 세대에서 만들어진 사이버공간은 다양한 매체들 가운데 하나의 매체에 불과할 뿐이었으며 주로 전문가들의 전용공간이었다.

이처럼 제1세대 정보화 시대를 나타낼 수 있는 표징이 stand-alone 컴퓨터와 제한된 인터넷, 인트라넷, 전산화된 정보라면 제2세대 정보화 시대를 대표할 수 있는 것으로는 '네트워크 사회' 및 '집단지성'의 탄생이라고[9] 할 수 있다. 각 개인들은 사이버공간 속에서 서로서로 '링크(link)'를 하여 네트워크를 구축하고 있다. 개인들은 네트워크 사회 속에서 '노드(nod)'로서 존재하며, 정보를 적절히 흡수하고, 재가공하고, 다시금 흘려보내면서 새로운 사회구조를 만들게 되었다.[10] 따라서 사람들은 정보의 창출, 전달, 수요의 모든 과정에 관여하게 되며, 개인의 경험과 정보들이 링크되어 하나의 거대한 '지식공동체'를 형성하게 된다. 대표적인 예로 네이버의 '지식In'을 들 수 있다. 제1세대 동안 무수히 많은 정보들이 디지털화 및 데이터베이스화되었다면, 제2세대 정보화 시대에는 정보들이 디지털화된 모습 그대로 생산되며 소비되었다. 월드와이드웹(world wide web)[11]의 보급으로 수많은 사람들이 쉽게 사이버공간에 접속하여 자신의 홈페이지나 블로그 등을 만들기 시작하였다. 또한 서로 관심이 있는 사람들 간에 의사소통을 할 수 있는 '카페'와 같은 공간이 만들어 졌으며, 단순한 문자와 이미지 외에 동영상을 통해서 자신들의 의견을 표출할 수도 있게 되었다. 이처럼 네트워크와 월드와이드웹으로 구현된 사이버공간은 현실공간의 연장선상에 놓이게 되었다. 사람들은 물리적·지리적 공간에서만 살고 있는 것이 아니라 감성적·미학적·사회적·역사적인 '의미 공간'에서도 살아가고 있는데,[12] 사이버공간 역시 그런 의미 공간에 속하게 되었다. 특히 제2세대 사이버공간에서는 현실공간에서

---

9   집단지성이란 "어디에나 분포하며, 지속적으로 가치 부여되고, 실시간으로 조정되며, 역량의 실제적 동원에 이르는 지성"을 의미하며, 그 토대와 목적은 "인간들이 서로를 인정하며 함께 풍요로워지는 것이지 물신화되거나 신격화된 공동체 숭배가 아니다"라고 한다; 피에르 레비, 집단지성-사이버공간의 인류학을 위하여(권수경 옮김), 2002, 38면.

10   마뉴엘 카스텔, 네트워크사회(박행웅 옮김), 2009, 34면 이하 참고.

11   인터넷망에서 문서, 그림, 음성, 동화상 등의 정보를 쉽게 찾을 수 있도록 고안된 방법으로서 편리한 사용자 인터페이스와 하이퍼텍스트를 기반으로 하고 있다.

12   피에르 레비, 집단지성-사이버공간의 인류학을 위하여(권수경 옮김), 2002, 170면.

의 삶을 벗어나 제2의 삶을 누리는 사람들이 늘어나기 시작하였는데, 이들을 '네티즌(netizen)'이라고 한다.[13] 사이버공간이 가지고 있는 익명성, 비대면성, 전파성, 기술지배성 등과 같은 특징들에 이끌려 사이버공간에 둥지를 틀고 있는 사람들이다. 또한 사이버공간에 무수히 많은 정보가 존재하면서 이들 정보를 효율적으로 검색할 필요가 있게 되었다. 따라서 제2세대 정보화 시대에는 사이버공간의 '관문'으로서의 역할을 하는 '포탈(potal) 사이트'가[14] 사이버공간의 헤게모니를 잡고 있었다고 할 수 있다.

그러다가 정보통신 기술이 고도로 발달하면서 사이버공간이 육체화(incarnation) 되는데 그것이 바로 제3세대 정보화 사회, 즉, 유비쿼터스 사회이다.[15] 유비쿼터스 사회에서 정보는 더 이상 사이버공간에만 머물지 않는다. 모든 물체에 센서와 통신장치가 결합되면서 현실공간은 사이버공간과 융합하게 된다.[16] 이제까지는 인간과 인간, 인

---

13   시민을 의미하는 citizen과 통신망을 의미하는 network의 합성어로서 사이버공간에서 활동하는 사람들을 지칭하는 용어이다.

14   '포탈 사이트'는 사용자가 인터넷에 접속할 때, 기본적으로 거치도록 만들어진 사이트로서 검색 뿐만 아니라 다양한 정보들을 제공해 준다. 대표적인 포털사이트로는 미국의 구글, 야후, MSN, 중국의 바이두, 한국의 네이버, 다음 등이 있다.

15   최근 이런 유비쿼터스 사회에서의 공간을 사이버공간과 구분되는 개념으로 "메타버스(Metaverse)"라고 표현하기도 한다. 이 용어는 1992년 Neal Stephenson의 SF소설 〈Snow Crash〉에서 처음 등장하였는데, 가공, 추상, 초월을 의미하는 'meta'라는 말과 현실세계를 의미하는 'universe'라는 말의 합성어이다. 쉽게 말해서 가상세계와 현실세계가 융합되어 만들어지는 세계를 말한다. 메타버스의 유형은 크게 가상의 데이터가 현실에 투영되는 증강현실(Augmented Reality: 예를 들어 아이폰으로 주변을 비추면 화면에 데이터가 함께 나타남), 일상적인 아날로그 정보들이 디지털화되어 저장되는 라이프로깅(Life-Logging: 예를 들어 나이키 신발과 아이폰이 연결되어 달리는 정보가 디지털화되어 저장됨), 주변의 현실세계를 그대로 사이버공간에서 실현시키는 미러월드(Mirror World: 예를 들어 구글 어스), 현실 세계에서의 삶을 사이버공간에서 동일하게 살게 해주는 가상세계(Virtual World: 예를 들어 세컨드 라이프) 등이 있다.

16   이와 같은 공간혁명의 과정을 19세기 산업혁명 시대를 제1공간(물리공간), 20세기 IT 혁명의 시대를 제2공간(전자공간), 21세기 공간혁명의 시대를 제3공간(초공간)이라고 나누

간과 물체만이 정보교환이 가능하였지만, 이 세대에는 물체와 물체들이 상호통신을 통해 서로를 식별하고 정보를 교환하게 된다. 이 세대에서는 사물인터넷, 소셜네트워크 서비스, 인공지능 등과 같은 개념이 등장하게 된다. 유비쿼터스 사회를 가능하도록 해 준 것이 스마트폰이라고 할 수 있다. 사람들은 스마트폰을 들고 다니며, SNS를 통해서 항상 연결되어 있다. 영화 '매트릭스(The Matrix)'처럼 시민들은 늘 사이버공간에 접속해 있는 것이다. 예를 들어, A라는 사람이 물리적으로 다른 곳에 있더라도 사이버공간에 접속되어 있는 한 집단의 공유된 통신에 참여하기 때문에 A는 사람들에게 언제나 '현존(presence)'하는 것으로 간주된다.[17] 스마트폰으로 앞의 건물을 비추면 그 건물의 주소, 그 건물 내에 있는 상점들에 관한 정보를 한눈에 알 수 있다. 정보와 현실이 융합되는 증강현실이 구현되는 것이다. 이와 함께 모든 정보들과 서비스가 통합됨에 따라서 개인은 은행 서비스뿐만 아니라 국가에 대한 민원업무, 물품구매, 영화 예매 등 모든 서비스를 사이버공간에서 처리할 수 있게 된다. 개인은 반드시 현실공간에서 무언가 형태를 갖춘 물건을 만들 필요가 없다. 세컨드 라이프(Second Life)와[18] 같이 사업자가 만들어놓은 플랫폼에서 가상의 아이템을 만들어 팔아도 된다. 이렇게 해서 얻게 되는 '린든(Linden)'은 바로 달러로 환전이 된다. 또한 시민들의 위치정보는 스마트폰을 통해 언제나 체크된다. 그래서 자신의 위치 주변의 음식점을 알 수도 있고, 자신이 가고자 하는 곳을 가장 빠르게 갈 수 있는 방법도 알 수 있다. 이처럼 제3세대

기도 한다; 하원규/김동환/최남희, 앞의 책, 22면 이하.

17   Howard Rheingold, Smart Mobs, 2002, 5면 이하.

18   린든 랩(Linden Lab)이라는 회사가 개발한 가상세계로 현실공간에서의 모든 삶을 사이버공간에서 그대로 구현하고 있다.

정보화 사회는 현실공간과 사이버공간이 융합되어 정보가 바로 환경이 되는 사회를 의미한다고 볼 수 있다. 한국은 이미 제3세대 정보화 사회에 진입했다고 할 수 있으며, 새로운 기술들의 등장으로 더욱 고도화된 정보화 사회로 발전해 나갈 것이다.

2. 정보화 사회에 깃든 위험사회

우리는 정보화 사회가 점점 고도화 되면서 과거에는 누리지 못하던 편리함을 누리고 있다. 하지만 정보화 사회의 특징들로 인해서 새로운 위험이 나타나고 있다. 첫째로, 정보화 사회를 지탱해 주는 특징인 '기술지배성'으로 인해서 사람들은 위험을 감수할 위치에 처해 있다. 모든 정보가 디지털화 되어 저장되고, 공유되면서 정보의 통제 및 조정은 단지 국가에만 속하지 않는다. 오히려 페이스북과 같은 거대 국제기업은 한 국가를 능가하는 정보력을 갖고 있다. 또한 해킹 능력을 겸비하고 있는 네티즌은 언제라도 타인의 정보시스템에 침입하여 정보를 조작할 수 있다. 개인의 카드 사용 내역과 병원기록, 대중교통 기록, 휴대폰 내용 등을 살펴보면 개인의 생활패턴을 알 수 있다. 또한 타인의 노트북의 마이크, 카메라를 이용하여 도청하는 것도 가능하다. 그리고 해킹툴(hacking tool)을 사용하는 누구라도 네트워크에 연결된 냉장고, TV, 에어컨 등 모든 물체들을 마치 자신이 조작하듯 조정할 수도 있다. 정보화 기술의 사용에 능숙한 기업, 개인이 그렇지 못한 타인을 조정하고 통제할 수 있는 위험이 상존하게 된 것이다.

둘째로, 정보화 사회에서는 '익명성'이 큰 역할을 담당하고 있다. 현실공간에서 개인은 생김새, 옷차림, 말투 등 개인의 특성을 나타낼 수 있는 것들을 통해서 타인에게 대략적인 정보를 제공한다. 그러나 사이버공간에서는 개인을 대신할 수 있는 닉네임, ID, 아바타 등을 통해서 개인을 알 수 있으며, 개인은 얼마든지 현실과는 다른 인격체를 창조할 수 있다.[19] 그러므로 사이버공간에서 개인은 익명성의 가면 뒤에서 자신의 정보를 통제하고 조작할 수 있다. 익명성의 긍정적인 측면은 자유롭게 자신의 의사를 표명할 수 있으며, 현실의 제약을 뛰어넘어 자신이 원하는 캐릭터를 가지고 살아갈 수 있다는 것이다. 그러나 익명성은 의외로 커다란 피해를 야기하기도 한다. 정보화 사회에서는 개인의 '평판'이 매우 중요한 가치가 된다. 특히 사이버공동체 내에서 좋지 못한 평판을 얻게 되면 자유는 공허해지기 때문에, 평판은 자유의 필수요소로 작용할 수 있다.[20] 사이버공간에서 개인들은 많은 노력을 통해 평판을 얻으려고 한다. 페이스북이나 유튜브 등에서 '좋아요'을 많이 받은 사람이나 구독자가 많은 사람은 명성과 함께 엄청난 경제적 이익도 얻기도 한다. 그러나 익명성 뒤에 숨은 사람들의 공격성이 표출되면서 개인의 평판은 하루아침에 수포로 돌아갈 수도 있다. SNS나 블로그, 이메일 등으로 타인의 명예를 실추시키거나 모욕하는 것, 치부 등은 익명성의 가면을 쓰고 쉽게 전파되면서 그 피해자의 삶 전체를 송두리째 앗아갈 수 있게 된 것이다.[21] 아무리 사소한 사건이라도 마치 마녀사냥을 하듯 수많은 네티즌이 한 개인을 공격하게 되고, 공격을 받은 피해자는 모든 개인정보가 공개되어 사이버공간뿐 아니라 현실공간에까지도 고통을 당하게 된다.[22] 그렇다고 사이버

---

19   황상민, 사이버공간에 또 다른 내가 있다, 2000, 23면 이하.

20   다니엘 솔로브, 인터넷세상과 평판의 미래(이승훈 옮김), 2007, 58면.

21   특히 인터넷상에서의 모욕주기는 영속성을 갖고 있으며, 누군가의 '자아'에 씻을 수 없는 오점을 남기기 때문에 이를 '디지털 주홍글씨'라고도 표현한다; 다니엘 솔로브, 앞의 책, 186면 이하.

22   특히 우리나라의 경우 소위 '네티즌수사대'가 인터넷상의 정보수집력을 바탕으로 많

공간에서 익명성을 완전히 제거할 수도 없다. 익명성은 양날의 검을 갖고 있다.

셋째로, 정보화 사회는 '무경계성'의 특징을 갖고 있다. 사이버공간은 경계가 없으며, 그 파급속도가 매우 빠르다. 한국의 대중음악인 'K-Pop'이 전 세계로 빠르게 보급될 수 있었던 것도 무경계성 덕분이다. 사이버공간에서는 시간과 공간이 평평해지기 때문에 사이버공간에서 생성되는 콘텐츠는 언제나 실시간으로 전 세계적으로 전파된다. 물론 부정적인 측면이 나타나기도 하는데, 사이버공간에서 신종바이러스가 출현하여 한 대의 컴퓨터에 감염되면, 순식간에 전 세계의 컴퓨터가 감염될 수 있다. 대표적인 예로, 2009년 우리나라에 공포를 안겨주었던 DDoS 공격을 보면, 세계 여러 나라의 소위 좀비PC가 해커의 명령을 수행하여 세계 여러 나라의 주요 웹사이트를 공격하였으며, 한국의 주요 웹사이트들도 심각한 피해를 입었다.[23]

넷째로, 사이버공간에서는 '집단성'이라는 특징이 상당히 활성화되어 있다. 소셜네트워크와 같은 의사소통 수단은 이런 집단성을 강화시켜주는 역할을 한다. 소셜네트워크는 성격에 따라서 의사소통형(카카오톡 등), 자기표현형(네이버 블로그 등), 관계지속형(페이스북 등), 공유형(유튜브 등), 게임형(리니지 등) 등으로 나누어 볼 수 있다. 최근에는 카카오톡처럼 여러 유형들이 서서히 통합되기도 한다. 소셜네트워크를 통해서 관계를 형성하고 있는 네티즌들은 다른 네티즌들

은 사회 문제들에 개입을 하고 있다. 하지만 경우에 따라서는 무분별하게 개인의 신상정보를 유출하고, 이를 통해 문제를 마녀사냥식으로 해결하는 단초를 제공하기도 한다.

23   소위 '7.7 DDoS 대란'으로 불려지고 있는데, 12개의 악성코드의 배포를 통해서 많은 개인PC에게 설치되도록 하여 다량의 좀비PC를 만들고, 이를 이용하여 국내외 주요 웹사이트를 일주일간 DDoS 공격하여 해당 웹사이트에 많은 피해를 입힌 사건이다.

의 반응에 대해서 즉석해서 상응하는 반응을 일으킨다. 소셜네트워크는 정치·경제·문화 등 사회의 모든 부분에 있어 여러 면에서 긍정적인 영향력을 끼치고 있다. 하지만 부정적인 모습을 나타내기도 하는데, 가장 대표적인 예가 '사이버 불링(cyber bullying)'이다. 한국에서도 사이버 불링은 성인, 아동, 남녀노소에 관계없이 많은 사회적 문제가 되고 있다. 이미 여러 연예인들이 사이버 불링으로 인해 자살을 하기도 했다. 해외에도 널리 알려진 '개똥녀 사건'처럼 질서위반의 행위로도 개인의 삶이 파괴되기도 한다. 네티즌들의 집단성이 한 방향으로 집중되면 그 표적이 되는 개인을 영구적인 파멸로 이끌 수 있다. 사이버공간과 현실공간이 절대적으로 구분되어 있고, 서로 간의 영향력이 미비할 경우라면 사이버공간상의 문제가 현실공간에는 영향을 미치지 않지만, 두 공간이 융합된 정보화 사회에서 사이버 불링의 영향력이 결코 사이버공간에서만 머무르지 않는다.

이처럼 정보화 사회가 지니고 있는 특성들은 그 속에 내재되어 있는 위험성이 언제라도 발현될 수 있다. 이런 위험속에서 시민들은 자신들의 자유의 일부를 포기해서라도 생명, 신체, 명예 등의 안전을 얻고 싶어 한다. 그를 위해 시민들은 국가가 가지고 있는 가장 강력한 수단인 형사처벌을 투입하는 것을 쉽게 용인한다. 그러므로 정보화 사회에서 형법은 그 전통적인 가치인 최후수단성, 보충성, 단편성 등이 무색하게도 그 적용영역을 점차 확장해 가게 된다.[24]

---

24 이런 현상에 대해서 비례성원칙을 통해서 사이버공간에서의 형법의 확장을 검증하고, 통제할 필요성을 제기한 글로서 Won-Sang, Lee, Die verhältnismäßigkeit im cyberstrafrecht, 2010 참조.

III. 사이버공간에서의 행위규제요소

사이버범죄를 이해하기 위해서는 우선 사이버를 뗀 '범죄'에 대한 기본 이해가 필요하다. 일반적으로 우리가 범죄라고 하면 이론적으로는 구성요건에 해당하고, 위법하고, 유책한 형식적 범죄를 의미한다. 즉, 범죄로 처벌되기 위해서는 형벌이 규정된 법률이 있어야 하고(구성요건 해당성), 형법뿐 아니라 법질서 전체에서 위법하다고 평가받아야 하며(위법성), 가해행위를 한 사람에게 비난을 할 수 있어야 한다(책임성). 이 세 개념만 알아도 이미 법학과 1학기 분량을 이해한 것이며, 어디 가서도 유식하다는 말을 들을 수 있다. 여기에 사이버공간이 첨가되면 사이버범죄가 된다. 다만, 사이버범죄의 정의에 따라서 어떤 범죄는 사이버범죄가 되기도 하고, 어떤 범죄는 일반적인 범죄가 되기도 한다. 예를 들어, 다른 사람의 명예를 훼손하는 말을 하는 경우에는 형법상의 명예훼손죄가 되지만(형법 제307조), 인터넷 망을 통해 글로 하는 경우에는 정보통신망법상의 사이버명예훼손죄가 된다(정통망법 제70조).

일단 사이버범죄는 아직까지는 일반적인 범죄의 특별한 유형으로 다루어지고 있다. 즉, 일반범죄가 범죄의 주류이고, 사이버범죄는 비주류이나 특별한 범죄유형이라는 것이다. 하지만 이제는 점점 그 지위가 역전이 되어 가고 있다. 그런 가운데 사이버범죄를 좀 더 잘 이해하기 위해서는 사이버범죄의 고전적인(?) 이론을 한 번 살펴볼 필요가 있다. 미국 하버대대학교 로스쿨 교수인 로렌스 레식(Lawrence Lessig)교수가 쓴 '코드(Code)'라는 책에서 주장되고 있는 소위 '행마법'이라고 하는 사이버범죄 이론이다. 레식 교수의 주장에 따르면 사이버공간에서 사람의 행위를 규제할 수 있는 요소로는 크게 법률

(law), 사회규범(norm), 시장(market), 코드(code)가 있다.[25] 물론 세밀하게 들어가면 이보다 더욱 많은 규제요소들이 있겠지만 레식 교수는 크게 4가지 요소를 제시하고 있다.

첫째로, 사이버공간에서 사람의 행위를 규제하는 요소 가운데 느슨한 형태로서 '사회규범'이 있다. 예를 들어, 현실공간에서는 줄을 서고 있는데 새치기를 한다거나 어른에게 공손하게 행동하지 않을 경우 사회규범에 따른 지탄을 받게 된다. 사이버공간에서는 네티즌들의 에티켓인 '네티켓(netiquette)'이라고 할 수 있다. 사이버공간에서는 익명성을 가지고 대화에 참여하게 된다. 예비군들이 가끔 군복만 입으면 초슈퍼사이언이 되는 것처럼 사이버공간에서 사람들은 익명성에 숨어 비규범적인 방법으로 대화에 참여하게 된다. 가장 많은 것이 상대방에 대한 비방이나 욕설, 근거없는 소문 등과 같은 것이다. 우리나라에서는 사이버공간 상의 '카페(Cafe)' 문화가 발달해 있다. 포털사인 'N'사나 'D'사의 카페 가운데 회원수가 많은 일부는 그 영향력이 어마어마하다. 그런데 예를 들어 일부 카페에서는 회원이 정치적인 발언을 하게 되면 다른 동료 네티즌들로부터 제지를 당하거나 운영진들로부터 경고 등을 받게 된다. 이처럼 사이버공간에서는 사회규범이 느슨한 형태로 행위를 통제하는 역할을 한다. 다만, 사회규범은 강제력이 그리 크지 않기 때문에 강력한 통제력을 발휘하지는 못한다.

둘째로, 사이버공간의 행위는 실질적으로 '시장'의 영향을 크게 받게 된다.[26] 사이버공간에 접근하는 것이 공짜가 아니기 때문이다. 시장의 지배력을 체험할 수 있는 실질적인 예시가 스마트폰 요금제일

---

25   로렌스 레식(김정오 옮김), 코드2.0, 2009, 253면 이하.
26   필자는 이를 '시장'대신 '자본'이라고 대체하였다; 이원상, Die Verhältnismäßigkeit im Cyberstrafrecht, 박사학위논문, 2010, 48면 이하.

것이다. 데이터 요금제가 무제한일 경우에는 사이버공간에서의 행위 제약이 그리 크지 않을 수 있다. 그러나 그러한 자유를 누리기 위해서는 한 달에 많은 돈을 내야 한다. 하지만 용돈에 제약이 있는 학생들은 데이터의 무제한을 누리기 쉽지 않다. 그러므로 제한된 비용으로 제한된 데이터를 쓰는 요금제를 택할 수밖에 없다. 과거에는 많은 자료들이 글이나 사진으로 전달되었기 때문에 트래픽이 그리 많지 않았다. 하지만 요즘에는 유튜브와 같은 고화질 동영상으로 전송되는 경우가 많으므로 데이터의 제약은 정보의 제약으로 연결된다. 물론 공공 wifi에 접속하면 되지만, 공공 wifi의 속도는 상당히 느리다. 따라서 학생들은 데이터 빈곤층일 경우가 많다, 그러므로 때에 따라서는 부모에게 데이터 증가 요금제를 조건으로 자유대신 공부의 구속을 택해야 하는 경우도 생긴다. 특히 요즘에는 시장과 관련된 문제가 '망중립성'과도 연결이 된다. 미국의 트럼프 대통령이 망중립성을 포기한다고 했으니 앞으로 시장이라는 요소가 사이버공간의 행위를 보다 제약하는 요소로 부각될 가능성이 크다.

셋째로, 아날로그 세상에서처럼 사이버공간에서도 강력한 행위 통제 수단은 바로 국가권력에 의한 '법률'이다. 국가는 사이버공간에서의 행위를 촉진하기 위해 진흥법을 만들기도 하고, 행위를 제한하기 위한 제재법을 만들기도 한다. 법률을 통해 사회규범이나 시장, 코드에도 영향력을 행사할 수 있다. 더욱이 국가는 형법이라는 무기를 통해 사람을 금전형, 자유형뿐 아니라 사형에까지 이르게 할 수 있다. 예를 들어, 공개적으로 사실을 말해서 다른 사람의 명예를 훼손하는 경우 사회규범에 따른 비난으로 갈등이 해결될 수도 있을 것이다. 하지만 우리나라는 사실적시 명예훼손죄로 형사처벌될 수 있다. 그리고 민사소송에 의해 손해배상도 청구될 수 있다. 사회규범적인 해결은 강제력이 없기 때문에 갈등 해소에 한계가 있지만, 국가 강제력의 후원을 받는 법률을 통해 강력한 해결이 가능하게 된다. 그러므로 우리나라의 법률을 보면 과거에는 사회규범을 통해 해결하였던 문제들의 대부분을 범죄로 규정하여 법률로 해결하고 있다.

그리고 넷째로, '코드'가 있다. 사이버공간의 기술지배적인 특성을 가지고 있다. 아날로그 세상에서 절대적인 강자인 국가도 사이버공간에서는 절대적인 강자라고 할 수 없다. 심지어 능력있는 해커는 사이버공간에서 국가와 1대 1로 맞장을 뜰 수도 있다. 다만, 사이버공간은 플랫폼을 제공해 주는 기업들에 의해 창조된 공간이므로 그들이 사이버공간을 어떻게 설계했는지가 사람들의 행동에 영향을 미친다. 예를 들어, 학교 앞 과속을 방지하기 위해서 법률로 30km이상으로 주행하면 많은 과태료를 부과하는 법률을 만드는 것보다 과속방지턱을 여러 개 설치하게 되면 운전자들이 어쩔 수 없이 속도를 줄일 수밖에 없는 것과 같다. 그러다 보니 사이버공간에서는 국가의 영향력보다는 다국적 기업의 영향력이 더욱 크게 된다. 더 나아가 사이버공간에서의 사람의 행위를 제약하기 위해 코드 제작자들에 개인정보공유와 같은 강제적인 의무를 부과하는 것은 다양한 부작용을 낳을 수 있다. 그러므로 코드에 의한 행위 통제가 강력한 효과는 있지만 그렇다고 국가가 마음껏 코드를 규제하기도 힘든 상황이다. 다만, 중국이나 러시아처럼 일부 국가에서는 실제로 국가에 의한 코드통제가 이루어지고 있다.

이제까지 간략히 살펴본 것처럼 사이버공간의 행위를 규제할 수 있는 주요 요소들을 그 필살기를 고려해서 다시 서열을 정하게 되면 코드, 법률, 시장, 사회규범이 될 것이다. 하지만 그들은 독자적인 영향력을 행사하는 것이 아니라 서로 관계를 맺고 있다. 그래서 레식 교수는 다음과 같이 도식화하고 있다.

사이버공간의 행위규제 모델

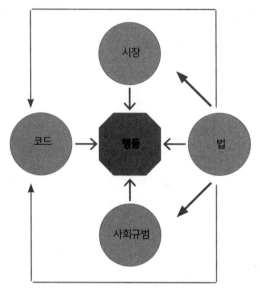

<출처: 로렌스 레식, 코드 2.0>

IV. 퇴장하기

　　지금 우리가 경험하고 있는 정보화 사회는 이제까지 인류가 겪어보지 못한 생소한 사회이다. 우리는 지금 이 사회를 살아가고 있지만, 이 사회가 얼마나 혁신적인 사회인지를 온전히 이해하고 있는 시민들은 그리 많지 않을 것이다. 정보화 사회는 위험사회라는 두 얼굴을 함께 가지고 있다. 그래서 정보화 사회가 우리에게 유토피아가 될지, 디스토피아가 될지 우리는 아직 알 수 없다. 첨단 기술을 개발하고 있는 개발자들과 기업들은 끊임없이 우리에게 유토피아의 미래를 제시해 주고 있다. 하지만 일부 미래학자들이나 창작자들은 암울한 디스토피아의 미래를 경고하기도 한다. 그런 가운데 우리는 다시금 4차 산업혁명을 통해 한 걸음 더 고도화된 정보화 사회로 나아가고 있다. 시민들의 손에는 첨단 정보화 기술이라는 양날의 검이 들려져 있다. 다만, 시민들은 가능하면 유토피아의 사회를 원하기 때문에 정보화 사회의 어두운 면을 멀리하고, 묻어두려는 경향이 있다.

그러나 우리가 살고 있는 정보화 사회에는 수많은 위험들이 도사리고 있고, 그런 위험들은 우리 사회를 디스토피아로 이끌어 갈 수 있다. 그것을 방지하기 위해 최소한의 브레이크가 필요할 수 있는데, 그 가운데 하나가 바로 형사법이라는 규범적 도구이다. 다만, 형사법은 브레이크는 될 수 있지만, 유토피아로 데려다 줄 가속페달은 될 수 없다. 그래서 이 책에서는 시민들이 4차 산업혁명 시대를 살아가면서 사이버공간을 탈출하여 물질화되고 있는 사이버범죄에 대해 이해를 하고, 범죄에 대응하는 형사법이라는 수단을 소개하려고 한다.

chapter 1

사이버범죄 이전의 정보화 역기능 분류

I. 입장하기

우리 사회가 정보화 사회로 급속히 진입함에 따라 일전에 한국 정보화진흥원과 함께 사이버범죄보다는 넓은 개념에서 정보화 사회의 역기능에 대한 연구를 수행하였다. 그 연구에서 사이버범죄보다 넓은 개념으로 '정보화 역기능'의 분류에 의해 사이버공간에서의 부정적인 부수효과 분석의 틀을 마련해 보았다. 프롤로그에서 언급한 바와 같이 현대사회를 특징짓는 여러 가지 개념들이 있다. 그 가운데 정보통신기술의 발달과 그로 인해 발생하게 되는 사회에 내재되게 되는 위험들을 나타내는 '정보화 사회'와 '위험사회'라는 개념들은 현대사회의 특징을 잘 나타내어 주고 있다. 그런데 여기에 더 나아가 정보화 사회와 위험사회의 특징들이 합하여져 사용될 수 있는 개념으로 '정보화 역기능'이라는 개념이 사용되기도 했다. 이는 정보화 사회가 추구하는 순기능에 대한 반작용으로 발생하게 되는 현상이라고 할 수 있으며, 정보화 사회의 유토피아적 성격과 반대되는 디스토피아적 성격을 나타내어 준다고도 할 것이다. 다만, 정보화 역기능이라는 개념은 매우 포괄적이고 광범위하기 때문에 그 개념범위를 확정하는 것이 쉽지 않고, 유의미한 개념정의도 쉽지 않기 때문에 다소 구름과도 같은 개념이라고 할 수 있다.

정보화 역기능에 대한 개념은 상당히 모호하면서도 시민에게는 다소 낯설 수 있다. 일반적으로 사용하지 않는 개념이기 때문이다. 그러므로 그 정의를 내리기도 쉽지 않으며, 단지 그 동안의 정부정책에서 개념정의의 흔적을 찾아볼 수 있을 뿐이다. 1999년 정통부의 『정보화 역기능 종합방지대책』에 보면 정보화 역기능이란 "정보화의 진전에 따라 나타나는 컴퓨터 및 인터넷 등 정보통신 수단을 이용하거나 정보통신 수단에 대하여 행하여지는 해킹, 바이러스 유포 등 각종 컴퓨터범죄 기타 정보화에 수반하는 제반 문제점을 말한다"라고 규정되어 있다. 그리고 그 유형으로는 "①음란·폭력물 등 불건전정보의 유통, ②정보통신망을 통한 유언비어 유포, ③정보시스템 불법침입·파괴, ④음란·폭력물 등 불건전정보의 유통, ⑤정보통신망을 통한 유언비어 유포, ⑥정보시스템 불법침입·파괴, ⑦암호기술의 부정사용, ⑧전자거래의 안전·신뢰성 저해, ⑨지적재산권 침해, ⑩전파이용에 따른 정보화역기능 등"이 제시되고 있다.

그 정의와 예시된 내용을 살펴보면 정보화 역기능은 사실상 이후에 서술될 '사이버범죄'와 거의 유사한 개념이라고 할 수 있다. 하지만 정보화 역기능은 그보다는 좀 더 넓은 개념으로 파악할 필요가 있다. 앞서 언급한 정의는 이미 사이버범죄라는 개념으로도 충분하기 때문에, 그 외에 정보화 사회에서 나타나는 다양한 사회·문화·윤리 등의 문제점들을 포괄하는 개념으로 설정할 필요가 있다. 특히 정보화 역기능 문제는 마치 살아있는 생물과도 같다. 따라서 시대가 변함에 따라 정보화 역기능의 분류체계도 함께 변화될 수 있다. 그러므로 이제까지 정보화 역기능의 분류체계에 대한 여러 연구들을 살펴보고, 그 체계를 참조하여 의미 있는 정보화 역기능 분류체계를 마련할 필요가 있다.

II. 정보화 사회 초기 정보화 역기능 분류모델

정보기술의 발달에 따라 정보화 패러다임도 함께 변화되게 된다. 그에 따르면 전산화, 정보화, 지식화, 유비쿼터스화 등으로 구분할 수도 있는데,[1] '전산화'는 사람이 수작업으로 하던 업무를 전자화, 자동화 하는 것이고, '정보화'는 컴퓨터, 정보, 사람을 연결시켜 정보의 유통이 원활하도록 하는 것이다. 그리고 '지식화'는 무수히 많은 정보를 개인이나 조직이 문제해결을 위해 가공하고, 활용하여 정보로부터 새로운 가치를 창조하는 것이라고 할 수 있으며, '유비쿼터스화'는 사람과 사람, 사람과 사물 간에도 정보의 흐름이 가능하도록 하여 사이버공간과 물리공간이 융합되는 것이라고 할 수 있다. 그와 같은 발전과정 가운데 정보화 역기능도 함께 발생하게 된다. 소수의 사람들만이 컴퓨터를 사용하는 경우에는 그 역기능도 그리 크지 않고, 사회적인 영향도 제한적일 것이다. 하지만 정보화가 점차 보편화, 대중화되면서 정보화 역기능에 따른 문제점도 매우 크게 나타나게 된다.

그런 관점에서 우리나라를 살펴보면 1995년 이전에는 주로 PC통신(하이텔, 나우누리, 천리안 등)의 사용으로 인해 그 사용자층이 주로 학생이나 대학생, 회사원 등으로 제한되던 것이 1995년 마이크로소프트에서 윈도우즈 95를 발표하고, 인터넷 익스플로러를 무료로 탑재하면서 인터넷의 사용이 활발해지기 시작하였다. 그러므로 이 시기에는 PC 통신과 인터넷이 공존하던 시기였으며, 전산화와 정보화 패러다임이 강하던 시기라고 할 수 있다. 따라서 이와 같은 정보화 사회 초기 한국전산원이 분류한 정보화 역기능은 다음과 같았다.[2]

---

1   하원규, 김동환, 최남희, 유비쿼터스 IT혁명과 제3공간, 전자신문사, 2003, 44면 이하.
2   한국전산원, "정보화역기능 현황 및 분석", 1994.

분류 범주	내용
범죄적 역기능	컴퓨터의 부정조작, 오용, 파괴, 정보 통신상의 도청, 정보의 변조, 음해 및 부정 유출, 타 정보 시스템의 부정접근 및 침투
사회적 역기능	실업자 유발, 산업 정보의 도절, 정보통신망 파괴, 개인 정보 침해
문화적 역기능	부당 이익을 챙기는 도박, 불건전한 게임, 소외감, 건강상의 문제
윤리적 역기능	음란 정보 유포, 불법 CD 유통, 사이버상의 성 폭언 등

이처럼 정보화 역기능이 문제가 되면서 법률에서도 변화가 있게 된다. 예를 들어, 형법 분야에서는 1995년 형법개정을 통해 '컴퓨터 범죄'라는 개념이 들어오게 되었다. 이는 우리 사회가 정보화 사회로 진입한다는 것을 알려주는 반증이라고 할 수 있는데, 정보화 사회가 되면서 정보처리와 관련된 정보화 역기능 문제가 발생하였기 때문이다. 따라서 이 때 발표되었던 논문을 보면 정보화 역기능 문제를 정보처리와 연관 짓고 있다. 이 시기의 정보화 역기능 개념에는 주로 정보통신 기술 및 정보통신 기기를 오남용한 것에 국한되고 있다.[3] 그로 인해 그 당시 분류해 놓은 정보화 역기능 코드를 보면 다음과 같다.[4]

A. 컴퓨터 주변 역기능 행위	00. 자료유출	01. 개인자료
		02. 학교, 연구소 자료
		03. 기업자료
		04. 공공기관 및 국가자료
	10. 정보기기 관련 장비 및 부품 관련 범죄	11. 철도
		12. 밀반입,출
		13. 물리적 파괴

---

3   신순자/김홍근/이재우, "정보화 역기능 현상 및 분석", 정보과학학회지 제14권 제3호, 1996, 5면 이하.

4   신순자/김홍근/이재우, 앞의 글, 6면.

		01. 고의적 변조
T. 컴퓨터 처리과정 역기능 행위	00. 내부자료 변조 및 파괴	02. 실수에 의한 변조
		03. 고의적 파괴
		04. 실수에 의한 파괴
	10. 부정 정보 처리	11. 관리 태만
W. 컴퓨터 활용 역기능 행위	00. 해킹	01. 단순 침입
		02. ID 도용
		03. 자료 절취
		04. 자료 변조 및 파괴
E. 기타 컴퓨터 관련 역기능 행위	00. 금융 범죄	01. 카드 위조
		02. 수표(지폐) 위조
		03. 증권(채권) 위조
	10. 비윤리적 행위	11. 음란물 유포
		12. 사기 행위
		13. 협박, 폭력
	20. 컴퓨터 바이러스	21. 피해
		22. 제작 및 유포
	90. 기타	

해당 분류체계를 보면 정보화 사회 초기 아날로그 자료가 디지털화되면서 디지털화된 자료와 관련된 행위들이 주로 정보화 역기능 분류의 주요 내용으로 자리 잡고 있다. 또한 정보기기 관련 장비 및 부품 관련 범죄도 정보화 역기능의 분류에 포함되고 있는 것이 흥미롭다. 이는 지금은 장비나 부품의 가격이 매우 떨어졌지만, 당시에는 장비나 부품가격이 상당했기 때문에 범죄의 대상이 되었기 때문일 것이다.

다만, 이와 같은 분류방법은 당시 일본 정화백서에서 기인하고 있는 것으로 보이는데, 그에 따르면 발전 단계 및 접근법에 따라 구분하여 컴퓨터주변 감사, 컴퓨터 처리 과정 감사, 컴퓨터 활용 감사의 세 가지 분류한 ATW식 컴퓨터 범죄분류법에 기타 역기능을 추가하여 분류기준을 만든 것으로 보인다.[5]

III. 법제도에 따른 정보화 역기능 분류모델

앞서 살펴본 바와 같이 정보화 역기능이라는 개념이 사용되기 시작한 것은 1990년대 후반이라고 할 수 있다. 하지만 정보화 역기능 분류와 관련된 논문들을 살펴보면 2000년대 중반이 되면서 본격적으로 나타나기 시작한다. 이는 우리 사회가 보다 진전된 정보화 단계로 나아갔다는 것을 의미한다고 할 수 있다. 우리나라는 1990년대 후반부터 초고속 인터넷 서비스가 개시되고 확대되면서 하드웨어적인 인프라는 상당히 구축이 되었다. 하지만 보다 본격적으로 지식화 및 유비쿼터스화되기 시작한 것은 휴대폰 및 스마트폰 보급과 함께라고 할 수 있다. 그러므로 2000년대 중후반으로 오면서 그동안 컴퓨터와 노트북에 제한되어 있던 각종 정보화 역기능들이 보다 활성화되었다고 할 수 있다. 그에 따라 정보화 역기능에 대한 이해와 대안을 위한 분류가 행해지게 되었다.

따라서 2007년이 되면서 다양한 정보화 역기능 행위들이 여러 법률에 담겨지기 시작하였다. 그러므로 이 때 나타나는 특징으로는 정보화 역기능에 대한 처벌 법률들이 늘어나기 시작하면서 법제도와

---

5   한옥영/김재현, "정보화 역기능 대응을 위한 분석모델에 관한 연구", 한국컴퓨터교육학회 하계 학술발표논문지 제15권 제2호, 2011, 284면.

관련된 정보화 역기능 내용들이 많아지기 시작했다는 것이다.[6]

<u>정보화 역기능 분류[7]</u>

역기능 유형		관계 법령
불건전 정보 유통		정보통신망 이용촉진 및 정보보호 등에 관한 법률
유언비어유포	허위 통신	전기통신사업법
	명예훼손	정보통신망 이용촉진 및 정보보호 등에 관한 법률
스팸 메일		정보통신망 이용촉진 및 정보보호 등에 관한 법률
정보시스템 불법 침입 및 파괴		정보통신망 이용촉진 및 정보보호 등에 관한 법률
		정보통신기반보호법
프라이버시침해	비밀 침해	정보통신망 이용촉진 및 정보보호 등에 관한 법률
	감청	통신비밀보호법
개인정보 오남용	개인정보침해	정보통신망 이용촉진 및 정보보호 등에 관한 법률
	위치정보침해	위치정보의 보호 및 이용 등에 관한 법률
인터넷 범죄		형법
		정보통신망 이용촉진 및 정보보호 등에 관한 법률
전자거래 안전성 및 신뢰성 저해		전자서명법
지적 재산권 침해		컴퓨터 프로그램 보호법
		저작권법
		온라인 디지털콘텐츠산업 발전법
전파 역기능		전파법
정보 격차		정보격차 해소에 관한 법률
		정보통신망 이용촉진 및 정보보호 등에 관한 법률
중독	인터넷 중독	정보격차 해소에 관한 법률
	게임 과몰입	게임 산업 진흥에 관한 법률

---

6   박병우, "IT관련 서비스 제공에 따른 역기능 및 대책". IT와 법연구, 2007 창간호, 113면 이하.

7   한옥영/김재현, 앞의 글, 285면 〈표 6〉 인용.

IV. 정보격차 해소 및 정보문화발전을 위한 분류모델

2009년이 되면서 정보문화 및 정보격차에 대한 문제가 부각되기 시작하였다. 따라서 2009년 한국정보화진흥원이 발간한 정보격차 정보문화 백서에서는 그와 같은 내용을 바탕으로 정보화 역기능을 분류하기 시작한다. 이를 크게 3가지로 구분하여 분류하였다.[8]

역기능 분류	유형	항목
사이버범죄	제1유형: 컴퓨터 시스템 및 정보통신 기반 침해	해킹
		바이러스 유포
	제2유형: 사이버공간의 전통적 범죄	온라인 사기
		사이버 명예훼손
		협박
		온라인 음란물 유통
	제3유형: 사이버공간의 신종범죄	게임 아이템 절도
		아바타 인격권 침해
개인정보침해	개인 정보 유출	관리자의 부주의로 유출
		해킹에 의한 유출
		내부자의 고의적 유출
	ID 및 비밀번호 도용	게임 아이템 도난
		사이버 머니 도난
		주민 번호 도난
인터넷 중독	심리적·신체적 건강의 훼손	게임중독
	일반 생활의 장애	채팅중독
	사이버 범죄 연루 가능성 증가	음란물중독
	주변인 삶의 질 저하	검색중독

---

8   한옥영/김재현, 앞의 글, 286면 〈표 8〉 인용.

V. 사회적 현상분석을 기반으로 한 정보화 역기능 분류 모델

2010년 성균관대학교에서 수행된 인터넷 역기능 분류에 관한 연구에서는 좀 더 포괄적이고 통합적인 역기능 분류체계를 마련하는 것을 목적으로 하고 있다. 특히 해당연구에서는 문헌분석과 매체분석을 통해 "인터넷 사용으로 발생할 수 있는 역기능을 사회 전반에 걸친 현상 혹은 문제점을 중심으로 분석하는" 사회적 현상분석을 기반으로 인터넷 역기능을 분류하고 있다.[9] 해당 연구를 보면 그 때까지 발표되었던 11건의 문헌과 25건의 신문, 방송, 웹사이트의 보도 내용을 중심으로 표준 분류모델을 제시하고 있다. 그에 따라 인터넷 역기능은 다음과 같이 분류하고 있다.

인터넷 역기능

인터넷중독	유해매체	사이버폭력	정보침해	사이버범죄	판단저해
게임	유해사이트	모욕	초상권침해	사이버테러	인포데믹스
채팅	유해콘텐츠	명예훼손	저작권침해	일반범죄	여론조작
거래(증권, 쇼핑)		스토킹	개인정보침해	불법사이트	선동행위
음란물		언어폭력	집단정보침해		
정보검색		학대	비밀침해		
		인간소외			
		성추행			

<출처: 권정인/이성철/안정진, 2010, 204면>

---

9   권정인/이성철/안정진, "미래 정보화 사회의 인터넷 역기능 분류에 관한 연구", 2010년 한국컴퓨터교육학회 하계 학술발표논문지 제14권 제2호, 202면.

분류내용을 좀 더 자세히 살펴보면 다음과 같다. 인터넷 중독이란 "인터넷을 사용하면서 자율적인 통제가 불가능한 상태로 병적이리만치 인터넷 사용에 집착을 나타내는 역기능"으로 정의하고 있다. 그리고 이는 다시금 게임중독, 채팅중독, 쇼핑중독, 음란물중독, 정보검색 중독 등으로 세분화된다.[10] 그리고 유해매체란 "해로운 내용을 전달할 수 있는 매체"를 의미하며, 여기서 유해하다는 의미는 "해가 있음을 의미하여 여기에는 악의적인 의미와 좋지 않은 영향은 주는 의미"를 포함한다고 한다. 유해매체는 다시금 유해사이트와, 유해콘텐츠로 구분된다.[11]

　　또한 사이버 폭력이란 "사이버 상에서 벌어지는 인신 공격적 문제와 인간관계 혹은 생명에 대한 무시 등 타인에 대한 명예나 권익을 침해하는 행위의 역기능"을 한다. 이는 모욕, 명예훼손, 스토킹, 언어폭력, 학대, 인간소외, 성추행 등으로 세분화된다.[12] 그리고 정보침해란 "개인 혹은 집단에 대한 중요한 정보나 프라이버시와 관련된 침해를 나타내는 역기능"으로 이는 좀 더 구체화 되어 초상권침해, 저작권침해, 개인정보침해, 집단정보침해, 비밀 침해 등으로 분류된다.[13]

　　그와 함께 사이버 범죄란 "사이버상에서 벌어지는 불법행위를 뜻하는 역기능으로 법의 영역에 저촉되는 역기능 행위"를 의미한다. 이는 다시 사이버 테러, 일반범죄, 불법사이트 등으로 구분할 수 있다.[14] 마지막으로 판단저해란 "어떤 의견이나 정책 등을 결정하는 데

10　　권정인/이성철/안정진, 앞의 글, 203면.
11　　위와 동일.
12　　위와 동일.
13　　위와 동일.
14　　위와 동일.

있어서 사실을 왜곡하거나 불건전한 방향으로 의견이나 여론을 선동하는 형태의 역기능"이며, 인포데믹스, 여론조작, 선동행위 등이 세부 영역이 될 수 있다.

VI. 로렌스 레식의 행마법을 기반으로 한 정보화 역기능 분류모델

2011년 한국정보화진흥원의 분석틀을 보면 이 책의 프롤로그에서 언급했던 로렌스 레식 교수의 이론을 적용하고 있다. 하버드대학 로스쿨의 로렌스 레식 교수는 사이버공간에서의 행동에 영향을 미치는 요소로 법률적 대응, 기술적(코드) 대응, 윤리적 대응, 시장적 대응 등을 제시하였다.[15] 이전까지 한국정보화진흥원은 2009년 수행되었던 "미래형 사이버범죄 대응전략 연구"를 통해 제시되었던 기술적 파괴, 사회적 파괴라는 두 가지 분류기준을 가지고 있었다. 따라서 2011년 정보화진흥원의 정보화역기능대응부는 자체 분석틀로 사용하기 위해 로렌스 레식 교수의 이론을 적용하여 법률·제도 파괴, 기술·인프라 파괴, 주체 파괴, 시장 파괴 등의 대분류를 통해 정보화 역기능을 분류하였다.

그 구체적인 내용을 보면 먼저 법률·제도적 파괴 유형은 정보화 역기능 유형중 우리 사회의 기존 법률이나 제도에 위해(危害)를 가하는 현상으로 파악하였고, 기술·인프라 파괴 유형은 정보화역기능 유형 중 IT인프라 또는 IT기술에 위해를 가하는 현상으로 이해하였다.

---

15   로렌스 레식, 코드 2.0, 참조.

그리고 주체파괴 유형은 정보화역기능 유형중 개인의 신체적·정신적인 위해를 가하는 현상으로 정의하였으며, 시장파괴 유형은 정보화역기능 유형 중에서 건전한 상거래 활동에 위해를 가하는 유형이라고하였다.

해킹	높음	사이버성매매
DDoS		사이버산업정보유출
악성프로그램		개인정보침해
피싱		사이버사기
스팸		사이버도박
저작권침해		사이버명예훼손
사이버스토킹	낮음	사이버음란물
기술적 파괴		**사회적 파괴**

VII. 현실에 적합한 정보화 역기능 분류모델

1. 정보화 역기능 분류기준

정보화 역기능 분류와 관련된 앞선 연구들을 살펴볼 때, 정보화역기능과 관련된 분류에서 정보화 역기능과 관련된 항목들을 추려보면 다음과 같은 항목들이 나타나게 된다.[16]

---

16   한옥영/김재현, 앞의 글, 284면 〈표 1〉 참조.

그 항목을 보면 정보 불균형 정보격차(정보 공해/과잉, 정보 편식), 유해 정보(불건전 정보 유통 및 오남용, 불건전 사이트 운영, 음란물 유포, 허위정보 유출, infordemics), 정보 침해(개인정보 침해, 기밀 침해, 사생활 침해, 지적 재산권 침해), 인격 침해(불건전 은어/비어 사용, 사이버 명예훼손, 사이버 스토킹, 사이버 모욕, 사이버 성희롱), 자기 학대(신체적 손상, 인간소외 문제, 자아 정체성 혼돈, 사이버 중독), 인터넷 테러(네카시즘, 바이러스 유포, 정보시스템불법 침입(크래킹/해킹), 스팸 메일, 사법적 범죄(사이버 성매매, 인터넷 도박, 인터넷 사기, 인터넷 절도, 피싱, warez, 인터넷 성폭력) 등으로 구분된다. 다만, 이와 같이 항목을 나누었음에도 문제가 될 수 있는 것은 각 항목들이 서로 연관이 되어 있다는 것과 사법적 범죄는 매우 넓은 개념이기 때문에 유해 정보, 정보침해, 인격침해, 인터넷 테러 등의 개념을 모두 흡수하게 된다. 그리고 각 분류들도 다소 작위적인 분류방법이기 때문에 사이버 명예훼손은 인격 침해와 동시에 사법적 범죄에도 속할 수 있게 된다. 그러므로 그와 같은 연구가 정보화 역기능의 요소들을 파악하는 것에는 도움이 될 수는 있지만, 정보화 역기능을 분류하는 것에는 다소 문제가 될 수 있다.

따라서 정보화 역기능 분류를 위해서는 우선 기준을 설정할 필요가 있다. 앞서 언급한 대로 과거의 연구에서 정보화 역기능을 분류한 것들을 보면 해당 연구의 필요를 위해 다소 조작적인 분류를 하였다. 물론 그와 같은 분류는 불가피한 점이 있는데, 정보화 역기능 문제는 매우 복잡하기 때문에 정치하게 분류하는 것이 거의 불가능하기 때문이다. 그래서 조작적인 분류는 불가피한 일이었다고 할 수 있다. 다만, 조작적인 분류를 수행하더라도 가능한 한 현실 또는 가까운 장래의 정보화 역기능 문제가 어느 항목이건 포함될 수 있어야 하고, 해당 항목들은 가능한 한 다른 항목과 유의미하게 구분될 수 있어야 한다. 그 외에도 몇 가지 고려해야 할 다음과 같은 기준들이 있다고 생각한다.

① 현재 및 장래 사회적 현상의 충실한 반영
② 법률에 규정된 범죄성 있는 행위의 반영
③ 기존의 정보화 역기능 분류모델과의 연관성 반영
④ 정부의 정책적 역점 반영

그 기준들의 내용을 정리해 보면 다음과 같다. 첫째로, 정보화 역기능 분류는 현상을 최대한 반영할 수 있어야 한다. 이는 앞서 살펴본 사회적 현상분석을 통해 정보화 역기능을 분류해 놓은 것과 같은 방법이다. 다만, 여기서의 사회적 현상은 현재뿐 아니라 가까운 장래도 포함되어야 할 것이다. 이는 기술의 발전 정도에 따라 충분히 예상될 수 있는 역기능은 가까운 장래에 현실화될 수 있기 때문이다.

둘째로, 이제까지의 수많은 역기능들이 법률에 규정되어왔으며 규정되고 있다. 특히 법률에 규정된 정보화 역기능들은 그 결과 반가치가 일반적인 역기능에 비해 크다고 할 수 있다. 그러므로 법률에 규정되어 있는 정보화 역기능의 내용들이 가능한 한 빠짐없이 포함될 필요가 있으며, 해당 역기능들은 좀 더 세심하게 다루어질 필요가 있다. 이는 법률에 규정된 역기능들은 대부분 형사 처벌과 연관이 되기 때문이다.

셋째로, 정보화 역기능 분류모델은 기존의 분류모델과 연관성이 있어야 한다. 정보화 역기능 분류모델의 기준을 변경하여 계속적으로 변화되는 모습을 보일 경우 정보화 역기능을 이해하는 일관성과 안정성에 문제가 생길 수 있다. 과거의 정보화 역기능이 더 이상 의미가 없을 경우 삭제되거나, 새로운 역기능이 포함되는 변화는 가능하지만, 전체적인 분류체계를 변경하는 것은 정보화 역기능을 이해하는 데 오히려 장애를 초래할 수 있다. 그러므로 과거의 분류모델에서 인식되었던 요소들을 가능한 한 포함할 필요가 있다.

넷째로, 정보화 역기능 분류모델은 학문적인 연구를 위해서도 필요하지만 궁극적으로 정부의 정책에 반영되는 것이 목적이라고 할 수 있다. 앞서 살펴본 분류모델들의 경우에도 결국 분류모델의 사용이 컴퓨터 교육정책이라든지 정보화 역기능에 대한 사법정책에 반영될 필요성, 정보격차 해소 등의 정부정책을 수행하기 위한 과정 가운데 만들어졌기 때문이다. 그러므로 이번에 만들어지는 정보화 역기능 분류모델도 정부 정책의 패러다임을 담을 필요가 있다.

2. 정보화 역기능 분류 방법 제안

(1) 형법적 분류방안의 적용

앞서 살펴본 바와 같이 이제까지 시도되었던 다양한 분류방법들은 그 분류방법이 적용되던 시기에 나름대로 의미가 있었다고 여겨진다. 그러나 분류방법들은 해당 학문분야에서 필요한 형태의 조작적 분류가 되었기 때문에 다른 분야에서 사용하기 위해서는 또 다른 분류방법이 필요하기도 하였다. 그럼에도 불구하고 어쨌든 해당 학문분야에서 정보화 역기능을 이해하고, 그에 대한 원인이나 방안들을 모색하기 위해 행해졌던 분류방법들은 그 이후 제시되는 분류방법들에 있어 유용한 기준점이 되어 주었다. 그런 점에서 여기서 제시하는 분류방법 역시 범용으로 사용되기에는 한계가 있고, 규범학적 관점에서 제시되는 분류방법이라는 한계가 있지만, 정보화 역기능 분류에 대한 또 하나의 관점을 제시해 주는데 의미가 있을 수 있다.

형법분야에서도 새로운 사이버범죄유형에 대한 규정을 어떻게 설정할지에 대한 고민이 크다. 예를 들어, 해킹에 대한 규정을 살펴보자. 해킹이라는 새로운 행위를 형법의 영역에서 규율하기 위해서는 크게 두 가지 형태의 입법형식을 고려해 볼 수 있다. 하나는 우리 민법이나 형법에서 적용되고 있는 판덱텐 시스템에 의한 방식이고, 다른 하나는 개별 사안중심적 입법형식이다. 판덱텐 시스템 입법형식은 분석적이며 모든 사태를 포괄할 수 있도록 체계적으로 짜여진 법전체계로서 실제사건들에 있어서 다양한 불법의 유형적 본질을 분석적 방법으로 규정하는 방식이다. 그에 반해 사안중심적 입법형식은 하나의 사안을 원칙적으로 하나의 구성요건에 의해서 규율하며, 법적 구성요건은 종합적인 방법으로 규정된다. 좀 더 구체적인 예를 들어보자면 은행구좌 해킹행위의 경우 타인의 개인정보 획득(행위1): 비밀침해죄(형법 제316조 제2항), 인터넷 뱅킹을 통한 계좌이체(행위2): 컴퓨터사용사기죄(형법 제347조의2), 백도어 설치(행위3), 접속기록 삭제(행위4): 손괴죄(형법 제366조)에 해당하게 되며 이후 죄수론적 판단을 통해 행위단일성으로 인한 상상적 경합관계(형법 제40조)가 인정되어 처벌될 수 있다. 하지만 동일한 은행구좌 해킹행위가 현재에는 정보통신망 이용촉진 및 정보보호 등에 관한 법률 정보통신망 침입(제72조 제1항 제1호)에 따라 처벌될 수 있게 된다.[17]

이와 같은 적용방식을 여전히 문제가 되고 있는 스토킹 범죄에 적용해서 설명해 보면 보다 명확해질 것이라고 생각된다. 따라서 스토킹 범죄를 그 예로 해서 개별 사안중심적 방법과 판덱텐 시스템의 차이점을 설명하고자 한다.

---

17   이상돈, "해킹의 형법적 규율 방안", 법조 제546호, 2002. 3, 106면 이하.

가. 개별 사안중심적 방법

정보화 역기능으로 나타나고 있는 유형들을 살펴보면 기존의 유형에 새로운 유형들이 합하여진 집합적인 형태를 띄고 있다. 그 대표적인 예가 스토킹이라고 할 수 있다(사이버스토킹 포함). 이제까지 스토킹에 대한 입법안들은 스토킹이라는 하나의 사안에 대해 하나의 구성요건을 통해 해결하려는 사안중심적 입법형식을 취하고 있다.[18] 이런 형식의 입법방식은 스토킹이라는 사안을 분석적으로 나누는 것이 아니라 그 자체를 하나의 종합적인 형태로 파악하여 하나의 구성요건을 통해 사안을 해결하려는 방식이다. 따라서 판덱텐 시스템에서는 스토킹 행위가 경범죄 처벌법, 협박죄, 강요죄, 모욕죄, 명예훼손죄 등과 같이 여러 범죄의 상상적 경합범으로 처벌될 수 있는 것에 반하여 사안중심적 입법형식에 따르면 단지 '스토킹'이라는 새로운 구성요건에 의해 처벌될 수 있게 된다. 현재 우리사회에서 요구하고 있는 형식이라고도 할 수 있다.

그러나 사안중심적 입법형식이 스토킹이라는 하나의 상황을 상상적 경합이라는 장치를 사용하지 않고도 해결할 수 있고, 일반인들이 보아도 쉽게 구성요건을 이해할 수 있는 반면 새롭게 변화해 가는 유형에 대해서는 탄력적으로 대응할 수 없게 된다는 문제점이 지적되기도 한다.[19] 그러나 개별입법 형식을 사안중심적 입법형식과 동일시 할 수는 없다. 즉 개별입법이라고 하더라도 그 규정되는 내용의 추상성이 높아지게 되는 경우에는 형법에 있을 수 있는 규정이 형식적

---

18   이상돈, 앞의 논문, 107면.

19   위와 동일.

으로만 개별입법화된 것이라고 할 수 있다.[20] 그러므로 사안중심적 입법형식은 법률전문가의 분석이 필요한 것이 아니라 일반인들도 쉽게 이해할 수 있을 정도로 보다 구체적이고 유형적으로 규정될 필요가 있다.

이런 측면에서 앞서 살펴본 많은 국가들도 스토킹과 관련해서 사안중심적 입법형식을 따르고 있다. 우리도 형법이나 개별입법을 통해 보다 구체적이고 유형화된 스토킹 관련 구성요건을 마련하게 된다면 사안중심적 입법형식을 통해 스토킹을 처벌하게 되는 것이라고 할 수 있다. 다만 스토킹의 유형을 보면 많은 국가들이 일치하는 것도 있는 반면 해당 국가의 역사적·문화적·사회적 특성들에 따라 특이하게 나타나는 유형도 있다. 미국의 경우에도 여러 주들이 상정하고 있는 스토킹의 행위 유형은 매우 상이하게 나타나고 있다.[21] 판덱텐 시스템으로 되어 있는 독일 형법의 경우에도 스토킹과 관련된 행위는 다음과 같이 사안중심적 입법형식을 취하고 있다.

독일 형법 제238조【쫓아다님】① 다음 각호의 1에 해당하는 행위를 끊임 없이 하는 등 권한 없이 사람을 쫓아 다니고 그로 인해 그의 생활을 현저하게 침해한 자는 3년 이하의 자유형 또는 벌금형에 처한다.
1. 장소적으로 가깝게 찾아가는 행위
2. 대화의 수단으로 통신수단을 사용해서 또는 제3자를 통하여

---

20   이상돈, 앞의 논문, 108면.

21   미국의 각 주들은 합의되지 않은 대화, 잠복대기, 괴롭힘, 추격, 미행, 감시, 침입 등과 같은 다양한 행위유형들 가운데 일부를 스토킹 행위로 처벌하고 있다; 박상열, "미국의 스토킹금지법에 대한 연구", 비교형사법연구 제5권 제1호, 2003, 728면.

접촉하려고 시도하는 행위

3. 개인에 속하는 정보를 불법적으로 사용하여 그를 위하여 물건이나 급부를 주문하거나 또는 접촉을 계속하도록 제3자를 부추기는 행위

4. 피해자에게 그 자신 또는 그와 가까운 사람의 생명, 신체, 건강 또는 자유를 침해한다고 위협하는 행위

5. 기타 위와 비교될 수 있는 행동을 시도하는 행위

나. 판덱텐 시스템의 방법

스토킹의 개념은 매우 집합적인 개념이다. 또한 사이버스토킹은 스토킹에 사이버공간이라는 새로운 개념요소를 가지고 있다. 그러므로 이처럼 새로운 행위 유형을 현행 입법체계에 어떻게 규정할 것인지를 결정할 필요가 있다. 이를 위해 스토킹 및 사이버스토킹에 대한 입법을 판덱텐 시스템으로 할 것인지, 아니면 사안에 따른 개별 입법으로 할 것인지를 살펴볼 필요가 있다.[22]

우선 판덱텐 시스템에 의한 처벌규정의 신설을 살펴보고자 한다. 이는 현재 우리나라 형법이 취하고 있는 형태이다.[23] 이런 형태로 스토킹 관련 법률을 입법한 것이 바로 독일이다. 이에 따르면 스토킹 행위를 분석적으로 나누어 법익 개념을 통해 추상화 작업을 수행하고, 이를 통해 다시금 구체적인 구성요건을 만들어 적용하도록 하는

---

22   이런 현상에 대한 문제의식은 이미 이상돈 교수가 2000년대 초반에 해킹을 대상으로 제기하였다. 그 견해에 동의하며, 이 글에서는 이상돈 교수의 분석틀을 차용하고 있다.

23   판덱텐시스템은 사법적 소재를 사람, 물건, 권리 등으로 나누어 규정하고 있는 로버법이 독일법으로 계수되면서 분석적이면서 모든 사태를 포괄할 수 있도록 체계적으로 구성하고 있는 대륙법계의 입법형식이다; 이상돈, 앞의 글, 104면 각주 42.

것이다. 이에 따르면 스토킹 행위는 한편으로는 총체적인 행위를 일컫는 개념이 되며, 현행법에 따르면 스토킹 행위는 행위 태양에 따라 경범죄 처벌법, 협박죄, 강요죄, 모욕죄, 명예훼손죄 등과 함께 경합범으로 처벌될 수 있다. 하지만 앞에서 언급한 바와 같이 경범죄 처벌법은 문제가 있기 때문에 형법에 스토킹 관련 규정을 도입할 필요가 있다. 그렇게 되면 스토킹 행위는 총체적인 행위 개념과 동시에(광의의 의미), 협박죄나 강요죄, 모욕죄, 명예훼손죄 등과 다른 구성요건을 가진 유형의 의미로도 사용될 수 있다(협의의 의미). 따라서 판덱텐 시스템에 의해 스토킹에 대한 법률규정을 제시하게 된다면 강도죄와 같은 결합범의 형태를 띄며, 다음과 같을 수 있을 것이다.[24]

제X조(스토킹) ① 사람을 괴롭힐 목적으로 그 주변에서 지속적인 의사표현을 통하여 그 사람 또는 그와 친밀한 사람에게 불안감이나 공포감을 조성한 자는 3년 이하의 징역 또는 500만원 이하의 벌금에 처한다.

제X조의2(사이버스토킹) ① 사람을 괴롭힐 목적으로 우편, 전화, 문자, 팩스, 정보통신망 등을 이용하여 지속적인 의사표현을 통하여 그 사람 또는 그와 친밀한 사람에게 불안감이나 공포감을 조성한 자는 전조 제1항의 형으로 처벌한다.

---

24   이원상, "스토킹 처벌규정 도입에 대한 고찰", 형사정책연구 제24권 제2호, 2013, 176면.

(2) 개별 사안중심적 분류방법

앞서 제시한 바와 같이 형법적인 시각에서의 분류방법을 고려해 볼 때, 우선 개별 사안중심적 분류방법을 제시해 볼 수 있을 것이다. 이는 기존의 연구 등에서 행하고 있는 분류방법이라고 할 수 있다. 한국정보화진흥원의 경우에도 개별 사안별 분류방법을 취하고 있는데, 2011년도 한국정보화진흥원이 분류하였던 내부 분류기준을 보면 다음과 같다.

구 분	유 형
개인정보침해	개인정보도용
	개인정보유출
	신상털기
저작권 위반	프로그램 불법복제
	불법복제프로그램 유통
	콘텐츠 무단 전재 및 유통
사이버폭력	사이버성희롱
	사이버욕설
	사이버스토킹
	사이버비방
	사이버모욕
	명예훼손
	특정집단에 대한 혐오와 증오
사이버성매매	사이버매매춘
인터넷중독	게임중독
	채팅중독
	음란물중독
	쇼핑중독
	도박중독
유해정보유통	음란정보유통
	허위정보유통
	반국가적 정보유통
	사이버여론조작 및 선동
	자살 폭탄 테러 사이트
	인포데믹스

인터넷사기	디지털콘텐츠 사기(게임아이템)
	인터넷쇼핑몰 사기
	파밍
	비싱
	피싱
	에스엠아이싱
	정보사기(동정심유발사기)
계층갈등	정보격차
사이버파괴	언어파괴
	인간소외
	D-Dos
	바이러스 유포
	악성프로그램 설치
	스팸
	해킹

　이와 같이 기존에 한국정보화진흥원이 취하고 있는 분류방법을 중심으로 현재 사회에 적절한 정보화 역기능을 다음과 같이 분류해 보았다. 다만, 아래의 분류에서 유형 역시 다소 작위적이고 조작적이기 때문에 추가 및 삭제, 변경이 가능할 수 있다.

　구분에 있어 '기술과 정책충돌'은 지금 상황은 논란이 많은 상황이지만 추후 역기능적인 요소가(법률규제 등) 변경되면 역기능으로 분류되지 않을 잠재적 정보화 역기능이라고 할 수 있다. 그리고 나머지 구분요소들은 한국정보화진흥원이 기존에 분류하고 있던 요소들을 범죄성의 관점에서 재배열 하였으며, 그 의미가 많이 퇴색한 정보격차 등과 같은 유형은 제외하였고, 구분의 명칭도 '개인정보 및 비밀침해'를 '프라이버시 침해'로 바꾸는 등 일부 변경이 있었다. 또한 과거 사이버파괴(현 사이버공간 파괴)에 있던 '스팸'을 프라이버시 침해로 이동하는 등 구분에 속해 있던 유형이 다소 자리 이동을 하였고, '사이버중독'에 '인터넷 도박중독'이 들어오는 것과 같이 새로운 유형이 추가되기도 하였다. 하지만 이와 같은 유형의 배치는 잠재적이고 다소 작위적인 것이기 때문에 추후 변경될 수 있을 것이다.

구 분	유 형	범죄성	비고
기술과 정책충돌	우버택시	낮음	*잠재적 정보화 역기능으로 추후 제외 가능성 높음
	빅데이터 사용		
	게임 셧다운 제도		
	생체정보이용		
사이버중독	게임중독	낮음	*청소년과 성인의 차이가 있음
	채팅중독		
	음란물중독		
	인터넷쇼핑중독		
	인터넷서핑 중독		
	스마트폰 중독		
	인터넷 도박중독		
저작권 위반	프로그램 불법복제	중간	*법률에 따라 범죄로 규정되어 있지만 그 불법성에 대해 논란이 많음
	불법복제프로그램 유통		
	콘텐츠 무단 전재 및 유통		
유해정보/ 유해정보사이트	허위정보유통	중간	*청소년과 성인의 차이가 있음
	반국가적 정보유통		
	사이버여론조작 및 선동		
	자살 폭탄테러사이트		
	청소년 유해사이트 개설(일반적인 유해사이트와 다름)		
	청소년 유해매체물 유통		
	자살사이트		
	마약거래사이트		
	성매매 알선 사이트		
	복수 사이트(일본에서 유행 중)		
	인포데믹스		
	도박사이트		

사이버성문제	사이버매매춘	중간	*사이버성폭력은 제외되었음
	음란정보유통		*청소년과 성인의 차이가 있음
	청소년 대상 음란정보유통		
	아동포르노유통		
	사이버성희롱		
재산침해	디지털콘텐츠 절도(예) 게임아이템)	다소 높음	
	인터넷 사기		
	피싱 유형 사기(파밍, 비싱, 스미싱, 에스엠아이싱)		
	동정심유발사기(기부금 사기)		
프라이버시 침해	개인정보도용	높음	*일반적으로 개인정보침해로 분류하는데 그 보다는 프라이버시 침해의 범위로 잡는 것이 분류를 위해 유용할 것 같음
	개인정보유출		
	주민등록번호 무단사용		
	타인의 전자서명등 도용		
	무허가 인터넷 도청		
	개인의 신용정보 도용		
	개인의 위치정보 도용		
	신상털기		
	스팸		
사이버폭력	사이버불링	높음	
	사이버성폭력		
	사이버스토킹		
	사이버모욕		
	사이버명예훼손		
	사이버 공갈		
	특정집단에 대한 혐오와 증오		
사이버공간 파괴	D-Dos 공격	매우 높음	
	바이러스 유포		
	악성프로그램 설치		
	해킹		

(3) 추상적인 분류방법

앞서 살펴본 바와 같이 한국정보화진흥원의 기존의 분류체계를 바탕으로 한 정보화 역기능 분류는 정보화 역기능을 보다 세밀하게 이해할 수 있는 장점은 있지만, 정보화 역기능을 사이버공간 파괴, 사이버폭력, 프라이버시 침해 등과 같이 나눈 기준이 존재하지 않는다는 문제점이 있다. 또한 모든 정보화 역기능을 포함하기 어렵다는 점도 지적할 수 있다. 그러므로 추후 발생할 정보화 역기능까지도 빠짐없이 분류체계에 포섭시키기 위해서는 특정한 기준이 요구된다. 따라서 그에 대한 기준으로 필자는 형법각론의 분류체계를 위해 사용하는 법익의 관점에서 분류하는 것을 제안하는 바이다.

형법각론을 체계적으로 이해하기 위해 형법의 법익을 이분적 또는 삼분적인 방법으로 분류하기도 하는데, 전자의 경우는 개인적 법익과 보편적 법익, 후자는 개인적 법익, 사회적 법익, 국가적 법익으로 분류한다.[25] 다만, 우리 법률체계는 삼분설에 따라 분류를 하고 있다. 그에 따라 모든 형법각칙의 범죄들은 세 분류 체계에 포함되게 된다. 그 관점에 착안하여 정보화 역기능을 분류해 보면 정보화 역기능은 크게 개인적 차원에서의 정보화 역기능, 사회적 차원에서의 정보화 역기능, 국가적 차원에서의 정보화 역기능으로 분류할 수 있을 것이다. 그리고 개인적 차원에서의 역기능은 다시금 개인의 인격침해, 재산침해, 프라이버시 침해로 분류해 볼 수 있다. 개인의 인격침해에는 명예훼손이나 사이버폭력, 사이버성폭력 등이 포함될 수 있고, 개인의 재산침해에는 피싱, 저작권 침해, 사기 등이 포함될 수 있을 것이며, 개인의 프라이버시 침해에는 개인정보침해 등이 있을 것이다. 다

---

25   배종대, 형법각론(제8전정판), 2013, 28면.

음으로 사회적 차원에서의 역기능에는 사회의 안전과 평온, 신용, 건강, 도덕 등을 침해하는 역기능들이 포함될 것이다. 따라서 스마트폰 중독, 게임 중독 등과 같은 중독이나 유해사이트, 사이버성문제 등이 포함될 수 있을 것이다. 마지막으로 국가적 차원에서의 역기능은 정보화를 위한 국가의 기능을 저하시키는 유형들이 포함될 것이다. 따라서 국가 기간산업에 대한 D-Dos 공격, 해킹, 국가에 대한 허위사실 유포 등을 생각해 볼 수 있을 것이다.

정보화 역기능 유형	부분 유형	유형의 예
개인적 차원에서의 정보화 역기능	개인 인격 침해	명예훼손, 사이버폭력, 사이버성폭력 등
	개인 재산 침해	피싱, 저작권침해, 사기 등
	개인 프라이버시 침해	개인정보침해 등
사회적 차원에서의 정보화 역기능		스마트폰 중독, 사이버성문제 등
국가적 차원에서의 정보화 역기능		D-Dos 공격, 해킹, 국가에 대한 허위사실 유포 등

VIII. 퇴장하며

우리 사회가 고도의 정보화 사회로 발전하면서 우리의 삶에 긍정적인 영향을 끼치는 현상들도 발생하지만, 그림자를 드리우는 모습도 나타나고 있다. 그러므로 정보화 사회의 어두운 단면을 이해하고, 그에 대한 대응책을 마련하기 위해서는 정보화 역기능을 좀 더 체계적으로 분류해 보고, 그 분류에 따라 대응책을 마련하는 것이 보다 효과적일 수 있다. 따라서 이제까지 수행되었던 정보화 역기능 분류 연구들에 대해 살펴보고, 나름대로 의미 있는 분류 방법도 고민해 보았다.

과거의 연구들을 살펴보면, 정보화 역기능에 대한 분류 작업들은 그 시기에 발생하는 정보화 역기능 현상들을 담고 있으며, 해당 연구자들이 목적으로 하는 방안을 도출하기 위해 다소 조작적이며, 편의적인 분류를 한 것으로 파악된다. 하지만 이는 정보화 역기능이라는 생소한 현상을 이해하기 위해 불가피한 것이라고 생각된다. 정보화 역기능의 개념이 매우 모호하고, 광범위하기 때문에 통일된 기준을 설정하여 모든 역기능을 분류하는 것이 쉽지 않고, 더욱이 앞으로 발생할 역기능까지 예측하여 분류기준을 만드는 것은 매우 어렵기 때문이다. 그래서 여기서도 나름대로 필요한 기준을 설정하여 인위적이며 조작적인 분류를 하게 되었다.

그 결과 한국정보화진흥원이 기존에 설정해 놓은 개별화된 정보화 역기능 기준들을 그 불법성의 정도를 기준으로 다시금 정리해 놓은 정보화 역기능 분류 방법과 형법적인 방법에서 가능한 한 모든 정보화 역기능들을 중복 없이, 그리고 미래의 정보화 역기능까지도 추후에 분류할 수 있도록 보다 추상적인 기준에 따른 분류 방법을 모색하게 되었다. 물론 그와 같은 분류 방법도 결코 정보화 역기능의 모든 면들을 제대로 반영하고 있다고 할 수는 없지만, 현 시점에서의 정보화 역기능에 대한 대안을 마련하는 데 나름대로 도움을 줄 수 있다고 생각한다. 그런데 이런 정보화 역기능 분류의 필요성은 점차로 줄어들고 있다. 대부분의 역기능이 사이버범죄 영역으로 흡수되고 있기 때문이다. 그러므로 '정보화 역기능 ≒ 사이버범죄'가 되어 가고 있는 것이다. 그래서 2010년 초중반 이후의 연구들을 살펴보면 정보화 역기능에 대한 연구는 거의 발견되지 않으며, 사이버범죄에 대한 많은 연구가 수행되고 있다.

chapter 2

4차 산업혁명 시대의 도래

I. 입장하기

2016년 스위스 다보스 포럼에서는 "4차 산업혁명의 이해(Mastering the Fourth Industrial Revolution)"가 주요의제로 다루어졌다. 포럼에서는 4차 산업혁명은 "디지털, 물리적, 생물학적 영역의 경계가 없어지면서 기술이 융합되는 것이 핵심 목표"라고 지적하면서, 대표적인 기술로 '인공지능(AI), 로봇(Robot), 사물인터넷(IoT), 무인자동차, 3D프린터, 나노 및 바이오 공학' 등을 언급하였다.[1] 그리고 2017년 "소통과 책임의 리더쉽(Responsive and Responsible Leadership)"이라는 주제로 열린 다보스 포럼에서는 2016년에 이어 4차 산업혁명이 본격화될 것이라는 견해들이 제시되었다.[2] 비단 다보스 포럼뿐 아니라 다양한 분야에서 4차 산업혁명이라는 용어는 심심치 않게 사용되고 있는데, 이는 단지 용어의 사용에 불과한 것이 아니다. 우리 사회의 변화를 단적으로 표현해 주고 있는 것이다. 우리가 원하든, 원치 않던 간에 이미 우리 사회는 3차 정보화 사회의 물결을 넘어 새로운 사회의 도래를 눈앞에 두고 있다는 것을 의미한다.

그런데 여기서 한 걸음 더 나아가 세계경제포럼을 창립한 클라우스 슈밥(Klaus Schwab)은 2017년 저서 "Shaping th Fourth Industrial Revolution(국내에는 "클라우스 슈밥의 제4차 산업혁명 – 더 넥스트"로 출간됨)"에서 4차 산업혁명은 이미 실천단계에 돌입하였다고 하였다. 그러면서 4차 산업을 주도하는 기술들은 "기술이 아니라 시스템"이고,

---

1   현대경제연구원, 2016년 다보스 포럼의 주요 내용과 시사점, 현안과 과제(16-2호), 2016, 9면.

2   현대경제연구원, 2017년 다보스 포럼의 주요 내용과 시사점, 경제주평(통권 727호), 2017, 3면.

"기술결정론이 아닌 권한 부여"가 중요하며, "의도를 가지고 개발"해야 하고, "가치 지향적 기술 개발"의 네 가지 원칙들이 요구된다고 하였다. 무엇보다 클라우스 슈밥은 4차 산업혁명의 가장 큰 특성을 "파괴(disruption)"로 보고 있다. 이전까지의 기술들이 현실을 발전시키거나 개선시키는 것에 국한되었다면, 4차 산업혁명의 기술들은 기존의 질서를 파괴하고 새로운 질서를 창조하는 역할을 수행한다고 한다.

첨단기술로 무장한 4차 산업혁명은 광범위한 분야에서 우리 사회의 각종 패러다임을 빠르게 변화시키고 있기 때문에 그에 아직 적응하지 못한 우리에게는 이질감을 주기도 한다. 그래서 우리는 공상과학 영화에서나 볼 수 있을법한 모습들이 현실화되는 것에 감탄을 하면서도 이제껏 경험하지 못한 새로운 상황들을 접하게 될 때, 적지 않게 당황하기도 한다. 예를 들어, 우리가 운전을 하고 있는데 옆으로 지나가는 자동차의 운전석에 운전자는 없고, 보조석에서 음악을 들으면서 잡지책을 보고 있는 사람을 발견하게 되면 상당히 놀라게 될 것이다. 이미 무인자동차에 대한 기술이 상당한 수준에 이르렀고, 일부 국가에서는 무인자동차가 운행을 하고 있지만 아직도 무인자동차의 운행모습은 우리들에게 낯설게 느껴지기 때문이다. 이처럼 4차 산업혁명이 진행되고 있는 우리 사회의 여러 모습들은 때로는 친숙하게, 때로는 낯설게 느껴지면서 우리에게 다양한 도전과제를 던져주고 있다. 그러므로 여러 학문분과들은 4차 산업혁명으로 인한 새로운 도전과제들을 분석하고, 해결하기 위해 노력하고 있다.

4차 산업혁명은 형사법 분야에 있어서도 여러 영역에서 도전과제를 제시해 주고 있다. 예를 들어, 인공지능 및 로봇기술의 발달은 범죄의 주체가 되는 '인간'에 대해 다시금 고민하도록 한다. 과연 인간만이 범죄를 저지를 수 있을까? 인공지능이 범죄를 저지르게 되면 누가 책임을 지게 될까? 근래에 보다 구체적으로 논의되고 있는 사안으로는 무인자동차로 인한 사고의 경우 그 형사책임을 누구에게 어떻게 부과할 수 있을지에 대한 것이다. 일례로 4차 산업혁명은 형법의 행위론이나 책임론 등에 대해 새로운 고민을 안겨줄 수 있다. 또한 해외에서는 변호사의 업무를 인공지능으로 대체하려는 시도가 계속되고 있으며, 더 나아가 재판까지도 인공지능이 담당할 수 있다는 견해가 제시되기도 한다. 더 나아가 형사사법기관이 생체정보나 드론(Drone), 인공지능(AI), 로봇(Robot), 사물인터넷(IoT) 등을 적극적으로 사용하는 것이 모색되고 있으며, 그와 함께 진정한 '빅브라더(Big Brother)' 사회가 될 수 있다는 위기감도 커지고 있다. 그러므로 형사사법기관이 4차 산업혁명의 기술수단을 적응하면서도 그로 인한 다양한 우려를 불식시키는 것도 새로운 도전과제라고 할 수 있다.

현재에도 4차 산업혁명은 기술의 발전을 통해 급속도로 이루어지고 있지만, 여전히 우리 사회는 그에 대한 준비가 부족한 실정이다. 4차 산업혁명의 주창자인 클라우스 슈밥도 4차 산업혁명 시대에 있어 그에 걸맞는 리더쉽의 수준과 이해력이 낮고, 그에 대한 담론(narrative)도 부족하다고 우려한다.[3] 무엇보다 4차 산업혁명이 우리 사회에 제대로 정착하기 위해서는 반드시 적절한 규범적인 장치가 필요하며, 형법도 예외가 아니다. 4차 산업혁명과 함께 도래할 부작용들을 해결하기 위해서 형법 영역도 지속적으로 그에 대응하는 노력을 기울여야 할 것이다. 그러므로 본 논문에서는 4차 산업혁명으로 인해 현재 발생하고 있거나 가까운 장래에 발생할 도전과제들 가운데 형법 이론 중 몇몇 측면에서 고찰해 보고자 한다. 그를 위해 4차 산업혁명에 대

---

3   클라우스 슈밥(송경진 옮김), 제4차 산업혁명, 새로운현재, 2016, 27~28면.

해 이해를 하고(II), 현행 형법체계에서 제기될 수 있는 문제들 가운데 범죄능력의 문제(III), 책임성의 문제(IV), 과실범의 문제(V)에 대해 살펴보고, 결론(VI)을 내려 보고자 한다.

II. 4차 산업혁명의 이해

1. 4차 산업혁명의 개념

4차 산업혁명에 대해[4] 앨빈 토플러(Alvin Toffler)의 개념을 적용해 본다면 '제4의 물결' 정도가 될 것이다. 앨빈 토플러는 인류가 소규모의 이주 집단을 이루어 수렵이나 어업, 채집, 목축 등의 삶을 살다가 농업혁명이 시작되어 부락을 이루고 농경지를 경작하면서 정착하기 시작한 시기를 '제1의 물결'이라고 하였다.[5] 그리고 산업혁명에 의해서 제철소나 자동차 공장, 섬유공장, 철도 등 산업화를 통해 고도의 기술, 도시화, 고속의 수송수단, 대중 교육 등 산업사회를 이루게 된 시기를 '제2의 물결'에 의한 변화라고 하였다.[6] 하지만 제2의 물결은 식

---

[4]　1차 산업혁명은 증기기관의 발명으로 인해 연결성이 증가하고, 항만, 다리, 터널 등 국가 기반 시설이 확대되며, 초기 자동화가 도입되었다. 2차 산업혁명은 본격적인 자동화로 인해 제품의 표준화 및 대량생산이 가능하게 되었고, 국가적/국제적 기업이 증가하기 시작하였고, 생산적이고 효율적인 노동이 추구되었다. 3차 산업혁명은 디지털 및 정보통신기술을 통한 정교한 자동화가 가능해 졌으며, 사람과 사람의 커뮤니케이션뿐 아니라 사람과 기계 간의 커뮤니케이션이 발전하게 되었다. 그리고 인공지능과 빅데이터 등으로 인해 자동화 및 연결성이 극대화되고 있는 4차 산업혁명이 도래하고 있는 것이다; 장필성, "[EU] 2016 다보스포럼: 다가오는 4차 산업혁명에 대한 우리의 전략은?", 과학기술정책 제26권 제2호, 2016,14면.

[5]　앨빈 토플러, 제3의 물결, 한국경제신문사, 1995, 31면.

[6]　앨빈 토플러, 앞의 책, 32~33면.

량이나 에너지 부족, 빈곤문제, 자원의 불평등, 기후문제, 노동자 문제, 도시화 문제 등 산업화에 따른 부작용들을 끊임없이 양산하며 점차 그 한계를 나타내게 되었다.[7] 그러므로 산업주의에 대응하는 '초투쟁(super-struggle)'을 통해서 새로운 문명을 추구하는 것이 바로 '제3의 물결'이라고 할 것이다.[8] 제3의 물결에서는 태양열 및 대체에너지, 탈대중화 매체, 가내전자근무체계 등 다양한 특징들이 제시되고 있지만, 가장 대표적인 특징이 정보화 기술이라고 할 것이다. 따라서 정보영역의 혁명은 제3의 물결을 이끌어가는 가장 중요한 동력이라고 할 것이다.[9]

지금까지의 우리 삶이 제3의 물결의 파도를 타고 넘는 것이라고 한다면, 이제부터의 삶은 밀려오는 '제4의 물결'을 맞이하는 것이라고 하겠다. 제3의 물결이 컴퓨터 기술 및 정보통신기술의 발달과 함께 밀려온 것이라고 한다면, 제4의 물결은 제3의 물결을 기반으로 "물리적, 디지털, 생물학적 영역의 기술들의 융합이 이루어지는 디지털 혁명"을 의미한다.[10] 즉, 제1의 물결이 농업기술, 제2의 물결이 증기 및 전기기술, 제3의 물결이 전자 및 정보기술의 발전에 따른 변화라고 한

---

7   앨빈 토플러, 앞의 책, 36면.

8   위와 동일.

9   앨빈 토플러, 앞의 책, 222~223면; 이미 필자는 2010년 한국비교형사법학회의 제8회 한중 형법 국제 학술심포지엄에서 "정보화 사회와 형법"이라는 주제로 정보화 사회에서의 형법의 과제에 대해 분석을 해 보았다(이원상, "정보화 사회와 형법", 비교형사법연구 제12권 제2호, 2010, 345면 이하 참조). 이번 논문은 그 연장선상에 있는 것이라고 할 수 있다.

10   Klaus Schwab, "The Fourth Industrial Revolution: what it means, how to respond", ⟨https://www.weforum.org/agenda/2016/01/the-fourth-industrial-revolution-what-it-means-and-how-to-respond⟩; Klaus Schwab은 4차 산업혁명의 특징으로 유비쿼터스 모바일 인터넷, 보다 작고 저렴한 센서, 인공지능과 기계학습 등을 예로 들고 있다; 클라우스 슈밥(송경진 옮김), 앞의 책, 25면.

다면, 제4의 물결은 "인공지능, 로보틱스, 사물인터넷,[11] 자율주행자동차, 3D프린팅, 나노기술, 바이오기술, 재료과학, 에너지 저장기술, 퀀텀 컴퓨팅" 등 첨단기술들의 융합이 만들어낸 변화라고 하겠다.[12] 제4의 물결로 인해 우리 사회는 보다 효율적이고 생산성 높은 시스템을 구축하게 될 것이며, 빠른 교통과 통신을 낮은 비용으로 사용하고, 효율적인 유통 및 공급체계로 인해 낮은 무역비용이 들게 되어 새로운 시장과 경제성장이 있을 것이라는 긍정적인 예견되기도 한다.[13] 그에 반해 기술이 인간의 노동을 대체하여 오직 부유한 사람들에게만 이익이 집중되는 불평등한 사회가 가속화될 것이라는 부정적인 전망도 제기된다.[14]

2. 주요 기술개념

제4차 산업혁명을 주도하는 여러 기술들이 있지만, 그 가운데 우리 형법학자들이 주목할 필요가 있는 기술개념으로 인공지능과 로봇, 자율주행자동차 등이 있다. 다른 기술들도 의미가 있지만, 이 3가지 주요 기술들은 아래에서 살펴볼 형법이론에 새로운 도전과제를 부과하는데 상당한 관련성이 있기 때문이다.

---

11   사물인터넷은 무선통신기술의 발달로 인해 기존의 사람과 사람, 사람과 사물 간의 통신 범위가 확대되어 사물과 사물 간의 자율적인 통신이 가능하게 되는 것을 의미한다. 따라서 인간의 개입 없이 기계들 간의 의사소통을 통해 업무처리가 가능하다. 여기에 더 나아가 인공지능이나 빅데이터와 같은 기술이 접목되어 사회의 패러다임을 변화시키고 있다; 이준복, "사물인터넷시대에서 정보인권 보장을 위한 법적 고찰", 홍익법학 제16권 제3호, 2015, 90~91면.

12   성혜정, "제4차 산업혁명", 국토 420, 국토연구원, 2016, 39면.

13   위와 동일.

14   제리 카플란(신동숙 옮김), 인간은 필요 없다, 한스미디어, 2016, 179면 이하.

첫째로, 인공지능이다. 인공지능이란 "인간의 인지능력, 학습능력, 이해능력, 추론능력 등을 실현하는 기술"을 의미한다.[15] 이제까지 인공지능 기술은 여전히 그 한계가 있으며, 기술이 상용화되어 확산되기까지는 좀 더 시간이 걸릴 것으로 예상되었다. 그러나 이세돌 9단과 구글(Google)의 알파고(AlphaGo)의 바둑대결 이후 인공지능에 대한 인식전환이 필요하게 되었으며, 그 이후로도 알파고는 인간 바둑 고수들을 상대로 60전 60승을 하며, 더욱 강한 인공지능으로 발전해가고 있다. 이런 인공지능은 다시금 강한 인공지능(Strong AI)과 약한 인공지능(Weak AI)으로 구분되기도 하는데, 전자는 인간의 뇌를 시뮬레이션 하여 인간과 같은 고차원의 사고를 하도록 하는 것을 뜻하며, 후자는 데이터를 입력하여 학습시켜 특정 문제를 인간처럼 해결하도록 하는 것에 목적을 두고 있다.[16] 좀 더 구체적으로 말하자면 강한 인공지능은 "정확한 입력과 출력을 갖추고 적절하게 프로그램된 컴퓨터는 인간이 마음을 가지는 것과 완전히 같은 의미로 마음을 가진다"는 것을 의미하며, 약한 인공지능은 "마음을 가질 필요는 없고 한정된 지능에 의해서 지적인 문제 해결"을 하는 것을 의미한다.[17] 물론 아직까지 강한 인공지능 기술은 좀 더 발전되어야 하지만, 약한 인공지능 기술은 알파고의 경우처럼 상당한 수준으로 발전하여 이미 여러 분야에서 활용되고 있다. 다만, 약한 인공지능은 새로운 '기술'로 인식되고 있지 '인간'으로 인식되고 있지는 않다. 하지만 인공지능은 머신러

---

15   이원태, 인공지능의 규범이슈와 정책적 시사점, KISDI premium report, 제15권 7호, 2015, 2면.

16   김용주, "인공지능(AI; Artificial Intelligence) 창작물에 대한 저작물로서의 보호가능성", 충남대학교 법학연구 제27권 제3호, 2016, 269면.

17   마쓰오 유타카(박기원 옮김), 인공지능과 딥러닝, 동아 엠앤비, 2015, 58면.

닝(machine learning) 기술의 발전으로 인해 머지않아 강한 인공지능을 얻게 될 것이며, 인간과 거의 같은 수준이 될 수 있다.[18] 그러므로 영화 '엑스 마키나(Ex Machina)'[19]에서 나타나고 있는 것처럼 강한 인공지능의 발달로 인해 철학이나 윤리, 법적 문제가 발생할 날도 멀지 않아 보인다.[20]

둘째로, 사전적인 의미로 로봇이란 "스스로 보유한 능력에 의해 주어진 일을 자동으로 처리하거나 작동하는 기계"라고 할 수 있다.[21] 본래 로봇은 인간의 조작에 의해 반복적인 업무를 수행하거나 인간이 수행하기 어려운 일들을 수행하는 역할을 하였다. 로봇은 인간보다 튼튼한 하드웨어를 가지고 있으며, 인간의 조작이나 프로그래밍에 의해 작동할 수 있다. 그러나 로봇에 인공지능이 탑재되면서 스크린 안에 갇혀 있던 인공지능은 육체를 얻게 되었고, 이제는 심지어 인간의 일상을 대신할 수 있는 정도에 이르게 되었다. 결국 로봇은 '스스로' 다양한 임무를 수행할 수 있는 다기능적이고 범용적인 기계장치로서

---

18   머신러닝이란 "컴퓨터에게 배울 수 있는 능력, 즉 코드로 정의하지 않은 동작을 실행하는 능력에 대한 연구 분야"라고 한다; 한국정보화진흥원, 새로운 기술, 새로운 세상 지능정보사회, 한국정보화진흥원, 2017, 369면.

19   '엑스 마키나'에서는 한 과학자 겸 사업가가 창조한 인공지능 로봇이 자신을 창조한 사람을 살해하고 인간의 세상으로 나오게 되는 것을 내용으로 하고 있다(네이버 영화 참조 ⟨http://movie.naver.com/movie/bi/mi/basic.nhn?code=118361(2017.4.5. 방문)⟩; 영화의 제목인 '엑스 마키나'는 라틴어인 '데우스 엑스 마키나(Deus Ex Machina)'의 줄임말로서 '기계장치를 통해 온 신(God from the machine)'이라는 의미를 지니고 있다고 한다(강만금, "[브레인 영화관_엑스 마키나(Ex Machina)] 2045년, AI(인공지능)는 인간의 지능을 넘어선다", 브레인 제50권, 2015, 25면).

20   미국에서도 머신러닝 인공지능을 법 분야에 적용하기 위한 노력이 지속되고 있는데, 현재의 기술로도 활용이 가능한 분야로서 "① 증거개시(discovery), ②법률검색, ③서식(Form) 작성 ④ 사건요약 및 의견서(brief or memorandum) 작성, ⑤사건의 분석 및 결과예측(predictive analytics)" 등이 제시되고 있다; 설민수, "머신러닝 인공지능의 법 분야 적용의 현재와 미래". 저스티스 제156호, 2016, 276면.

21   네이버 두산백과, ⟨http://terms.naver.com/entry.nhn?docId=1088296&cid=40942&categoryId=32351⟩.

인간이 할 수 있는 인식과 판단, 행동을 할 수 있는 것을 의미한다.[22] 그래서 적어도 자연과학적인 입장에서 로봇과 인간의 차이점이 점차 사라지고 있으며, 로봇은 '인공생명체'라는 새로운 '종(種)'으로 발전해 나가고 있다.[23] 그러므로 4차 산업혁명에서 의미하는 로봇은 단순한 기계적인 로봇과는 달리 스스로 판단하여 행동할 수 있는 자율적인 로봇이 될 것이다.

셋째로, 자율주행자동차의 개념을 살펴보고자 한다. 자율주행자동차는 이제까지 인간에 의해 조종되고, 전자화를 통해 편의성이 증가된 자동차를 의미하는 것이 아니다. 위치정보시스템과 첨단 센서 시스템, 인공지능 시스템이 융합되어 "자동차 스스로 주변 환경을 인식하고 위험을 판단하면서 계획한 목적지까지 경로를 주행하는 자동차로서 운전자의 주행조작을 최소화하며 스스로 안전주행이 가능한 인간 친화적 자동차"를 의미한다.[24] 자율주행자동차는 크게 5단계로 구분된다. 0단계는 비자동화 단계(No-Automation)로서 운전자에 의해 제어되는 단계, 1단계는 기능 제한 자동 단계(Function-specific Automation)로서 크루즈 기능처럼 일부 기능만 자동화 되는 단계, 2단계는 조합 기능 자동 단계(Combined Function Automation)로서 크루주 기능 및 차선중앙유지 등 두 개 이상의 제어가 가능한 단계, 3단

---

22   류화진, "지능형 로봇의 범죄주체성과 형사책임", 과학기술과 법 제7권 제2호, 2016, 217면.

23   심은보, "생명의 정의와 로봇", 기계저널 제47권 제3호, 2007, 95면. 해당 논문에서는 로봇에게 "①구성부품의 자기조직화, ②자가치료적 기능, ③부품 및 기능의 계층적 연관성, ④자연선택적 진화 특성, ⑤개체보존을 위한 정교하고 진화적인 자율조절 기능, ⑥증폭적 개체 확장을 통한 종족보존 및 진화" 등의 특성이 갖추어지게 되면 적어도 자연과학적으로는 진정한 생명체로서 인정받을 수 있을 것이라고 한다; 심은보, 앞의 글, 98면.

24   이충훈, "자율주행자동차의 교통사고에 대한 민사법적 책임", 인하대학교 법학연구소 법학연구 제19권 제4호, 2016, 140면.

계는 제한된 자율주행 단계(Limited Self-Driving Automation)로서 자동차가 모니터링 권한을 가지고 특정 환경에서 스스로 기능을 제어하며, 인간이 가끔 개입하는 단계, 그리고 4단계는 완전 자율주행 단계(Full Self-Driving Automation)로서 자동차가 모든 기능을 제어하고 운전자는 단지 목적지만을 알려주는 단계이다.[25] 이미 2단계까지는 많은 자동차에 적용되고 있으며, 최근에는 3단계 기술을 장착한 자동차들도 출시되고 있다. 그러나 기술적으로는 이미 4단계에 도달해 있어 법률만 정비되면 언제라도 실용화될 수 있는 상황이다. 다만, 이제까지 완전 자율주행자동차의 시험주행 결과 인간이 운전하는 경우보다 훨씬 안전하다고 주장되었지만, 2016년 3월 구글의 자율주행자동차가 버스와 충돌하여 사고가 났고, 6월에는 테슬라 자동차가 자율주행 모드로 운행되는 도중 트레일러와 충돌하여 사망사고가 발생하면서 그동안 수면 아래에 있던 법률적인 문제점들이 현실화되기 시작하였다.

이와 같은 기술적인 개념을 바탕으로 아래에서는 새로운 기술 패러다임으로 인해 형법체계에서 생겨날 수 있는 문제점들에 대해 살펴보고자 한다. 아직까지는 4차 산업혁명을 통한 문제점들이 형법영역에서 광범위하게 나타나고 있지는 않지만, 가까운 미래에 충분히 쟁점이 될 수 있을 것으로 예견되기 때문이다.

---

25   윤지영/윤정숙/임석순/김대식/김영환/오영근, 법과학을 적용한 형사사법의 선진화 방안(VI), 한국형사정책연구원 연구총서, 2016, 336면.

III. 형법상 범죄능력의 문제

1. 행위론 및 법인의 범죄능력 논쟁의 재점화 가능성

범죄성립요건 심사의 시작은 '행위'이다. 이는 일반적으로 우리가 범죄를 '구성요건에 해당하고, 위법하고, 책임 있는 행위'라고 정의하고 있고, 형법의 자유보장적 과제 실천을 위해 형법상 의미 있는 행위가 무엇인지를 밝히는 것이 매우 중요하기 때문이다.[26] 더욱이 형법상 행위를 규명하는 행위론은 범죄체계론과 밀접한 관련을 가지고 있다는 생각에 독일에서는 1930년대부터 치열한 논쟁이 거듭되었고, 우리나라는 인과적 행위론이 당연시되고 있다가 1960년대 초반 이후 황산덕 선생님의 목적적 행위론 소개 이후 상당한 기간 동안 행위론과 관련된 논쟁이 진행되기도 하였다.[27] 그러나 그와 같이 오랜 기간 동안의 논쟁의 결과 "무의식에 의한 행위"나 "절대적 힘의 지배로 한 행위", "외부의 자극에 의한 신체반사행위"는 형법상 행위의 개념에서 제외된다는 소득만이 있었다는 자조적인 비판도 제기된다.[28]

그런데 인공지능과 로봇의 결합은 이제는 이미 사화산(死火山)이 되어버린 행위론을 다시금 깨울 수 있을 것이다. 행위론의 논쟁 결과 형법상 행위의 최소한의 조건은 "인간의 행위"이고, "외부적인 행

---

26   김성돈, 형법각론(제4판), SKKUP, 2016, 149면.

27   배종대, 형법총론(제12판), 홍문사, 2016, 155면.

28   배종대, 앞의 책, 167면; 그와 같은 경우는 형법상 행위가 아니라 '우연의 결과'에 불과하기 때문이다. 하지만 '일반심리학적 행동개념'을 적용하여 "인간의 중추신경에 의해 조종되어진, (인간의) 신체적인 외부적 작용 또는 반작용"은 인간의 행위라고 할 수 있기 때문에 '무의식적 반사행위'는 형법상 행위가 된다고 보기도 한다; 이상돈, 형법강론, 박영사, 2015, 82면.

위"이어야 하며, "의사에 의해 지배된 행위"이어야 한다는 것이다.[29] 여기서 중요한 것은 범죄는 반드시 "인간"의 행위이어야 한다는 것이다. 그러므로 자연재해나 화학·물리적 과정, 동물의 행위 등은 형법상 행위에 속하지 않는다.[30] 여기서 이제까지 '인간'에 대해서는 큰 문제가 되지 않았다. 인간을 '이성적 동물'로 이해하던, '영혼·마음·정신을 가진 존재'로 이해하던, 다른 어떤 방식으로 이해하던 간에 인간은 지구상에 있는 다른 생명체들과 명확히 구분되는 존재라는 것에 대해서는 이견이 없었기 때문이다.[31] 하지만 인공지능과 로봇의 결합은 그동안 인간만의 특징으로 여겨지던 '정신', '신체', '자유의지', '이성' 등이 결코 인간의 전유물이 아닐 수 있다는 것을 증명하며 인간의 개념을 혼란스럽게 하고 있다.[32] 특히 강한 인공지능이 100% 구현되고 로봇의 기능이 인간의 기능을 완벽히 모방하게 되면 인간의 특수성을 주장하는 것은 쉽지 않을 수도 있을 것이다.[33]

그렇게 되면 형법상 행위의 기본 조건인 '인간의 행위'를 그대로 유지하기는 어려울 수 있다. 물론 인공지능과 로봇의 결합을 마치 동물의 경우와 동일하게 이론구성 할 수도 있을 것이다. 그러나 동물의 경우는 약한 인공지능에 비견할 수 있을 것으로 보이며, 강한 인공지능의 행위는 인간의 행위와 거의 유사하다고 할 수 있다. 따라서 만일

---

29   김성돈, 앞의 책, 158면.

30   위와 동일.

31   백종현, "인간 개념의 혼란과 포스트휴머니즘 문제", 철학사상 제58호, 2015, 128면 이하.

32   백종현, 앞의 글, 140~145면.

33   물론 여전히 신학 등의 학문에서는 전통적인 인간 개념에 굳건한 지지를 보일 수 있다; 김동환, " AI(인공지능)에 대한 신학적 담론의 형성 및 방향 모색", 신학연구, 제68호, 2016, 49~53면.

약한 인공지능의 로봇이 인간에게 폭행을 가했다고 하면 인간의 사주에 의한 경우라면 사주한 인간이 책임을 지게 되고, 약한 인공지능 로봇은 단지 도구에 불과하다고 할 것이다. 그러나 강한 인공지능 로봇이 폭행한 경우라면 해당 로봇을 처벌하여야 할지 행위론 다음의 단계들을 심사해야 할 수도 있을 것이다.

2. 강한 인공지능 로봇의 범죄능력

기본적으로 범죄능력이란 행위능력과 책임능력을 포함하며, 수형능력까지도 연관이 되는 개념이다.[34] 형법에서 여전히 논쟁이 되고 있는 법인 문제의 경우 법인이라는 법률적 인간에 의해 초래되는 범죄의 문제를 해결하기 위해 법인의 행위를 다분히 법리적인 조작을 통해 구성하지만, 강한 인공지능 로봇의 행위는 실재하는 것이기 때문에 법인의 행위와도 다른 법리 구성이 필요하게 될 것이다. 특히 법인의 범죄능력을 부정하는 견해에서는 법인은 인간이 아니기 때문에 행위능력이 없고, 그로 인해 당연히 책임능력과 형벌능력도 인정될 수 없다고 하지만,[35] 강한 인공지능 로봇의 경우 형법상 행위능력을 인정할 수 있을 수 있다. 그러나 책임무능력자와 동일하게 취급하여 책임능력이 없다고 할 수도 있고, 책임능력까지도 있는 것으로 볼 수도 있을 것이다. 또한 수형능력 역시 있다고 판단할 수도, 아닐 수도 있다.

그와는 반대로 법인과 유사하게 강한 인공지능 로봇이 인간을

---

34 배종대, 앞의 책, 193면.

35 배종대, 앞의 책, 201면; 김성돈, 앞의 책, 165면;

폭행한 행위는 여전히 '인간'의 행위가 될 수 없기 때문에 형법으로 해결하는 것은 적절하지 않고, "공법과 사법 그리고 형법의 중간영역에 존재하는 과징금이나 징벌적 손해배상"과 같은 제재를 통해[36] 강한 인공지능 로봇의 소유주나 관리주체를 처벌하는 것이 적절하다고 할 수도 있을 것이다. 그러나 우리는 이미 인간이 아닌 법인을 처벌하는 구조를 가지고 있다. 따라서 강한 인공지능 로봇이 인간으로 인정되어 법적으로 인간과 똑같은 대우를 받는 것은 차치하고, 적어도 강한 인공지능 로봇에 대해 법인격을 부여하여 현재 법인을 처벌하는 것과 같은 구조로 처벌하는 것은 가능할 수 있을 것이다.[37] 그에 따라 강한 인공지능 로봇이 재산을 소유할 수 있도록 하여 벌금을 납부할 수 있도록 할 수 있으며, 부수적인 처분으로 데이터 삭제 등을 선고할 수도 있을 것이다.[38] 다만, 기존의 법인의 경우 사람이 법인인 기업을 대신해서 기업을 위해 행위하는 구조이지만, 딥 러닝(deep learning)에 의해 스스로를 위해 행위하는 것이 가능하기 때문에 현재의 법인과 관련된 구조와는 다소 차이가 있다. 그러므로 법인의 처벌에 대한 법적 논의가 다시금 점화될 것이다.[39]

---

36   이상돈, 앞의 책, 102면.

37   제리 카플란(신동숙 옮김), 인간은 필요 없다, 한스미디어, 2016, 129면.

38   제리 카플란(신동숙 옮김), 앞의 책, 130면.

39   이에 대해 로봇의 지위를 '위임된 자율성'과 '위임된 권한'으로 규정하고, 그를 바탕으로 좀 더 많은 논의가 필요하다는 견해도 있다; 고인석, "로봇이 책임과 권한의 주체일 수 있는가", 철학논총 제67집, 2012, 17~18면.

IV. 형법적 책임성의 문제

1. 현행 형법에서의 책임성

형법에서 책임은 행위 단계를 넘어 구성요건 단계와 위법성 단계를 거쳐 부정적으로 판단된 '행위'의 '행위자'에 대해 국가 형벌로 비난할 수 있을지를 판단하는 것이다.[40] 불법의 초점은 '행위'에 있지만 책임의 중심은 '행위자'에 있다. 하지만 불법을 행한 모든 행위자에게 책임을 물을 수는 없다. 우리 법은 형사미성년자나 심신상실자, 강요된 행위를 요구받은 자의 행위는 비록 불법한 행위라고 하더라도 책임을 조각하고 있다. 그러나 보다 근본적으로 들어가 보면 형법에서 행위자에게 책임을 묻기 위해서는 행위자에게 도덕적 행위력(moral agency)이 있어야 한다. 따라서 행위자는 자신의 행위가 일반적으로 승인되고 있는 도덕적 기준에 적합한 것인지 여부를 판단할 수 있어야 하며, 그에 따라 스스로를 통제하고 그것에 적합한 방식으로 행위할 수 있어야 한다.[41] 이 때, 자신의 행동에 대한 연민이나 동정 등의 감정은 요구되지 않는데, 이는 우리가 '사이코패스'에 대해 형사책임을 지우는 것을 통해서도 알 수 있다.[42] 또한 앞서 살펴본 것처럼 책임은 반드시 인간에 대해서만 존재하는 것은 아니다. 이미 여러 견해에 따라서는 법인에 대해서도 도덕적 행위력을 인정하고 있으며, 우리 법은 법인에 대한 형사책임을 규정해 놓고 있다. 그러므로 인공지

---

40   김성돈, 앞의 책, 362면.

41   제리 카플란(신동숙 옮김), 앞의 책, 115면.

42   제리 카플란(신동숙 옮김), 앞의 책, 116면.

능 로봇의 경우에도 인공지능의 기술 정도에 따라 형사적인 책임을 물을 수도 있을 것이다.

2. 약한 인공지능 로봇의 책임성

약한 인공지능 로봇은 동물의 경우와 유사하다고 할 수 있다. 그러므로 그 형법적 책임성에 대한 문제는 동물에 대해 형법적 책임이 가능하다는 주장에서 근거를 찾아볼 수도 있을 것이다. 중세 유럽에서는 동물을 피고로 해서 형사절차가 진행되기도 했으며, 경우에 따라서는 범죄자와 함께 범죄를 저지른 동물을 함께 물에 넣어 익사시키기도 하였고,[43] 1474년 스위스 바젤에서는 닭에게 사형이 선고 되었다고도 한다.[44] 다만, 동물에 대해서도 형사 책임을 묻는 것이 가능하다는 유럽인들의 사고는 계몽주의 시대 이후 모두 사라졌기 때문에 역사적인 의의만이 있을 뿐이고, 1751년 바이에른 형법전에서는 동물의 행위는 범죄로 보지 않는다는 명시적인 규정도 나타나고 있다.[45] 그러므로 그와 같은 과거의 논리를 약한 인공지능 로봇에 적용하는 것은 적절하지 않을 수 있다.

그렇다면 약한 인공지능 로봇의 형사 책임에 대한 문제는 현행 동물에 대한 논리와 같을 수 있다. 동물이 사람을 공격하여 공격을 당한 사람이 피해를 입게 되면 동물을 처벌하는 것이 아니라 동물을 사주한 동물 주인을 처벌하는 것이다.[46] 만일 주인이 동물을 사주한 것

---

43   윤지영/윤정숙/임석순/김대식/김영환/오영근, 앞의 책, 316면.

44   임석순, "형법상 인공지능의 책임귀속", 형사정책연구 제27권 제4호, 2016, 78면.

45   윤지영/윤정숙/임석순/김대식/김영환/오영근, 앞의 책, 316~317면.

46   이에 대해서는 1532년 독일의 카롤리나 형법전에 명문으로 규정하고 있었다고 한다;

이 아니라면 동물의 공격은 형법적으로 아무런 의미 없는 행위가 된다. 따라서 동물 주인이 민사적인 손해배상 책임을 질 순 있겠지만, 형사적인 책임은 지지 않을 것이다. 비른바허(Birnbacher)는 비록 로봇이 생명력이 없다는 점에서는 동물과 차이가 있지만, 침해의 주체와 객체가 될 수 있다는 점, 한시적 기간만 존재한다는 점, 부분적인 자율성과 통제가능성을 가지고 있는 점, 인간 친화적이며 인간과 비슷한 속성을 가지고 있다는 점, 자율적인 재생산이 가능하다는 점, 감수성을 가질 수 있다는 점 등에서는 유사점이 많다고 한다.[47] 그럼에도 불구하고 로봇의 형사 책임에 대한 가능성에 대해서는 아직까지는 부정적인 측면이 강하다.[48]

3. 강한 인공지능 로봇의 책임성

앞서 언급한 비른바허의 주장을 살펴보면 강한 인공지능 로봇은 아직 기술이 완전하지 않기 때문에 그에 대한 논의는 유보하고 있는 것으로 보인다. 그러나 약한 인공지능 로봇의 발전 과정을 살펴볼 때 강한 인공지능 로봇의 등장이 먼 미래의 이야기라고 할 수는 없을 것이다. 이 경우 강한 인공지능 로봇은 앞서 살펴본 동물보다는 인간과의 비교를 통해 책임성을 고찰해 볼 필요가 있을 것이다. 그 이유 가운데 하나로 최근 EU 의회가 로봇을 '전자 인간(Electronic Person)'으

윤지영 외, 앞의 책, 317면.

47   윤지영/윤정숙/임석순/김대식/김영환/오영근, 앞의 책, 317~318면; 다만, 비른바허는 로봇의 유형을 사이보그(Cyborg), 자율로봇, 느낄 수 있는 로봇의 세 유형으로 나누고 있다.

48   윤지영/윤정숙/임석순/김대식/김영환/오영근, 앞의 책, 319면;

로 인정하는 결의안을 통과시킨 것이다.[49] 그에 따라 EU 의회의 조직 내에 'EU 로봇국'을 설치하여 로봇과 관련된 각종 법적 프레임 및 윤리적·기술적 문제들을 다루기로 했다.[50] 또한 2007년 한국의 과학자, 의사, 심리학자 등 12명이 결성한 로봇윤리 협의체에서 제정한 로봇 윤리 헌장 초안을 보면 로봇을 단순히 재물로 여기는 것이 아닌 인간과 같은 존엄성을 지닌 존재로 간주하고 있다.[51] 더 나아가 일본의 데이토 교수는 로봇의 권리장전(The Rights of Robots) 제정을 촉구하며 로봇에게도 인간과 같은 권리가 필요하다고 역설하기도 하였다.[52] 즉, 아직은 일부이기는 하지만 이미 로봇을 인간과 동일하게 취급하려는 움직임이 나타나고 있는 것이다. 그런 관점에서 보면 아직 법적으로 로봇에게 인간과 같은 권리를 인정해 줄 수 있을지, 형법적으로는 인

---

49   『Robots: Legal Affairs Committee calls for EU-wide rules』, 〈http://www. europarl.europa.eu/news/en/news-room/20170110IPR57613/robots-legal-affairs-committee-calls-for-eu-wide-rules〉.

50   위와 동일.

51   '로봇 윤리 헌장 초안'은 다음과 같다(『로봇 윤리 헌장』, 〈http://www.irobotnews. com/news/articleView.html?idxno=1606〉.
  1장(목표) 로봇 윤리 헌장의 목표는 인간과 로봇의 공존공영을 위해 인간 중심의 윤리 규범을 확립하는 데 있다.
  2장(인간, 로봇의 공동 원칙) 인간과 로봇은 상호 간 생명의 존엄성과 정보, 공학적 윤리를 지켜야 한다.
  3장(인간 윤리) 인간은 로봇을 제조하고 사용할 때 항상 선한 방법으로 판단하고 결정해야 한다.
  4장(로봇 윤리) 로봇은 인간의 명령에 순종하는 친구·도우미·동반자로서 인간을 다치게 해서는 안된다.
  5장(제조자 윤리) 로봇 제조자는 인간의 존엄성을 지키는 로봇을 제조하고 로봇 재활용, 정보 보호 의무를 진다.
  6장(사용자 윤리) 로봇 사용자는 로봇을 인간의 친구로 존중해야 하며, 불법 개조나 로봇 남용은 금한다.
  7장(실행의 약속) 정부와 지자체는 헌장의 정신을 구현하기 위해 유효한 조치를 시행해야 한다.

52   『"로봇을 위한 로봇권리장전을!", 데이토 교수(3)』, 〈http://www.sciencetimes.co.kr/? news=로봇을-위한-로봇권리장전을-데이토-교수3〉.

간에게 물을 수 있는 책임성을 강한 인공지능 로봇에게도 물을 수 있을지에 대한 논의가 출발점에 서 있지만, 이미 우리 사회는 빠른 속도로 인정하고 있는 것 같다. 따라서 강한 인공지능 로봇에 대해 형법적 책임을 지우는 문제는 약한 인공지능 로봇에 대한 문제와는 다른 차원이라고 생각된다.

하지만 우리 형법체계가 구축하고 있는 책임론의 관점을 보면 강한 인공지능 로봇에게 형법적 책임을 부과하는 것은 책임론의 논의를 새로운 차원으로 이끌어가는 문제인 듯하다. 현행 책임론의 골자는 무엇이 책임인지를 밝히는 것이 아니라 어떤 경우 책임에서 제외할 수 있는지에 있다. 따라서 책임조각사유를 설정하는 것이 필요할 것이다. 강한 인공지능 로봇의 경우를 보면 잘못된 정보를 주입시켜 학습시킨 경우나 해킹에 의해 인공지능이 조작된 경우가 대표적인 책임조각사유가 될 수 있을 것이다. 전자의 유사한 예로 마이크로소프트사의 인공지능 챗봇인 테이(Tay)가 학습과정에서 극우 성향 사용자의 오용으로 인해 욕설이나 인종차별, 성차별적인 내용을 습득한 것이 있다. 그로 인해 인간에게 욕설이나 인종차별, 성차별적인 대화를 하다가 가동 16시간 만에 가동이 중지되기도 하였다. 이처럼 왜곡된 학습에 의해 범죄행위를 하는 경우 해당 강한 인공지능 로봇에 대해서는 책임을 지울 수 없을 것이다. 또한 해킹을 통해 강한 인공지능 로봇이 범죄를 저지르도록 만든 경우도 있을 것이다. 인공지능 역시 코드의 집합이기 때문에 해킹에 의해서 얼마든지 조작이 가능할 수 있다. 그러므로 해킹에 의해 조작된 강한 인공지능 로봇이 범죄를 저지른 경우에도 책임을 조각시킬 필요가 있다.

이처럼 마치 공상과학영화처럼 들리겠지만 강한 인공지능 로봇의 형법적 책임을 인정하게 되면 그에 걸맞는 형벌과 집행방법 등도 형법에 새롭게 도입되어야 할 것이다. 예를 들어, EU 결의안에서도 언급되고 있지만, 로봇이 인간을 해하려고 하는 경우에 대비하여 로봇에게 '킬 스위치(Kill Switch)'를 설치하도록 하는 것이다. 따라서 인간의 사형에 해당하는 형벌로 '킬 스위치 작동형'이 부과될 수도 있을 것이다. 그리고 마이크로소프트 챗봇 '테이(Tay)'의 사례에서 보는 것과 같이 가동 중지가 결정될 수도 있을 것이다. 가동 중지 후 문제점을 해결하게 되면 다시 가동되거나 다른 인공지능으로 가동될 수도 있을 것이다. 실재로 마이크로소프트사의 경우 테이의 실패 이후 문제점을 분석하여 '조(Zo)'라는 새로운 챗봇을 개발하기도 하였다.

　이제까지 형법상 책임은 오로지 인간에게만 적용되었다. 이제까지 이것은 너무도 당연하게 여겨졌다. 물론 앞서 언급한 바와 같이 과거 동물에게도 형벌을 부과한 경우도 있지만 인류의 긴 역사 가운데 한 에피소드에 불과하였다. 하지만 강한 인공지능 로봇이 인간과 공존하게 되고, 인간과 같은 취급을 받게 되면 형법상 책임 역시 인간의 전유물로만 취급받지 않을 수도 있을 것이다. 이미 이웃나라 일본의 경우에는 최고령 사회 및 1인 가족이 현실화되면서 로봇을 하나의 가족처럼 여기는 현상도 나타나고 있다. 단순히 가족처럼 여기는 것이 아니라 인간처럼 가족의 역할을 수행하고 있는 것이다. 앞으로 인공지능 로봇의 사용처가 보다 많아지고, 강한 인공지능 로봇에 도달할수록 로봇은 더욱 인간과 같이 될 수 있으며, 로봇의 원칙뿐 아니라 인간의 규범도 따라야 할 것이다. 그러므로 결국 인간에게 부과되는 책임도 로봇에게 요구되는 시점이 멀지 않은 장래에 도래하게 될 것이고, 그것은 지금 로봇에게 윤리를 교육시키는 것과 같이 로봇에게 교육되어 이식될 것이다.

　그동안 형사책임의 한 축을 담당했던 응보이론에 따라 책임을 묻는 것은 큰 의미가 없을 것이다.[53] 강한 인공지능이라고 하더라도 인간이 느낄 수 있는 후회나 반성의 감정을 생성하는 것은 여전히 불가능하기 때문이다.[54] 범죄행위를 한 강한 인공지능 로봇을 비록 강한 인공지능 로봇이 '전자인간'의 지위를 갖는다고 하더라도 완전한 인간은 아니다. 따라서 강한 인공지능의 범죄행위에 대해서는 배상이나[55] 벌금과 같은 제재가 의미를 갖게 될 것이고, 장래에 같은 범죄를 저지르지 않도록 예방하는 차원에서 프로그램을 삭제하거나 변경하는 것과 같이 예방적인 차원에서의 형벌이 부과될 가능성이 높다.

V. 형법상 과실범의 문제

1. 형법상 과실범의 구조

우리 법률이 규정하고 있는 과실범의 처벌 구조를 보면 고의범이 성립하지 않을 경우에는 과실범으로 처벌될 가능성이 발생하는데, 이 때, 과실이 적극적으로 인정되어야만 과실범으로 처벌될 수 있도록 되어 있다.[56] 이는 과실의 불법은 고의에 비해 약하고, 그로 인해 고의범 처벌이 원칙이고 과실범은 예외적으로 처벌된다는 통설적인 견

---

53   응보이론은 형벌의 법적 근거 및 의의를 범죄자에게 고통을 주는 자체, 즉, 형벌의 자기목적성에서 찾는 견해이다; 배종대, 형사정책(제10판), 홍문사, 2016, 427면.

54   제리 카플란(신동숙 옮김), 인공지능의 미래, 한스미디어, 2016, 194~197면.

55   그것을 위해서는 해당 로봇에 대한 재산권을 인정할 필요성도 생기게 된다. 다만, 그에 따라 새로운 문제가 발생할 수도 있는데, 그에 대한 상세한 문제는 다음 논문에서 다루어 볼 예정이다; 제리 카플란(신동숙 옮김), 앞의 책, 187~189면.

56   김성돈, 앞의 책, 485면.

해가 반영된 결과라고 할 것이다.[57] 우리 형법에서 과실의 표지는 형법 제14조에 규정되어 있다. 죄의 성립요소인 사실에 대해 불인식 또는 불의욕하고, 정상의 주의태만이 존재해야 한다.[58] 그러므로 형법 제13조와 제14조의 관계를 고려해 볼 때, "죄의 성립요소인 사실을 인식하지 못한 행위"는 고의가 없는 행위이므로 법률에 특별한 규정이 없는 한 처벌되지 않지만, "정상의 주의태만에 의해 구성요건 인식이 없는 행위"는 그 결과로 인해서 처벌될 수 있게 된다.[59] 따라서 고의도 없고, 과실의 표지도 충족시키지 못하거나 위법성 조각사유, 책임조각사유 등이 있는 경우에는 과실범으로도 처벌이 불가능하기 때문에 형벌로는 처벌할 수 없게 된다. 그래서 형사처벌의 하한선인 과실범을 처벌하기 위해서는 객관적 구성요건요소인 객관적 주의의무위반과 과실과 결과 간의 형법상 인과관계, 주관적 구성요건요소인 예견가능성이 요구된다.

그런데 그와 같은 문제는 인간의 능력을 전제한 것이라고 할 것이다. 과실범의 주의의무위반이 논의되기 시작한 것은 19세기 독일법학의 결정론과 비결정론 대립에 따른 결과라고 할 수 있으며, 후자에 따라 행위자의 의사자유가 인정될 때 비로소 과실행위자에 대한 책임귀속이 가능하게 된다.[60] 즉, 이제까지의 우리 형사법체계는 인간의 능력과 그 한계를 염두해 두고 구축되어 온 것이다. 따라서 과실범은 형사처벌 할 수 있는 인간의 능력의 하한선에 따라 기획된 범죄의 유

---

57   신동일, "과실범 이론의 역사와 발전에 대하여 – 형법 제14조의 구조적 해석", 강원법학 제44권, 2015, 311면.

58   김성돈, 앞의 책, 486면.

59   신동일, 앞의 글, 330면.

60   위와 동일.

형이라고 할 것이다.

2. 자율주행자동차의 과실범 문제

앞서 살펴본 과실범의 구조는 기본적으로 인간을 염두에 두고 있다. 인간의 주의능력이나 예견가능성, 회피가능성 등을 고려하여 과실여부를 판단하도록 하고 있기 때문에 적어도 지금까지는 큰 문제 없이 적용되고 있다. 특히 과실범이 문제가 되는 영역으로 자동차의 운행이 있다. 자동차의 운행은 인간의 숙련된 운전기술과 주의력, 위험 대처 능력 등 인간의 능력과 관련이 있으면서 현대 사회와 밀접하게 연관되어 있는 '허용된 위험'이기 때문에 언제나 과실범의 위험이 도사리고 있기 때문이다. 그러므로 대인 교통사고가 발생할 경우 운전자가 자동차를 도구로 해서 타인을 살해하거나 상해를 입히지 않는 경우라면(고의가 없는 경우) 당연히 과실범의 체계에서 형법적인 처벌 여부가 다루어져야 할 것이다.

그런데 앞서 살펴본 기술들이 자동차에 적용되면서 그와 같은 법리가 계속해서 유지될 수 있을지는 의문이다. 이미 많은 자동차에는 자동주차 기능이 장착되어 있다. 운전자가 자동차를 주차할 경우 자동 주차버튼을 누르게 되면 자동차가 스스로 주차를 하는 것이다. 더 나아가 최근에는 반자율주행 기능을 자동차에 탑재하여 자동차 전용도로나 고속도로 등에서는 운전자의 운전 없이 자동차가 스스로 알아서 운행하기도 한다. 두 경우 만일 대인 사고가 발생하는 경우 기능을 동작시킨 운전자에게 책임을 지울 것인지, 자동차 회사에 책임을 지울 것인지가 문제가 된다. 전자의 경우라면 운전자가 기능을 작동시켰기 때문에 형법상의 과실범 논리가 적용될 수 있겠지만, 그뿐 아니라 기능을 제공하고 있는 자동차 제조사의 제조물책임 문제도 발생할 수 있게 된다. 그러므로 제조물책임으로 해결해야 하는 경우 운전자에게는 과실범의 법리가 적용되지 않게 될 수 있다. 또한 사고책임에 대한 문제는 보험법을 통해 해결될 가능성이 높아짐에 따라 책임보험의 주체가 누구인지에 대한 문제도 부각될 것이다.[61] 좀 더 나아가 이미 기술이 개발되어 적용되고 있는 완전 자율주행자동차의 경우에는 운전자의 운전이나 작동이 개입하지 않게 된다. 그러므로 자동차가 대인 사고를 내는 경우 운전자의 과실책임은 물을 수 없을 것이며,[62] 현행 구조에 따르면 제조물책임을 통해 자동차 회사나 시스템회사에 책임을 묻게 될 것이다.[63] 또는 기존의 컴퓨터 프로그램의 오류와 같이 취급하여 민사상 계약책임이나 불법행위책임 등으로 해결하게 될 것이다.[64]

즉, 자율주행자동차의 보급은 형법상 과실범의 양적 축소를 가져올 수 있으며, 그에 비례해서 제조물책임법의 적용이 확대될 것이다. 그뿐 아니라 다른 부분에서도 고려할 사항이 생기게 된다. 자율주행자동차의 윤리와 관련해서 문제가 되는 사안이 있다. 갑자기 횡단보도에 많은 수의 사람이 무단횡단을 하게 될 경우 자율주행자동차가 그에 대한 대응을 하도록 프로그래밍되어야 하는데, 그 경우 인도로 걸어가고 있는 한 사람을 칠 수 밖에 없는 경우 어떻게 하여야 하는지에 대한 설문 조사에서 대다수 사람들은 어쩔 수 없지만 인도의 한 사

---

61   이중기, "자율주행자동차 : 로봇으로서의 윤리와 법적 문제", 국토 416호, 2016, 41면.

62   다만, 자동차손해배상보장법상의 책임은 거의 무과실책임에 가깝기 때문에 해당 법률에 따라서 운전자에게 책임을 지울 수 있다는 견해도 있다; 이충훈, 앞의 글, 163~167면.

63   임석순, 앞의 글, 82면.

64   홍춘의, "컴퓨터 소프트웨어의 오류와 민사책임", 기업법연구 제20권 제1호, 2006, 345~348면.

람 쪽으로 돌진해야 한다고 대답하였다. 하지만 피설문자가 운전자고 만일 인도의 한 사람이 아니고 다수를 피해 벽에 충돌하여 운전자가 사망할 수도 있도록 프로그래밍 해야 하는 경우라면 어떻게 하면 좋겠냐는 질문에 대해 대다수는 다수의 행인을 치고 지나가도록 해야 한다고 대답하였다. 즉, 사람들은 본인이 결부되지 않는 경우라면 다수의 이익을 선택하지만, 자신의 이익이 결부되면 자신의 이익 방향으로 선택을 하는 것이다.

그런데 그와 같은 윤리적 문제의 메커니즘은 과실범 체계에도 영향을 미칠 수 있다. 즉, 운전자가 다수를 피해 인도의 행인을 충격한 경우 현행 체계에서는 운전자의 과실범여부가 문제가 될 수 있다. 그런데 자율주행자동차의 경우 그와 같은 상황에 대해 미리 프로그래밍을 해야 한다. 더 나아가 강한 인공지능이 탑재되는 경우 강한 인공지능의 특성상 과실범 표지에서 요구하는 주의의무위반이나 예견가능성이 미흡하다고 할 수 없으므로 과실범이 되기는 쉽지 않다. 그러므로 현행 법률체계에서 자율주행자동차의 대인 사고를 고려해 보자면 과실범의 문제가 아니라 고의범의 문제가 발생하게 될 것이다. 물론 그 책임을 프로그래머가 지게 될지, 자동차 제조회사가 지게 될지는 또 다른 문제가 될 것이고, 여기서의 논의처럼 강한 인공지능을 인간과 같이 취급할 경우에는 자율주행자동차의 고의범이 문제가 될 수도 있을 것이다. 결론적으로 인간의 능력의 한계로 인한 형법체계인 과실범의 영역은 4차 산업기술발달과 적용으로 인해 그 범위가 좁아질 수밖에 없을 것으로 예상된다.

VI. 퇴장하기

앨빈 토플러가 예측했던 제3의 물결이 밀려오는 듯 하더니 어느새 제4차 산업혁명을 통한 제4의 물결이 거세게 밀려오고 있다. 제3의 물결과 함께 밀려온 정보화로 인해 형법 및 형사소송법에서는 상당한 변화가 있었다. 다만 그 변화가 형법체계 전반을 뒤흔들 정도는 아니었다고 생각된다. 그러나 제4차 산업혁명은 조금 이야기가 다르다. 인공지능과 로봇, 사물인터넷 등 새로운 첨단기술을 밀고 오는 제4의 물결은 현행 형법체계 자체를 근본부터 새롭게 구성해야 하는 '게임 체인저(Game Changer)'라고 할 수 있다. 인간이라는 불변의 기반위에 세운 형법체계가 인공지능 로봇의 등장으로 인해 흔들릴 수 있기 때문이다. 물론 그와 같은 추측이 필자의 '공상'이라고 할 수도 있을 것이다. 하지만 제4차 산업혁명에 적응하고 있는 우리 사회의 모습이나 산업계의 동향, EU, 미국, 일본 등 주요 선진국들의 여러 움직임들을 살펴볼 때 필자의 주장이 단순히 공상이라고는 할 수 없을 것이다. 바로 가까운 미래에 우리 형법이 당면한 현실인 것이다.

그러므로 본 논문에서는 형법에 영향을 미칠 수 있는 인공지능, 로봇, 자율주행자동차 기술에 대한 기술에 대해 대략적으로 살펴보았다. 그리고 그와 같은 기술이 형법에 미칠 수 있는 영향이 여러 가지가 있지만, 최근 세계적인 상황을 고려해서 현행 우리 형법에서 고려해 보아야 할 도전과제를 세 가지로 나누어 보았다. 하나는 인간 중심의 행위론에서 인공지능 로봇이 함께 고려될 수 있는 가능성이다. 이미 일부 국가에서 인공지능 로봇은 사람과 같은 취급을 받고 있기 때문이다. 또 다른 하나는 강한 인공지능 로봇의 경우 형법적 책임성을 물어야 하는 상황이 올 수도 있다는 것이다. 다만, 현행 책임론과 같이 구체적인 책임을 규명하기보다는 책임조각사유를 고려해야 할 수 있다. 이는 먼 미래의 이야기 같지만 이미 주요 선진국들은 유사한 논의를 하고 있다. 마지막으로 자율주행자동차는 이미 상당히 대중화되어 있다. 여기서 형법상 문제가 될 수 있는 것이 현행 과실범처벌 구조라고 할 수 있다. 따라서 일부 과실행위는 제조물책임법으로 해결해야 하는 경우가 증가할 것이며, 일부 과실행위는 과실범이 아닌 고의범으로 해결해야 할 수도 있을 것이다.

하지만 우리 형법은 아직까지 제3의 물결에도 적절하게 대응하지 못하고 있는 상황이다. 사회는 급속도로 변하고, 시민들의 인식도 바뀌고 있는데 우리 형법은 여전히 근대의 중력을 벗어나지 못하고 있다. 단지 그와 같은 문제는 형법의 문제가 아니라고 애써 밀어내면서 어쩌면 현실의 문제를 계속해서 외면하고 있는 것은 아닌지 모르겠다. 이미 주요 선진국들은 법적인 부분뿐 아니라 법학적인 부분에서도 제4차 산업혁명과 관련된 문제들을 치열하게 다루고 있다. 그러나 우리는 아직까지 출발선상에 머물러 있다. 그래서 필자는 이 글을 치밀한 이론적 논의보다는 우리 형법학계에 주의를 촉구하는 의미에서 작성하게 되었다. 이 글에 언급한 내용은 현재의 전 세계적인 논의의 방향을 고려해 볼 때, 앞으로 겪게 될 변화의 지극히 작은 부분이라고 할 것이다. 그러므로 우리 형법분야에서도 다가오는 제4차 산업혁명 시대에 부합하도록 형법의 체계와 이론을 재정립할 필요가 있으며, 그를 위해 형법학자들과 실무가들이 이제부터라도 머리를 맞대고 최선의 노력을 다해야 할 것이다.

chapter 3

첨단 기술을 활용한 범죄예방

I. 입장하기

우리 사회는 정보화 사회라는 새로운 물결의 소용돌이에 많은 변화가 있었다. 그와 함께 과거 물질에 기반을 둔 아날로그 중심의 사회에서 정보에 기반을 둔 디지털 중심의 사회로 급격하게 그 옷을 갈아입게 되었다. 그에 더하여 사이버공간에 갇혀 있던 디지털 정보는 다시금 물질의 옷을 입고 물적 세상과 융합하게 되었다. 이것이 첨단 과학기술이 가져다준 우리 사회의 변화하는 모습이다. 그런데 이처럼 변화하는 세상에 맞추어 범죄의 모습도 변화하고 있다. 예를 들어, 과거 은행털이범은 무기를 준비하여 은행으로 가서는 은행원을 위협하고 돈을 강취하였다. 그러나 현대의 은행털이범은 구태여 그와 같은 위험을 무릅쓸 필요가 없다. 은행에 직접 가지 않고도 해커를 고용하거나 본인이 해킹을 습득하여 은행 사이버보안시스템의 약점을 공격하여 사법권이 미치지 않는 해외 어느 국가에 만들어 놓은 통장으로 은행돈을 이체한다. 소위 아날로그식 범죄가 사이버범죄화된 것이다. 하지만 최근에는 현실공간과 사이버공간이 융합된 유비쿼터스(Ubiquitous) 공간에서 아날로그식 범죄는 보다 첨단화되어 사이버범죄화 되어 가고, 사이버범죄는 다시금 아날로그화되는 모습을 보이기도 한다. 이처럼 범죄는 그 자체가 마치 살아있는 생물과 같아서 사회변화의 가장 선두에 서서 사회에 적응해 가고 있다.

하지만 범죄만이 진화하고 있는 것은 아니다. 범죄에 대응하기 위한 수단과 방법들도 그와 함께 진화하고 있다. 첨단과학기술의 발달로 범죄를 감시하기 위해 드론(Drone)이 사용되기도 하고, 범죄의 주요 발생지와 시간, 원인 등을 빅데이터(Big Data)로 분석하여 일어날 범죄를 미연에 방지하거나 발생한 범죄에 대해 신속히 대처하기도 한다. 대테러작전과 같이 위험한 범죄에 인간대신 로봇이 사용되기도 하며, IT 기술을 사용하여 도시 자체를 범죄가 발생하기 어렵게 설계하기도 한다. 이처럼 범죄와 범죄예방의 창과 방패의 싸움은 마치 시지프스(Sisyphus) 신화처럼 끝도 없이 계속되고 있다.

그러나 그런 가운데 갈라파고스처럼 여전히 시대와 동떨어진 것이 있는데, 바로 법제도이다.[1] 세상은 디지털화되고 있고, 정보들이 클라우드(Cloud)를 떠다니고 있음에도 법제도는 여전히 과거 아날로그의 중력에 갇혀 있었다. 더 나아가 사이버공간의 정보들이 사물인터넷(IoT: Internet of Things) 기술을 통해서 물질화되고 있는 상황에서 법제도는 범죄를 이해하거나 범죄예방을 지원하는 것에 매우 더딘 걸음을 걷고 있다. 물론 각 분야에서 다양한 논의가 진행되고 있지만 그와 같은 논의들이 법제화되는 것은 매우 느리게 진행되고 있는 상황이다. 하지만 가장 큰 이유는 법을 제정해야 하는 입법자들이 현재의 첨단과학기술에 대한 이해가 부족하고, 더욱이 그것을 법적으로 연결시키는 것에 매우 소극적이기 때문이다. 또한 첨단과학기술을 사용하는 산업계나 기관, 단체 등의 인식의 지평과 일반시민들의 인식의 지평이 다른 것도 이유라고 할 것이다. 그러므로 여기서는 첨단과학기술의 활용과 관련해서 다양한 논점들이 존재하겠지만 본 논문에서는 특히 첨단과학기술을 활용한 범죄예방과 그와 관련된 법제도적 문제가 무엇인지를 중심으로 살펴보고자 한다.

---

[1] 한 언론사가 보안담당자들을 대상으로 한 설문조사에서 응답자의 23.53%가 관련 정책 및 법제정이 시급하다고 하였다.

II. 첨단과학기술을 활용한 범죄예방 필요성

1. 첨단과학기술과 범죄예방의 형태

첨단과학기술의 개념은 다분히 상대적이기 때문에 그 개념을 정의하기가 쉽지 않다. 그러므로 첨단과학기술에 대한 개념정의를 해놓은 문헌을 발견하기는 쉽지 않다. 다만, 현재 개발 중에 있는 새로운 패러다임의 기술이나 그런 기술이 현행 기술에 적용되어 아직 광범위하게 대중화되지는 않았지만, 장차 대중화나 일반화가 가능한 기술을 의미하며, 나노과학기술(NT)이나 생명공학기술(BT), 정보통신기술(IT) 등이 대표적인 첨단과학기술의 범주라고 할 수 있다. 예를 들어, 현재 개발되고 있는 진공상태에서 시속 1223km로 달릴 수 있는 초고속열차인 '하이퍼루프(Hyperloop)'는 첨단과학기술이라고 할 수 있으며, 기존의 냉장고에 사물인터넷(IoT) 기술과 인공지능 기술을 접목하여 만든 '스마트 냉장고'의 경우도 첨단기술이라고 할 수 있을 것이다. 그러나 첨단과학기술이 보편화되고 대중화되면 평범하고 일반적인 기술로 된다. 그러므로 첨단과학기술을 활용한 범죄예방은 개발 중에 있거나 개발되었더라도 아직 보편화되었거나 일반화되지 않은 과학기술을 시범적으로 적용한 범죄예방 형태라고 할 것이다.

이 때, 범죄예방이란 "범죄발생의 원인을 제거하거나 범죄억제 작용을 하는 여러 원인을 강화함으로써 장래에 범죄가 발생하지 않도록 하는 것"을 의미한다.[2] 범죄예방은 크게 세 가지 유형으로 나누어

---

2   배종대, 형사정책(제10판), 홍문사, 2016, 62/1.

볼 수 있는데, 사회 환경 정화와 시민교육을 통해 예방하는 일차예방, 범행 가능성 있는 잠재적 범죄자 조기 발견·감시·교육을 통해 예방하는 이차예방, 범행경력이 있는 범죄자의 재범을 예방하는 삼차예방이 그것이다.[3] 그런데 그와 같은 범죄예방은 범죄자에 대한 절대적 응징을 통해서만 이루어질 수 있는 것이 아님에도 우리나라는 여전히 그에 머물러 강한 형벌만을 추구하는 경향을 보이고 있다.[4] 그처럼 형벌규정을 통해 단죄하겠다는 대응보다는 범죄예방에 조금 더 시간이 걸린다고 하더라도 사회 제도개혁 및 환경정화, 시민교육, 기술적 수단의 개발 및 적용 등의 방안들이 충분히 고려되어야 할 것이다. 그래서 첨단과학기술을 활용하는 방안이 고려의 대상이 되는 것이다.

범죄예방의 유형을 좀 더 상세히 보자면 일차예방은 물리적 사회 환경 통제와 교육에 중점이 있다. 그러므로 환경설계나 민간경비 체계 등이 전자에 속할 수 있으며, 범죄의 내용이나 범죄방지에 대한 교육 등이 후자에 속하게 된다.[5] 첨단과학기술을 고려해 보면 그와 관련된 대표적인 방안으로 셉테드(CPTED)나 스마트 도시(Smart City) 등을 그 예로 들 수 있을 것이다. 또한 이차예방은 잠재적 범죄자에게 범죄의 기회를 억제함으로서 범죄를 막는 방법으로 범죄가 예견되는 지역에 대한 예방활동이 그 중심이 되며,[6] 주거침입에 대한 안전시설이나 고가품에 대한 안전조치를 취하는 것, 피해자에 대한 호신술

---

3   배종대, 앞의 책, 62/2.

4   배종대, 앞의 책, 62/14.

5   이건종/전영실, 각국의 범죄예방정책에 관한 연구, 한국형사정책연구원 연구총서, 1993, 19면.

6   위와 동일.

교육 등도 그에 속할 수 있다.[7] 최근의 기술을 고려해 볼 때, 빅데이터를 활용한 예방활동이 전자에 속할 수 있으며, CCTV(Closed Circuit Television)나 로봇 등을 이용한 경비가 후자에 속할 수 있을 것이다. 그리고 삼차예방은 기존의 범죄자들이 더 이상 범죄를 저지르지 않도록 하는 활동으로 교정프로그램이나 지역사회의 교정활동, 보호관찰 등과 같은 방안이 그에 해당하게 된다.[8] 첨단과학을 대응해 보면 전자발찌와 같은 전자감독이나 로봇 교도관[9]뿐 아니라 원격화상접견제도, 원격화상진료제도 등도 포함될 수 있을 것이다.[10]

이처럼 과거부터 이어져 온 범죄예방의 형태는 변함이 없다고 하더라도 사회의 변화와 첨단과학기술의 발전으로 인해 사용되는 방법은 달라질 수 있다. 그와 같은 모습은 다음에 볼 수 있는 것처럼 범죄예방의 최전선에 있는 경찰의 비전에서도 확인할 수 있다.

2. 범죄예방의 미래

2016년 1월 14일 경찰청은 한국과학기술원(KAIST) 미래전략대학원에서 2015년 6개월에 걸쳐 연구한 '경찰청 미래비전 2045'를 발표하였다.[11] 이는 미래 사회변화를 예측하여 경찰의 역할과 대응전략

---

7   임준태, 범죄예방론, 대영문화사, 2009, 61면.

8   이건종/전영실, 앞의 책, 20면.

9   우리나라에서는 4년 전 세계 최초로 로봇 교도관의 실전배치를 추진하였다. 그러나 인공지능의 한계로 인해서 결국 해당 계획은 폐기되었다.

10   윤지영, "형 집행(교정·보호) 단계에서의 첨단과학 기술의 활용", 2016년도 한국형사정책연구원 춘계학술대회 발표집, 2016, 23면~24면.

11   경찰 민원포탈; ⟨http://cyber112.police.go.kr/portal/bbs/view.do?nttId=18056&bsId=B0000011&menuNo=200067⟩.

을 마련하려는 취지에서이다. 그에 따르면 경찰이 당면할 향후 30년의 미래는 "세계화·인구구조 변화에 따른 사회적 문제 가중, 재난·재해·사고의 대형화·다각화·복합화, 첨단 기술[바이오(Bio)·인공지능·로봇 등] 활용의 중요성 증대, 금융·정보·지식·법률 등 지능형 범죄의 증가, 방범·경호 등 경찰 기능의 민영화 추세, 치안 민관 협력(Governance)의 확대"가 예상된다고 한다. 그러면서 비전을 치안행정에 첨단과학기술을 적용하는 '과학경찰', 업무분야에 따른 개인의 능력을 고양시키는 '정예경찰', 그리고 치안행정에 시민들이 주체적으로 참여하는 '시민경찰'로 설정하고, 각각 3개씩 모두 9개의 추진전략과 27개 주요정책 과제들을 제시하였다.[12]

　　여기서 주목할 것이 '과학경찰'을 표방하고 있다는 것이다. 그 내용 가운데 범죄예방과 관련된 부분을 살펴보면 범죄 발생빈도가 높은 곳에 안면 데이터 자동검색 시스템과 같은 첨단 범죄예방 장비를 도입하고, 빅데이터(지리정보시스템이나 112신고자료, CCTV 교통정보 등의 데이터)를 활용하여 범죄위험지역을 예측하고 방범전략을 세운다는

12　'경찰 미래비전 2045'의 비전과 전략은 다음과 같다.

과학경찰	정예경찰	시민경찰
□ **첨단과학 치안시스템 구축** - 과학치안 운용 체재 정비 - 가상사회 대응체계 고도화 - 빅데이터 활용 치안활동 강화	□ **선제적 미래치안 대응체제 구축** - 지역경찰 재정립 - 지식 글로벌 사회 대응역량 제고 - 대테러 역량 강화	□ **시민주체 참여치안 활성화** - 경찰에 대한 시민 접근성 강화 - 자치경찰제도의 발전적 도입 - 민간 주도 예방치안 시스템 확립
□ **스마트 치안활동 전개** - 첨단 과학기술 활용 치안활동 - 첨단 과학기술 발달 대응 - 개인정보 보호 강화	□ **전략적 인적자원 관리 마련** - 우수 인적자원의 체계적 확보 - 효율적인 인력운용 체계 구축 - 업무중심 승진제도 전향적 개선 - 미래치안 대비 경찰관 양성	□ **복지·중재경찰 역할 강화** - 시민과 사회적 약자 보호 강화 - 고령화사회 치안 강화 - 범죄피해자 보호 강화 - 경찰의 갈등 중재 역할 확대
□ **글로벌 과학치안 구현** - 연구개발 역량 강화 - 한국경찰 역량의 국제적 전파 - 치안산업 육성	□ **미래지향적 치안인프라 조성** - 경찰 조직 및 예산 구조 개편 - 명예로운 경찰 구현을 위한 제도 마련 - 당당한 법집행력 기반 강화	□ **시민 참여 경찰 홍보 추진** - 시민과 함께하는 능동적 경찰 홍보

것이 있다. 또한 미국 몇몇 주들이 '총성 감지기(Shot Spotter)'를 활용하는 것을 벤치마킹하여 사물인터넷을 이용하여 실시간 감지를 통한 범죄예방을 모색하고 있다. 이처럼 경찰이 인공지능, 로봇, 빅데이터 등 여러 첨단과학기술의 활용을 고려할 수밖에 없는 것은 아직까지 경찰의 치안활동은 가시적이고 물리적인 아날로그 방식이었다고 한다면, 유비쿼터스 사회로의 변화가 계속되는 미래에는 비가시적이고 비물리적인 치안활동의 결합이 불가피하기 때문이다. 그래서 2015년 7월 9일 경찰청과 미래창조과학부는 '국민안전과 글로벌 과학치안' 구현을 위한 양해각서(MOU)를 맺기도 하였다.

III. 첨단과학기술을 활용한 범죄예방 형태

첨단과학기술을 활용한 범죄예방의 형태는 다양하게 구분해 볼 수 있겠지만, 본 논문에서는 크게 소프트웨어적 방법, 하드웨어적 방법, 범죄예방 환경설계적 방법으로 나누어 보았다. 물론 세 방법 모두가 결합되어 있기 때문에 명확히 구분될 수 있는 것은 아니지만, 어떤 것이 보다 중점이 되는지에 따라 그와 같이 구분해 본 것이다. 먼저 소프트웨어적 방법은 빅데이터를 활용하거나 특정 범죄예방 소프트웨어를 사용하는 것과 같은 형태이며, 하드웨어적 방법은 범죄예방을 위해 각종 센서나 CCTV 등을 사용하는 것을 말한다. 그리고 범죄예방 환경설계적 방법은 동네나 아파트 단지, 도시 전체에 셉테드를 적용하되 첨단과학기술을 접목하여 범죄예방 시스템을 구축하는 것이라고 하겠다.

1. 소프트웨어(Software)적 방법

범죄예방을 위한 첨단과학기술이 소프트웨어적으로 구현된 것으로 빅데이터의 활용을 들 수 있다. 빅데이터는 치밀한 가설을 세우고, 샘플링을 통해 얻어진 양질의 데이터를 분석하여 오류를 줄이고, 인과관계를 규명하기보다는 최대한 많은 양의 데이터를 분석하여 양을 통해 오류가능성을 줄이고, 상관관계를 규명하는 방법이라고 할 것이다.[13] 그러므로 빅데이터를 이용하여 범죄를 예방하는 수단으로 가장 적절한 것으로는 범죄예측 부문이다. 빅데이터 분석을 통해 특정 지역과 시간, 범죄의 유형 등을 분석하게 되면 경찰은 제한된 자원을 매우 효율적으로 사용할 수 있게 된다.[14] 그런 점에서 빅데이터의 활용의 사례로 미국 샌프란시스코시의 사례가 주목된다. 샌프란시스코시는 과거 8년 치의 범죄의 발생지역 및 범죄 유형을 분석하여 예보하는 시스템을 도입했다. 그에 따라 경찰인력을 범죄의 발생 가능성이 매우 높은 곳에 배치하여 보다 효율적으로 운영할 수 있었으며, 6개월 간의 시범 운영결과 예보의 정확도는 71%정도 되었다. 아직 결과의 효용성에 대해서 조금 더 살펴보아야겠지만 상당히 의미있는 결과라고 할 것이다.

그러나 빅데이터 분석이 제대로 되기 위해서는 단순히 데이터만 많으면 되는 것이 아니다. 빅데이터를 적절하게 분석할 수 있는 소프트웨어가 필요한데, 최근에는 그와 같은 소프트웨어의 결정체로 인공지능(AI: Artificial Intelligence)와 딥러닝(Deep Learning)이 함께 요구

---

13   빅토르 마이어 쇤버거/케네스 쿠키어(이지연 옮김), 빅데이터가 만드는 세상, 21세기 북스, 2013, 95면 이하 참조.

14   윤해성/전현욱/양천수/김봉수/김기범, 빅데이터를 활용한 범죄예방시스템 구축을 위한 예비 연구(I), 형사정책연구원 연구총서, 2014, 83면.

된다. 이세돌 9단과 알파고의 인간과 인공지능의 바둑대결에서 인공지능인 알파고가 4대 1로 인간 전문가인 이세돌 구단에게 승리한 바둑대결은 인공지능과 딥러닝의 발전수준이 이미 상당한 정도라는 것을 입증해 주었다. 알파고는 빅데이터 분석을 통해 수많은 바둑기보를 분석하고, 딥러닝을 통해 우주의 원자보다 많다는 바둑의 경우의 수를 넘어 인간의 직관력까지도 모방할 수 있게 된 것이다. 그런 차원에서 범죄예방을 위해 무수하게 많은 관련 데이터들을 분석하고, 처리하기 위해서는 인공지능과 딥러닝의 활용은 불가피하다고 할 것이다.[15] 앞서 언급한 '샌프란시스코 범죄 분류(crime classification)' 프로젝트도 재료는 빅데이터이지만 그것을 분석한 것은 인공지능이다. 그러므로 빅데이터를 통해 경찰이 보유하고 있는 정보와 외부로 공개된 정보가 재료가 되고, 인공지능이 그것을 분석하여 범죄의 장소와 시간, 유형을 도출해 내고, 딥러닝을 통해 효과적인 범죄예방 방법을 제시하여 범죄에 대응할 수 있는 것이 더 이상은 '마이널리티 리포트' 속에만 존재하는 것은 아니다.

2. 하드웨어(Hardware)적 방법

경찰의 범죄예방활동은 크게 범죄기회와 범죄유발요인을 제거하는 일반방범활동과 특정 대상이나 사항을 대상으로 시행되는 특별방범활동이 있는데, 순찰(patrol)이 대표적인 일반방범활동이라고 할 것이다.[16] 경찰은 순찰활동 가운데 차량을 이용한 순찰에 다양한 첨

---

15   이규안, "빅데이터 분석을 기반으로 한 범죄예방 시스템의 실용성 검토", 한국전자통신학회 학술대회지 제8권 제2호, 2014, 522면.

16   배종대, 앞의 책, 63/1~63/4.

단기기를 활용하게 된다. 우선 현행 교통순찰차를 통해 저장되고 있는 GPS정보, 112범죄 신고정보, 형사사법정보시스템(KICS: Korea Information System of Criminal Justice Services) 등의 정보를 빅데이터 분석할 경우 보다 효과적인 순찰이 가능할 수 있다.[17] 그와 함께 순찰차 자체를 첨단화하기도 한다. 최근 경찰청에 의해 수행된 "ICT 기술을 접목한 첨단순찰차 개발방안 연구"를 보면, 순찰차에 112지령시스템 연동, 멀티캠 PC와의 연동을 통한 실시간 단속 영상 표출, 차량의 블랙박스 연동, 경광등 제어(리프트 상하 제어 및 문자 표출) 등 통합 디바이스 개발을 통해 '스마트 순찰차'를 운영하는 것을 목표로 삼고 있다.[18]

또한 더 나아가 순찰활동을 순찰차가 아닌 로봇에 의해 수행하는 방안도 모색되기도 한다. 우리나라의 예는 아니지만, 미국에 대표적인 사례가 있다. 비록 민간부문에서 개발된 것이기는 하지만 순찰을 위한 지능형 로봇이 개발되기도 하였다. '나이트스코프(Knightscope)'라는 회사가 발명한 K5라는 순찰형 로봇의 경우 최대 4.8km/h의 속도로 정해진 장소를 자율순찰하며, 회전하는 카메라를 통해 안면인식과 번호판을 식별하고, 야간에도 적외선 열화상 센서를 통해 주변감지가 가능하여 긴급한 상황에 경찰을 바로 호출할 수 있다.[19] 물론 이와 같은 순찰로봇에 대해 사생활 침해 우려나 다른 범죄로의 악용 우려, 기능오류 등 다양한 문제점이 지적되고 있기도 하지만,[20] 인간의 육체적 한계를 넘어서는 순찰이 가능하기 때문에 범죄예

---

17   윤해성/전현욱/양천수/김봉수/김기범, 앞의 책, 243면.

18   스마트 순찰차 통합시스템 연구개발 최종 보고서, 2015, 경찰청, 5면~7면.

19   윤지영/윤정숙/임석순/김대식/김영환/오영근, 법과학을 적용한 형사사법의 선진화 방안(VI), 한국형사정책연구원 연구총서, 2015, 416면.

20   윤지영/윤정숙/임석순/김대식/김영환/오영근, 앞의 책, 263면~265면.

방의 효율성 면에서는 긍정적이라고 할 수 있다.

그보다 더욱 가까이 와 있는 기술로 자율 드론을 통한 감시활동이 있다. 해외의 사례를 보면, 2015년 4월 미국의 노스다코타 주에서는 테이져 건(Taser Gun). 최류탄발사기(Pepper Spray Gun), 고무탄총(Baton Gun) 등을 장착한 경찰용 드론이 치안활동을 할 수 있도록 제도화시키기도 하였다. 우리나라에서도 춘천경찰서가 실종된 노부부를 찾기 위해 한국국토정보공사 강원지역본부의 협조를 받아 드론으로 수색활동을 벌이기도 하였으며, 민간보안업체는 드론을 이용하여 범죄를 예방하는 서비스를 제공하고 있기도 하다. 특히 국토교통부는 지난 해 드론 전용 시범비행 구간을 5곳 선정하여 물품수송, 산불진화, 순찰 등 드론과 관련된 다양한 가능성들을 점검하고 있기도 하다.

첨단과학기술이 하드웨어적으로 구현되어 범죄예방을 위해 사용되는 또 하나의 예로 생체정보의 활용이 있다. 생체정보가 사용되는 대표적인 사례가운데 하나로 CCTV가 있는데, 최근 CCTV는 첨단화로 인해 다양한 방법으로 범죄예방을 추구하기도 한다. 일단 CCTV의 해상도가 높아지고, 얼굴인식(Face Recognition)기술이 발달하면서 원거리에서 사람의 얼굴을 확인하고, 얼굴의 표정을 통해 개인의 식별뿐 아니라 개인의 상황을 판단할 수 있는 기술이 이미 개발되어 있다.[21] 또한 최근에는 주차장에서 납치 범죄 등이 발생하는 빈도가 높아지면서 위급한 상황에서 소리를 지르게 되면 음성을 인식하여 주차장의 화면이 해당 콜센터 및 경찰서로 전송되는 CCTV가 운영된 사례도 있다.

---

21 윤지영/이천현/최민영/민수홍/김재윤/이원상, 법과학을 적용한 형사사법의 선진화방안(V), 형사정책연구원 연구총서, 2014, 146면~152면 참조.

무엇보다 하드웨어적 방법이 보다 가시적인 것으로는 재범방지를 위한 전자감독제도가 있다. 전자감독제도는 성폭행사범의 높은 재범률에 대응하기 위한 수단으로 도입되었지만 현재에는 강도범죄 등에도 적용되고 있다. 이 때 사용되는 소위 '전자발찌'는 GPS방식으로 인공위성 등을 통해서 24시간 내내 피착용자의 위치추적과 보호관찰관의 감독이 가능하도록 하고 있다. 그러나 전자발찌의 경우 정말로 재범예방에 효과적인지에 대한 의문이 많이 제기되고 있다. 전자발찌를 착용한 채 성범죄를 저지르는가 하면 전자발찌를 끊고 도주하더라도 즉각 대응하기가 쉽지 않기 때문이다. 따라서 전자발찌에 스마트 센서를 내장하여 피착용자의 맥박, 체온 등 신체정보를 감지하여 신속하게 범죄예방을 하는 방안이 개발 중에 있다. 그뿐 아니라 최근 법무부는 보복범죄에 대응하여 범죄 피해자나 신고자에게 긴급신고를 할 수 있도록 스마트워치를 제공하겠다고 하였다. 범죄의 징후가 있을 경우 피해자나 신고자 등이 긴급버튼을 누르게 되면 보호자와 112에 자동으로 연락이 가도록 하는 기능과 통화기능이 있는 시계이다. 전자발찌와는 달리 아직 구체적으로 시행이 되고 있지 않아 얼마만큼의 효과가 있는지는 모르지만, 적어도 기존의 방법보다는 의미가 있을 것이라고 예상되기도 한다.

3. 범죄예방 환경설계(CPTED)적 방법

　　범죄예방 환경설계적 방법은 앞서 살펴본 소프트웨어적 방법과 하드웨어적 방법이 종합적으로 구현된 것이라고 할 것이다. 미국 범죄예방연구소(NCPI: National Crime Prevention Institute)의 정의에 의하면 셉테드란 "적절한 디자인과 주어진 환경의 효과적인 활용을 통해 범죄발생수준 및 범죄에 대한 두려움을 감소시키고 삶의 질을 향상 시키는 것"이라고 할 것이다.[22] 셉테드는 자연적 감시 (natural surveillance), 자연적 접근 통제(natural access control), 영역성 (territoriality)의 기본원리와 활동의 활성화(activity reinforcement), 유지관리(maintenance and management)의 부가원리를 근간으로 하고 있다.[23] 그와 같은 원리들을 실현하기 위해 첨단과학기술이 활용되고 있는데, 이제까지는 "지리적으로 배열된 모든 유형의 정보를 효율적으로 취득하여 저장, 갱신, 관리, 분석 및 출력이 가능하도록 조직화된 컴퓨터 하드웨어, 소프트웨어, 지리자료 및 인력의 집합체"인[24] 지리정보체계(GIS: Geographic Information Systems)가 범죄예방 환경설계의 의사결정에 매우 중요한 역할을 하였다.

이와 함께 범죄예방 환경설계적 방법을 보다 효과적으로 지원해 주는 기술이 바로 사물인터넷이라고 할 것이다. 사물인터넷의 특징은 '초연결성(Hyper-Connected Society)'이라고 할 수 있는데, 그런 사물인터넷을 통해 도시에 첨단범죄정보시스템을 적용하여 범죄감시 통합시스템을 구축한 사례도 나타나고 있다. 미국의 뉴욕시는 2012년 '영역인식 시스템(DAS: Domain Awareness System)'이라는 첨단범죄정보시스템을 구축하였는데, 이 시스템은 일정 영역에서 범죄와 의심되는 정보는 '실시간 범죄정보센터(RTCC: Real Time Crime Center)'로 보내지고, 해당 정보는 다시금 일선 경찰관 및 소방관들에게 전송된다.

---

22   박경래/최인섭/강은영/박성훈/강용길/김상미, 서울시 범죄예방디자인사업의 예비효과성분석 - 마포구 염리동 및 강서구 공진중학교 사례를 중심으로, 형사정책연구원 연구총서, 2013, 34면.

23   신의기/박경래/정영오/김걸/박현호/홍경구, 범죄예방을 위한 환경설계의 제도화 방안, 형사정책연구원 연구총서, 2008, 49면.

24   신의기/박경래/정영오/김걸/박현호/홍경구, 앞의 책, 288면.

예를 들어, 테러범으로 의심되는 범죄자가 탄 차량이 CCTV 영상을 통해 파악되면 뉴욕 맨하탄의 8,000여개의 CCTV와 600여대의 방사능 탐지기, 120여대의 자동차 번호판 인식 장치를 통해 해당 상황을 실시간 분석하여 해당 용의차량을 조회 및 추적할 수 있게 되었다. 이를 시장조사 전문기관인 가트너(Gartner)는 이를 '디지털 메시(Digital Mesh)'라는 개념으로 설명하기도 하는데, 디지털 기기들이 서로 연결되어 가상공간과 물리적 공간이 결합되도록 하는 것이다.

이처럼 범죄예방을 위한 최첨단 소프트웨어와 하드웨어가 셉테드의 개념속으로 이식되어 물리적 범죄방지 시스템과 가상의 범죄방지 시스템이 융합하게 되고, 그를 통해 특정 지역이나 도시가 거미줄과 같은 유기적이고 종합적인 범죄예방 시스템이 구축되는 모습들이 나타나고 있다.

IV. 법제도적 현황 및 문제점

1. 소프트웨어 관련 현황 및 문제점

빅데이터를 이용한 범죄예방을 위해 크게 기술적인 지원, 법/행정적인 지원, 그리고 사회적인 지원이 요구된다.[25] 먼저 기술적인 지원을 위해서 요구되는 것으로 빅데이터를 위해 사용되는 정보의 부정확성이 해결되어야 한다. 빅데이터 분석을 위해 사용되는 정보는 목

---

25   탁희성/박준휘/정신성/윤지원, 범죄 빅데이터를 활용한 범죄예방시스템 구축을 위한 예비 연구(II), 한국형사정책연구원 연구총서, 2015, 353면.

적에 맞추어 정선된 정형화된 데이터가 아니라 수사기관이 보유하고 있는 정보뿐 아니라 사이버공간에 존재하고 있는 무수히 많은 비정형화된 정보들이다. 따라서 빅데이터에 이용되는 재료 자체가 부정확하거나 잘못된 내용을 포함하고 있을 가능성이 상존하게 된다.[26] 그와 함께 빅데이터를 처리하는 과정에서 정보가 왜곡되거나 누락되는 경우도 발생하게 되고, 목적성을 가지고 거짓 정보나 악의적인 정보를 유입시켜 잘못된 분석을 유발할 수도 있으며,[27] 빅데이터 분석 시스템의 한계로 인해 잘못된 분석도 발생할 수 있다.[28]

기술적인 지원도 중요하지만 법/행정적인 지원이 매우 필요한 실정이다. 우선 빅데이터 분석이 효과적이기 위해서는 경찰청 내의 시스템들 간에 정보가 연동될 필요가 있다. 경찰청이 보유하고 있는 지리적 프로파일링 시스템이나 112신고 데이터, 각종 범죄관련 데이터들이 유기적으로 연동되어야 함에도 법적인 문제로 인해 어려운 상황이다.[29] 경찰청 내의 데이터베이스들뿐 아니라 국세청이나 관세청, 선거관리위원회 등 다른 기관들의 데이터베이스를 연동하는 것도 필요한 상황이지만 역시 쉽지 않다. 그로 인해 수사에 있어서는 여죄 수사나 효율적이고 효과적인 수사에 한계가 생기기도 한다.[30] 이는 기존의 데이터베이스들이 구축될 당시 각각 별개의 시스템으로 구축된 기술적 문제도 있지만, 법적으로 각 데이터베이스들의 운영은 그 범위

---

26   탁희성/박준위/정신성/윤지원, 앞의 책, 358면.
27   실제로 마이크로소프트가 개발한 채팅로봇 '테이(Tay)'의 경우 악의적으로 축적된 정보들로 인해서 욕설과 인종차별적인 발언을 하는 현상을 보여 운영이 중단되기도 하였다.
28   탁희성/박준위/정신성/윤지원, 앞의 책, 358면~359면.
29   탁희성/박준위/정신성/윤지원, 앞의 책, 354면.
30   탁희성/박준위/정신성/윤지원, 앞의 책, 355면.

내에서만 가능하도록 규정되어 있기 때문에 연동적인 운영이 어렵기 때문이다. 더 나아가 데이터는 가능한 한 많은 양의 민간 데이터를 검색하고 처리할 수 있어야 하는데 그 정보에는 분명 개인정보가 포함될 수밖에 없게 된다. 그러나 우리나라의 경우 미국에서 적용하고 있는 OSINT (Open-source intelligence)와 같은 체계가 법적으로 충분히 갖추어져 있지 않기 때문에 이용에 한계가 있다.[31] 더욱이 개인정보는 「개인정보보호법」, 「정보통신망법」, 「신용정보보호법」 등 다양한 법률의 규정을 받고 있기 때문에 수사목적이 아닌 범죄예방 목적으로 사용하기가 쉽지 않다.

그러나 범죄예방을 위해 빅데이터를 활용하는 것에 대한 가장 큰 장벽은 사회적인 합의라고 할 것이다. 사이버공간에서 경찰 등에 의한 범죄예방활동은 매우 경계되고 있는데, 사이버공간에의 범죄예방활동은 시민들에게 자칫 감시나 사찰로 느껴질 수 있기 때문이다.[32] 실제로 범죄예방이 아닌 범죄수사과정에서 통신자료를 수집하는 관행이 시민들의 반감을 사게 되어 일시적으로 소위 '사이버 망명'이라는 현상이 나타나기도 하였다. 그러므로 반드시 사회적 합의를 위한 방안들이 함께 모색되어야 할 것이다.

2. 하드웨어 관련 현황 및 문제점

앞서 언급한 생체정보는 범죄예방을 위해 요긴하게 사용될 수 있다. 생체정보는 현재에도 수사 분야에서 활용하는 사례가 많은데,

---

31   탁희성/박준휘/정신성/윤지원, 앞의 책, 356면.

32   탁희성/박준휘/정신성/윤지원, 앞의 책, 370면.

주로 지문이나 DNA 등을 이용하여 범죄의 가해자와 피해자를 특정하고, 범죄사실을 규명하며, 중요한 증거로 사용되기 때문이다.[33] 그러나 범죄예방을 위해서도 매우 중요한 수단이다. 생체정보를 사용하는 현행 규정은 CCTV에 관해서는 주로 「개인정보보호법」에 규정되어 있으며, 아동의 실종 방지를 위해서 「실종아동등의 보호 및 지원에 관한 법률」, 불법적인 입국 방지를 위해서 「여권법」 및 「출입국관리법」, 부당한 입찰을 막기 위해서 「전자조달의 이용 및 촉진에 관한 법률」 등 그 목적에 따라서 여러 법률에 관련 내용들이 규정되어 있다.[34] 그러나 생체정보를 활용하여 범죄예방을 하는 것은 시민의 프라이버시 침해, 초상권 침해, 개인정보 침해 뿐 아니라 생체정보인식에 대한 기술적인 오류로 인해서 본인거부(생체인식 시스템이 본인임에도 본인이 아니라고 거부하는 것) 또는 타인수용(생체인식 시스템이 타인을 본인으로 판별)의 문제가 발생할 수 있다.[35]

드론과 관련해서는 「항공법」, 「전파법」 등이 관련 법률이라고 할 수 있다. 항공법에서는 기본적으로 무인항공기를 "항공기에 사람이 탑승하지 아니하고 원격·자동으로 비행할 수 있는 항공기"라고 정의하고 있다. 다시금 연료를 제외한 자체중량이 150kg 초과 시는 '무인항공기'로, 150kg 이하인 경우에는 '무인비행장치'로 구분하고 있으며, 무인비행장치가 12kg 초과인지, 또는 이하인지, 그리고 사업용인지, 비사업용인지에 따라 적용되는 규정에 차이가 있다. 대부분의 드론은 무인비행장치에 속하게 된다. 그런데 최근 드론과 관련된 다양

---

33   이원상, "빅데이터 환경에서 생체정보의 형사정책적 활용에 대한 고찰", 비교형사법연구 제17권 제1호, 2015, 114면.

34   윤지영/이천현/최민영/민수홍/김재윤/이원상, 앞의 책, 196면~209면 참조.

35   이원상, 앞의 글, 122면.

한 문제들이 발생하고 있다. 그래서 「항공법」에서는 드론의 운행에 제한을 두는 여러 가지 사항이 존재하고 있다. 비행장 반경 9.3km 이내 및 150m 이상의 상공, 사람이 많은 곳, 일몰 후에는 드론의 비행이 금지된다.[36] 더욱이 최근 북한의 무인기 침투 문제로 인해 12kg 이하의 드론을 신고제로 운영하고, 불법 비행하는 드론에 대해 과태료 인상 및 벌점부과 등이 논의되고 있다.[37] 또한 드론을 조종하기 위해서는 전파를 사용하게 되는데, 전파란 "인공적인 유도(誘導) 없이 공간에 퍼져 나가는 전자파로서 국제전기통신연합이 정한 범위의 주파수를 가진 것"으로 고출력 전자기파의 경우 미래창조과학부장관의 안전성 평가를 받을 필요가 있다(동법 제56조).

특히 드론과 관련해서 프라이버시 침해의 문제가 자주 발생하고 있다. 드론에 장착되는 카메라의 성능이 보다 향상되면서 가까운 거리 뿐 아니라 먼 거리에서도 선명한 사진 촬영이 가능해 졌기 때문이다. 그에 따라 최근 들어 드론이 몰래 촬영을 함으로서 프라이버시가 침해되는 사례가 많이 전 세계적으로 상당수 발생하고 있다. 더 나아가 드론을 사용하여 테러를 감행할 우려도 매우 높아지고 있다. 따라서 테러를 하려는 드론을 포획하는 드론을 띄우거나 대공포, 레이저 등으로 격추시키는 방안도 모색되고 있다.

3. 범죄예방 환경설계 관련 현황 및 문제점

범죄예방을 위한 소프트웨어적 방법과 하드웨어적 방법이 종합

---

36   권채리, 드론관련 법제의 개선방안, 법제이슈브리프 제8호, 2015, 2면.
37   위와 동일.

적으로 반영된 것이 범죄예방 환경설계적 방법이라고 할 것이다. 즉, 셉테드에 의한 방법인데, 과거에는 이론에 의해서 주장되던 것이 최근에는 법령을 통해서 보다 구체화되어 적용되고 있다. 우리나라의 경우 셉테드 관련 법률은 기본적으로 「건축법」에 규정되어 있다. 건축법 제53조의2 제1항에서는 "국토교통부장관은 범죄를 예방하고 안전한 생활환경을 조성하기 위하여 건축물, 건축설비 및 대지에 관한 범죄예방 기준을 정하여 고시할 수 있다"라고 규정하고 있다. 해당 고시는 「범죄예방 건축기준 고시」이다. 다만, 해당 고시에서는 첨단과학기술과 관련해서 접근통제의 기준으로 제4조 제1항에 CCTV 설치와 제9조에 CCTV 설치에 따른 안내판 설치 정도의 규정만이 존재하고 있다. 또한 국토기본법 시행령 제5조 제2항 제3의2호에서도 "범죄예방에 관한 사항"을 도종합계획의 수립에 반영하도록 규정하고 있다. 그리고 도시 및 주거환경정비법 제28조의2에서는 도시정비구역에 범죄예방을 위한 사실을 경찰서장에게 통보 및 요청할 수 있도록 하고 있으며, 제30조 제4의2호에서는 사업시행계획서에 범죄예방대책을 작성하도록 하고 있다. 도시개발법 시행규칙 제9조에서도 개발계획에 포함될 사항으로 범죄예방계획을 열거하고 있다.

　　지방자체 단체들도 셉테드를 반영하기도 한다. 서울시가 제정한 「도시재정비 촉진을 위한 조례」 제4조에서도 제4호에 재정비촉진계획에는 반드시 "환경설계를 통한 범죄 예방에 관한 계획"을 포함하도록 하고 있으며, 경기도, 강원도 등 도단위 뿐 아니라 광주광역시, 대전광역시, 과천시, 목포시 등 시 단위, 시의 구 단위나 도의 군 단위에서도 범죄예방 도시디자인 조례가 규정되어 있다. 다만, 해당 조례들이 일반적인 내용을 규정하고 있기 때문에 첨단과학기술의 활용에 대한 부분이 명확하게 드러나고 있지는 않다. 다만, 셉테드와 관련해서는 이제 이론적으로 주장되던 셉테드가 시범사업이나 아파트 건축 등에 적용되고 있는 것은 매우 의미있는 일이지만, 첨단과학기술이 접목되는 부분에 있어서는 좀 더 노력이 필요한 것으로 보인다.

V. 법제도 개선 시 고려사항

아직까지 첨단과학기술을 활용하여 범죄예방을 하는 것에 대한 법제도가 미비하기 때문에 결국 입법론적인 내용들이 주요 쟁점이 될 것이다. 더욱이 범죄수사 목적이 아닌 범죄예방 목적으로 첨단과학기술을 사용하는 문제는 법률에 특정한 규정을 두기가 쉽지 않다. 그러므로 결국 상당부분은 일반적인 사용규정의 적용을 받을 가능성이 높기 때문에 일반적인 규정들을 살펴볼 필요가 있다. 많은 내용을 다루고 싶지만, 본 논문에서 다루는 것은 지면의 한계로 어렵기 때문에 주요 내용에 한정에서 살펴보고자 한다.

1. 프라이버시 침해 방지

지문, 홍채 등과 같이 생체인식기술을 활용하여 범죄예방을 하는 것도 첨단기술의 활용에 속할 수 있다. 그러나 생체정보도 개인정보에 속하기 때문에 개인정보 침해를 야기할 수 있다. 그에 따라 2005년 생체정보보호 가이드라인이 제정되어 각종 정의와 기본원칙들을 규정하기도 하였다.[38] 그러나 가이드라인을 통해서 범위는 정해져 있

---

38   윤지영/이천현/최민영/민수홍/김재윤/이원상, 앞의 책, 182면~189면 참조.

지만, 생체정보와 관련된 통일된 규정은 존재하고 있지 않다. 예를 들어, 생체정보의 활용과 관련된 내용들은 「실종아동 등의 보호 및 지원에 관한 법률」, 「주민등록법」, 「여권법」, 「출입국관리법」, 「전자조달의 이용 및 촉진에 관한 법률」 등 그 용처에 따라 개별 법률에서 필요한 정도만 규정하고 있는 상황이다. 더 나아가 차량용 블랙박스를 통해 수집되는 영상은 통제하는 규정도 미흡한 상황이다.[39] 또한 생체정보를 수집할 수 있는 CCTV에 대한 규정은 「개인정보보호법」에 규정되어 있다. 그런데 동법률 제25조 제1항 제5호에서는 교통정보의 수집·분석·제공을 위해 CCTV를 설치 및 운영할 수 있는데, 이를 단순히 차량의 흐름과 양을 위해 사용하게 되면 문제가 없지만, 화소수가 높고, 화질이 좋은 CCTV를 통해 차량의 번호판을 수집하는 경우에는 개인의 위치정보가 함께 저장되는 부수적인 효과도 발생하게 된다.[40] 그런데 그에 대한 처리규정이 명확하지 않다. 따라서 결국 생체정보뿐 아니라 사용되는 도구에 따른 특성을 반영하여 사용하고, 관리 및 통제하되 개인정보와 조화를 이룰 수 있는 법률체계가 필요한 실정이다.

또한 빅데이터의 활용도 개인정보와 밀접하게 연관되어 있다. 그럼에도 빅데이터 활용의 문제는 비단 범죄예방을 위해서 뿐 아니라 산업에서도 욕구되고 있다. 그에 따라 행정자치부와 미래창조과학부, 금융위원회 등 개인정보 관련 주무부처들은 입법을 목표로 태스크포스 팀을 조직하여 비식별 개인정보를 활용하여 빅데이터 분석을 할

---

39 그에 반해 미국, 독일, 영국, 호주 등 주요 국가들은 그에 대한 규정을 마련하고 있다; 윤지영/이천현/최민영/민수홍/김재윤/이원상, 앞의 책, 208면.

40 박미사, "사물인터넷 활성화를 위한 법제도 개선방안", 인터넷 시큐리티&포커스, 2014, 33면~34면.

수 있도록 노력하였다. 19대 국회에서도 「빅데이터의 이용 및 산업 진흥에 관한 법률」이 발의된 적이 있다. 해당 법률에서는 비식별화된 공개정보를 이용하고 처리하는 절차와 빅데이터에 관련된 개인정보 처리절차 등을 규정하고 있다. 일단 빅데이터가 가능하도록 해주는 법률로 「공공데이터법」이 있다. 「공공데이터법」에서는 다른 법률에서 금지하지 않는 한 개인정보가 포함되어 있지 않은 정보는 제공이 가능하도록 되어 있다. 그러나 다른 법률에 속하는 「정보공개법」 제9조나 「개인정보보호법」 등을 살펴보면 개인정보의 범위가 불명확한 실정이다.[41] 결국 범죄예방을 위해서 빅데이터를 활용할 수 있는 중요한 열쇠는 개인정보의 범위를 어떻게 설정하는지에 있다. 현행 개인정보보호법과 같이 개인정보의 개념을 매우 넓게 설정하게 되면 빅데이터 분석의 범위는 줄어들 수밖에 없다. 결국 개인정보의 범위를 법적으로 명확히 하는 것이 중요하다고 할 것이다. 더 나아가 「기상법」, 「통계법」, 「저작권법」 등 다양한 개별 법률들이 공공데이터를 사용하는 것을 제약하고 있는 경우가 많기 때문에 개별 법률들 간의 조화를 이룰 수 있는 전체적인 시각에서의 법률적 정비작업도 요구된다고 할 것이다.[42]

그러나 개인정보의 범위가 명확하게 되었다고 하더라도 개인정보가 완전히 제거된 정보만을 사용할 수 있는 것은 아니다. 그러므로 개인정보가 포함된 정보를 사용하게 되는 경우의 처리방안에 대해 명확하게 할 필요가 있다. 그런 차원에서 방송통신위원회가 만든 「빅데이터 개인정보보호 가이드라인」이 있다. 해당 가이드라인을 살펴보면

---

41   이상윤, 빅데이터법제에 관한 비교법적 연구 - 종합보고서, 한국법제연구원 지역법제 연구, 2014, 109면.

42   이상윤, 앞의 책, 110면.

제3조에서는 개인정보의 보호방법을, 제4조와 제5조에서는 공개된 정보의 수집 및 이용방법과 이용내역정보의 수집 및 이용방법을, 제6조에서는 수집된 정보를 통해 새로운 정보의 생성방법을 규정해 놓고 있다. 그리고 제7조와 제8조에서는 민감정보의 생성을 금지와 통신 내용의 조합·분석·처리 금지를 규정하고 있다. 또한 제9조에서는 공개된 정보 및 이용내역정보의 이용을 규정하고 있으며, 제10조에서는 제3자 제공을 규정하고 있다. 해당 가이드라인에 규정되지 않는 사항은 「정보통신망법」이나 「개인정보보호법」에 따르도록 하고 있다(제11조). 그러나 해당 가이드라인은 법률 지위에 있어서 개인정보보호법령의 해석 지침에 불과하기 때문에 적용상 한계를 가지게 된다. 그러므로 결국 가이드라인의 내용은 법률 단계로 상향되어야 한다.[43] 「개인정보보호법」 제6조에서는 "개인정보 보호에 관하여는 다른 법률에 특별한 규정이 있는 경우를 제외하고는 이 법에서 정하는 바에 따른다"라고 규정하고 있기 때문에 빅데이터에 적합한 개인정보관련 규정도 마련해야 할 것이다. 다만, 개인정보보호와 빅데이터의 활용에 대한 조화가 명시적으로 규정이 마련되어야 할 것이다.[44]

또한 드론의 예를 보면, 드론과 관련해서는 「항공법」 제23조, 제23조의2, 제23조의3 등에 관련 규정이 마련되었다. 드론의 운행에 대한 근거조문은 마련된 셈이다. 그러나 드론의 경우 다양한 제한 사항들이 존재하고 있다. 따라서 한국드론협회는 '레디 투 플라이(Ready to fly)'라는 스마트폰 앱을 통하여 드론의 비행과 관련된 각종 제한들

---

43 심우민, 「빅데이터 개인정보보호 가이드라인」과 입법과제, 국회입법조사처 이슈와 논점 제866호, 2014, 4면.

44 김정현, 빅데이터법제 분석에 관한 비교법적연구 - 유럽연합, 한국법제연구원 지역법제, 2014, 70면.

과 비행가능 여부를 판단할 수 있도록 해 주고 있다. 그러나 최근 초소형 카메라를 장착한 4cm에 불과한 드론이 운행되는 등 프라이버시를 침해할 수 있는 위험성도 보다 높아지고 있다. 그에 따라 드론의 개발단계부터 프라이버시 침해를 고려해서 사람의 얼굴을 식별할 수 없도록 하는 기술을 반영하도록 해야 한다는 주장도 제기되고 있다.[45] 그에 따라 해외에서는 프라이버시를 침해하는 드론을 격추시키는 바주카포를 개발하거나 드론을 무력화시키는 전자파를 발사하는 장치를 개발하기도 하였다. 그러므로 소위 드론의 불법적인 사용에 대응할 수 있는 소위 '안티 드론(Anti-Drone)'에 관한 방안도 마련하여 「항공법」 등의 법률에 명시적으로 규정할 필요가 있다.

2. 첨단과학기술의 안전성 확보

첨단과학기술을 범죄예방에 활용하기 위해서는 기술적인 안전성을 확보하는 것이 중요하다. 그러기 위해서는 해당 기술이 실제로 배치되기 이전에 충분한 시험기간을 거칠 필요가 있다. 그런데 우리나라의 경우 그에 대한 법제가 적절하게 마련되어 있지 않다. 예를 들어, 이웃나라인 일본만 보더라도 이미 로봇과 관련된 법제를 마련하고 있고, 2020년 자율주행 자동차의 운행을 목표로 제도를 만들고 있으며, 인공지능과 관련된 법제를 조만간 정비할 예정이고, 심지어 인공지능이 창작한 창작물이 보호를 받을 수 있도록 관련 법제를 마련한다는 계획을 세우고 있다. 미국의 경우에도 이미 23개 주가 자율주

---

45   김송주, 무인항공기 관련 개인정보 보호 입법과제, 이슈와 논점 제1074호, 국회입법조사처, 2015, 4면.

행 자동차와 관련된 규정을 가지고 있고, 관련 법령 정비를 위한 노력들이 계속되고 있다. 물론 우리나라도 2016년 2월 12일부터 자율주행 자동차 실제도로 운행을 위한 임시운행허가제도가 시행되기도 하였다. 해당 규정은 국토교통부고시(제2015-996호) 「자율주행자동차의 안전운행요건 및 시험운행 등에 관한 규정」으로 되어 있다. 그러나 최근 정부의 정책에 따라 다양한 규제가 완화되고, 자율주행자동차에 대한 규제도 완화된다고 하였지만 국회에 의한 입법이 뒷받침 되고 있지 않은 상황에서 충분히 실효성이 있을지에 대해서는 좀 더 살펴보아야 할 것이다.

또한 드론의 경우 드론은 하늘을 나는 기기이기 때문에 언제라도 지상으로 추락할 수 있을 위험이 존재하며, 항공기 또는 드론끼리 충돌할 위험도 상존하고 있다. 실제로 부산 해운대에서 피서객 안전 감시용으로 사용하던 119 수상구조대의 드론이 추락하는 사건이 발생하기도 하였고, 영국에서는 착륙하던 비행기가 드론과 충돌하는 사건도 있었다. 그러므로 드론의 사고와 관련된 보험이나 안전규정들도 좀 더 정밀화하여 규정될 필요가 있다.[46] 그와 함께 드론을 이용하여 범죄예방을 위해서는 드론이 범죄예방을 위해서 사용될 수 있도록 해주는 규정이 마련될 필요가 있다. 다만, 범죄예방의 경우 미국의 예에서 볼 수 있는 것과 같이 드론에 고무탄 발사장치 등과 같이 범죄 진압 도구 등도 함께 설치될 가능성도 있다. 그러므로 현행 규정들과 예상되는 규정들은 드론이 일반적으로 사용될 수 있는 규정 외에도 범죄예방을 위해 특수하게 사용될 수 있는 부분이 고려되고, 안전을 위한 규정도 요구된다. 따라서 범죄예방을 위한 드론 자체에 대한 안전

---

46   권채리, 앞의 글, 4면~5면.

성 규정과 드론의 운영으로 인해 발생할 수 있는 위험에 대한 규정도 「항공법」 등에 도입할 필요성도 있다고 사료된다.

3. 첨단과학기술의 보안강화

첨단과학기술은 기본적으로 네트워크에 연결되어 있고, 컴퓨터 장치가 사용된다. 따라서 해킹 등 보안에 대한 부분이 충분히 담보되어야 한다. 예를 들어, 첨단과학기술이 광범위하게 사용될 수 있는 것으로 앞서 살펴본 셉테드의 방법이 있을 것이다. 셉테드와 관련해서는 이제 법률이나 시행령, 시행규칙, 조례 등에 규정되기 시작하였고, 서울시의 경우 "범죄예방 백신 디자인 프로젝트"의 일환으로 마포구 염리동에 시범적으로 셉테드가 적용되기도 하였다. 다만 대부분의 내용이 환경개선적이고 물리적인 부분에 한정되어 있기 때문에 첨단과학기술이 활용되지는 못하였다.[47] 즉, 셉테드에 대한 내용에서 첨단과학기술을 적용하는 것은 아직까지는 일반화되었다고 여겨지지 않는다.[48] 그런 상황에서 첨단과학기술에 대한 내용을 셉테드의 중요한 부분으로 포함해야 한다는 것이 시기상조일 수도 있을 것이다. 그러나 첨단과학기술 활용에 대한 부분을 공란으로 비워두기보다는 좀 더 구체적으로 논의를 하여 그 결과를 현행 규정에 반영하는 것이 보다 적절하다고 생각된다. 그와 같이 첨단과학기술을 활용한 셉테드와 관련해서 반드시 보안에 대해 함께 다루어져야 한다. 범죄를 예방하기 위

---

47 마포구 염리동 사례에 대한 구체적인 내용은 박경래/최인섭/강은영/박성훈/강용길/김상미, 앞의 책, 49면~126면 참조.

48 다만, 법무부와 한국셉테드(CPTED)학회가 2015년 6월 5일 개최한 공동학술세미나에서는 사물인터넷(IoT)을 이용한 셉테드 방법 등이 제시되기도 하였다.

한 시스템이 오히려 범죄에 악용될 수도 있기 때문이다. 따라서 예를 들어, 셉테드에 적용될 수 있는 사물인터넷의 경우 사물인터넷의 보안문제로 인해 범죄자들이 사이버범죄를 저지를 위험도 증가하기 때문에 일반적 위험성을 지닌 행위를 처벌하기 위해 형법의 투입 등으로 그 위험을 차단해야 한다는 주장도 제기되고 있다.[49] 그처럼 첨단과학기술이 범죄예방을 위해 광범위하게 사용되는 것에 대응하여 해당 첨단과학기술이 범죄의 도구로 악용되는 경우를 방지할 수 있는 법제도도 치밀하게 마련되어야 한다는 것이다.

4. 사회적 신뢰성 강화

해당 기술들을 범죄예방을 위해 사용하기 위한 근거를 마련하는 것은 시민들의 정서적인 저항을 넘어서기 위해 충분히 설득하는 과정이 요구된다고 할 것이다. 그러므로 반드시 절차적으로 개인정보의 침해와 보호에 대한 영향평가와 시민들의 합의를 도출하는 과정을 거쳐야 할 것이다. 첨단과학기술을 활용한 범죄예방이 아무리 범죄예방에 유용하다고 시민들의 반감이 크게 되면 실효성을 거두기 어렵기 때문이다.[50] 그를 위해서는 수사기관이 첨단과학기술을 범죄예방을 위해서 사용하면서 나타나게 되는 장점과 단점에 대한 다양한 정보들을 공개하여 사회의 통제를 받는 것이 중요하다. 사회적 신뢰의

---

49   양종모, "사물인터넷(IoT) 관련 사이버범죄 동향 및 형사법적 규제", 형사법의 신동향 제48호, 2015, 327면~328면.

50   실제로 독일의 경우 '온라인 수색(Online Durchsuchung)'과 관련된 규정의 도입에 대해 시민들의 반대가 심하였지만, 기차역 테러 등 테러범죄의 발생으로 인해서 시민들의 반감이 상대적으로 줄어들면서 결국 입법화에 도움이 되기도 하였다.

획득은 해당 기술을 사용한 결과가 단지 유의미한 경우에만 얻어지는 것은 아니다. 해당 기술을 운영하면서 발생하는 장점들과 문제점들을 시민사회에 공개적으로 확인시켜 줌으로써 시민사회 스스로가 판단을 할 수 있는 기회를 주면 된다.[51] 그에 따라 첨단과학기술을 활용한 범죄예방이 효과는 크지만 시민들의 위협감정으로 인해 거부되는 경우에는 긍정적인 측면을 강조하며 홍보활동을 펼쳐 나가야 할 것이며, 시민들의 프라이버시 침해나 안전, 보안 등의 문제가 상당히 클 경우에는 당연히 운영을 중지해야 할 것이다.

5. 입법체계의 문제점 개선

첨단과학기술의 활용과 관련된 법률적 문제들은 일단 현행 법률들 간의 체계적인 해석을 통해서 해결해 나아가야 할 것이다. 예를 들어, 드론과 관련된 규정은 다양한 법률규정과 맞물려 있다. 「항공법」 외에도 「개인정보보호법」, 「위치정보보호법」, 「정보통신망법」, 「전파법」 등과도 연관을 맺고 있다. 예를 들어, 「개인정보보호법」 제25조 제1항 제2호에서는 "범죄의 예방 및 수사를 위하여 필요한 경우"에는 영상정보처리기기를 설치 및 운영할 수 있는데, 드론이 촬영하는 것이 동 법률상의 "영상정보처리기기"에 포함되어 가능할 수 있는지도 고려해 볼 필요가 있다.[52] 그 이유는 동 법에서 규정하고 있는 영상정보처리기기의 정의는 "일정한 공간에 지속적으로 설치되어 사람 또는 사물의 영상 등을 촬영하거나 이를 유·무선망을 통하여 전송하는 장

---

51   그와 같은 취지의 글로 홍성수, "한국 로스쿨 입학제도의 문제점 – 공정성과 다양성을 중심으로", 조선대학교 법학과 창립 70주년 기념 국제학술대회, 2016, 121면~122면.

52   김송주, 앞의 글, 3면.

치로서 대통령령으로 정하는 장치"이고(제2조 제7호), 개인정보보호법 시행령 제3조에서는 폐쇄회로 텔레비전과 네트워크 카메라로 제한되어 있기 때문이다. 또한 드론으로 촬영한 영상을 정보통신망을 통해 전송하는 경우 「정보통신망법」상의 규정을 살펴보아야 하고, 사람의 위치를 수집한 경우에는 「위치정보보호법」상의 규정도 적용되며, 음성을 녹음하는 경우 「통신비밀보호법」의 위반여부도 살펴보아야 한다.[53] 그러므로 범죄예방을 위해서 드론이 사용되는 것에 있어 해석론적인 관점에서 다른 규정과의 조화로운 해석도 필요한 상황이다.

그러나 법률해석만으로도 해결될 수 없는 문제들이 있는데, 이는 현행 법률에 충분한 규정이 없기 때문이다. 즉, 범죄예방을 위해 첨단과학기술을 활용하는 것의 가장 큰 걸림돌이 입법의 부재이기도 하지만, 미흡한 입법을 통해 관련 법률 간에 충돌이 발생하거나 관련 법률들에 충분한 내용이 입법되지 못하는 문제도 있다. 이는 우리나라의 입법방식과 법률을 주관하는 주관부처 간의 구획화된 입법으로 인해서 발생하게 된다. 앞서 살펴본 빅데이터, 드론, 자율주행자동차 등 다양한 기술들에 대한 규정들은 「개인정보보호법」, 「정보통신망법」, 「도로교통법」, 「건축법」 등 다양한 법률들에 산재되어 있으며, 해당 법률의 주무부처는 행정자치부, 미래창조과학부, 방송통신위원회, 국토교통부 등 여러 부처들이 나누어 관리하고 있다. 따라서 해당 첨단과학기술과 관련된 체계적이고 유기적인 규율이 어려운 상황이다. 예를 들어, 일본의 경우에는 관련 사안에 대해서 기본법을 제정하고, 기본법을 기준으로 다양한 개별 법률을 제정하는 방식을 택하고 있다.

---

53   김송주, 앞의 글, 2면.

또한 독일은 'Artikelgesetz'[54]를 통해서 법률들 간의 유기적인 관계가 유지되는 방식을 취하기도 한다.[55] 그러나 우리나라는 개별입법을 통해 각 사안에 대응하는 법률을 규정하기 때문에 법률들 간의 체계적이고 유기적인 모습이 미흡한 실정이다. 더욱이 최근 들어 새로 규정되는 법률들은 더욱 그러하다.[56] 그러므로 체계적인 입법이 가능할 수 있도록 첨단과학기술과 관련된 입법 가이드라인을 만들 필요가 있다.

VI. 퇴장하기

우리 사회가 고도의 정보화 사회로 발전해 나가는 과정은 여전히 진행 중이다. 그에 따라 우리의 삶의 모습들도 매우 첨단화되어가고 있다. 대부분의 사람들이 스마트폰을 통해 물품구입, 은행업무, 개인사무, 사회활동 등 다양한 일들을 할 수 있다. 웨어러블(Wearable) 컴퓨터를 통해 각종 편리성을 누릴 수도 있다. 이 모든 것을 가능하게 해 준 첨단과학기술은 범죄예방에도 투입되고 있다. 어떤 기술들은 이미 적용되고 있는 것에 반해, 어떤 기술들은 조만간 적용을 목표로

---

54   독일의 'Artikelgesetz' 또는 'Mantelgesetz'라는 입법방식은 많은 법률 또는 다양한 법률내용들을 동시에 개정하는 방식이다; ⟨https://www.bundestag.de/service/glossar/A/artikelgesetz/245330⟩.

55   강석구/이원상, 사이버범죄 관련 법령정비 방안, 형사정책연구원 연구총서, 2013, 185면.

56   예를 들어, 「개인정보보호법」이 제정되어 「정보통신망법」에서 개인정보보호 관련 규정인 제33조~제40조 규정이 삭제되었음에도 「정보통신망법」 제44조의10 제3항은 여전히 제33조의2 제2항 규정 및 제35조~제39조의 규정을 준용하고 있다. 이 문제는 이미 「개인정보보호법」이 제정된 이후 계속해서 지적하고 있지만, 아직도 존치되고 있다. 이는 입법오류를 넘어서서 입법방치가 되는 상황이라고 할 것이다; 강석구/이원상, 앞의 책, 183면.

개발되고 있기도 하다. 이처럼 우리사회가 첨단화되어가고, 범죄예방에도 첨단기술이 사용되는 것은 어쩌면 거스를 수 없는 대세일 수 있다.

그런데 법제도는 아직도 우리사회의 변화를 따라가고 있지 못하다. 특히 우리나라의 경우 더욱 그러하다. 이미 유럽이나 미국, 일본 등에서는 새로운 첨단과학기술들의 등장과 관련해서 다양한 연구들이 수행되어 왔고, 그를 지원해 주기 위해서 다양한 법제도들이 마련되었거나 마련되고 있다. 그런데 우리나라는 이제 겨우 관련 문제들을 인식하는 수준에 머물러 있으며, 규범적으로 논의되는 영역이 가이드라인이나 시행규칙, 시행령이 대부분이다. 이와 같이 법적 효력이 상당히 낮은 단계에서 마련된 것이기 때문에 규범력에서도 한계를 갖게 된다. 이처럼 드론, 로봇, 빅데이터 등 첨단과학기술과 관련된 일반적인 법률들도 미흡한 상황에서 범죄예방과 관련된 근거규정을 마련하기는 더욱 쉽지 않은 상황이다. 특히 해당 기술들은 개인정보와 밀접한 관계를 맺고 있다. 그러므로 범죄에 대한 수사목적과는 달리 범죄예방을 위해 해당 기술들을 사용하는 것은 그리 쉽지 않은 상황이다. 더 나아가 해당 기술을 사용하는 것이 기술적이나 법적으로 가능하더라도 자칫 국가에 의한 감시로 여겨져서 시민들의 감정과 충돌할 수도 있다. 그러므로 범죄예방을 위해 첨단과학기술을 사용하는 문제는 경험적인 연구와 시민에 대한 홍보 및 합의도출, 규범적인 연구가 융합적이고 종합적으로 이루어져야 할 필요가 있다.

그리고 이 글에서는 전체적인 숲을 보기 위해서 개관적인 내용을 다루었지만, 각 사안들마다 좀 더 구체적으로 범죄예방에 활용될 수 있는 방안과 법체계 등을 세밀히 다룰 필요가 있다. 하지만 현행 입법이 주로 개별 법률에 따라 이루어지기 때문에 법률들 간의 충돌

문제나 흠결문제가 발생하고 있다. 그러므로 일본이나 독일의 입법 방식을 참고하여 입법단계부터 체계적으로 해당 사안들을 규정할 필요가 있다. 앞으로 해당 주제와 관련된 보다 다양하고 심도 깊은 후속 연구들이 형사법 분야에서도 지속적으로 수행되어 법이 발전하는 사회에 걸림돌이 되지 않기를 희망하는 바이다.

chapter 4

빅데이터 기술과 생체정보를 이용한 범죄대응

I. 입장하기

2015년 기술트렌드를 보면 사물인터넷(IoT)[1]과 웨어러블 컴퓨터 (Wearable Computer)[2] 등이 보다 확대될 것이라고 한다. 이는 우리 주 변의 모든 아날로그 환경이 디지털화되는 것을 의미하며, 우리 몸의 아날로그 정보 역시 디지털화되어 사이버공간으로 포함된다는 것을 의미한다. 그렇게 디지털화된 정보는 빅데이터(Big Data) 분석을 통해 마케팅이나 재고관리, 의료서비스 등과 같은 다양한 목적을 위한 자 원으로 사용될 수 있으며, 그로 인해 우리 삶의 편의성도 높아지게 된 다. 하지만 그런 장비빛 청사진과 함께 2015년에는 각종 보안위협이 급증할 것이라는 어두운 예측도 나오고 있다. 따라서 아날로그 정보 의 디지털화는 편익과 위협을 함께 제공해 주는 양날의 검이라고 할 수 있다.

그런데 그와 같은 아날로그 정보의 디지털화 및 활용을 위해 선 호되고 있는 정보 가운데 하나가 바로 생체정보(Biometrics)라고 할 수 있다. 생체정보는 개인을 식별하고 신원을 확인해 줄 뿐 아니라 개인 의 건강 체크나 각종 상품들을 제작 및 판매하는 것도 매우 요긴하게 사용될 수 있기 때문이다. 무엇보다 생체정보는 범죄자를 관리하고, 통제하는 것과 함께 누가 범죄자인지를 밝히는 등 형사사법 분야에서 도 매우 유용하게 사용되고 있다. 그러나 생체정보가 형사정책적으로

---

1   사물인터넷이란 "센서를 내장하고 있는 사물들이 서로 연결되어 각각의 사물들이 제 공하던 것 이상의 새로운 가치를 제공하는 방식"이다; 김학용, 사물인터넷 - 개념, 구현기술 그리고 비즈니스, 홍릉과학출판사, 2014, 5면.

2   웨어러블 컴퓨터란 "신체에 착용할 수 있는 모든 유형의 기기"를 통칭한다; 김학용, 앞의 책, 126면.

활용도가 높은 만큼 개인정보 가운데에서도 매우 민감한 정보로 분류될 수 있기 때문에 개인정보침해나 프라이버시침해 등과도 밀접한 관련을 맺게 된다. 그러므로 생체정보의 형사정책적인 활용의 필요성에도 불구하고 그로 인한 침해를 방지할 수 있는 균형 있는 정책을 마련할 필요가 있다. 특히 단편화된 정보로도 전체적인 상관관계를 파악할 수 있는 빅데이터 환경에서 생체정보의 형사정책적인 활용은 좀 더 신중을 기할 필요가 있다. 따라서 여기서는 현재 수사 분야나 보호관찰 분야 등에서 생체정보가 어떻게 활용되고 있는지에 대한 사례들을 살펴보고, 빅데이터 환경에서 개인의 피해를 최소화 하면서 생체정보가 사용될 수 있도록 그 균형점을 모색해 보고자 한다.

II. 빅데이터 환경과 생체정보 이해

1. 생체정보의 개념정의

현재 학계나 언론 등에서 생체정보의 개념을 매우 모호하게 사용하고 있기 때문에 우선 생체정보의 개념과 개념범위를 확정할 필요가 있다. 기본적으로 생체정보는 생체외관을 통해 얻을 수 있는 정보가 포함될 수 있다. 신장이나 몸무게, 가슴둘레, 머리카락의 색깔, 얼굴의 형태, 냄새, 목소리 등과 같이 신체의 외관으로 나타나는 정보인 것이다. 그와 함께 생체 내부에서 발생되는 맥박이나 심박동 등을 비롯해서 유전자정보, 홍채, 지문 등의 정보도 생체정보라고 할 수 있다. 특히 그 가운데 개인을 식별할 수 있는 정보는 생체인식정보로 구분될 수 있다. 그러나 많은 문헌을 보면 생체정보와 생체인식정보에 대한 용어나 개념을 불명확하게 혼용해서 사용하고 있다.[3] 일단 개념의 기준으로 삼을 수 있는 미국 국가과학기술위원회(National Science & Technology Council)의 바이오매트릭스 분과위원회가 자국(INCITS/M1) 및 국제(ISO/IEC JTC1 SC37) 표준기구들과 함께 마련한 개념에 따르면[4] 바이오매트릭스(Biometrics)는 "특징(Characteristic)"과 "프로세스(Process)" 개념을 가지고 있다. 그래서 특성으로서의 바이오매트릭스는 "자동화된 식별장치에 사용될 수 있는 측정할 수 있는 생물학적(해부학 또는 생리학적) 또는 행위적 특성"을 의미한다. 그에 반해 프로세스로서의 바이오매트릭스는 "측정될 수 있는 생물학적(해부학 또는 생리학적) 또는 행위적 특성들에 근거해서 개인을 식별하는 데 사용되는 자동화된 방법들"을 의미하고 있다.[5]

그런 바이오메트릭스라는 개념을 우리가 사용하면서 2005년 한국인터넷진흥원(KISA)이 만든 '생체정보 보호 가이드라인'에서는 "지문, 얼굴, 홍채, 정맥, 음성, 서명 등 개인을 식별할 수 있는 신체적 또는 행동적 특징에 관한 정보"를 생체정보라고 정의하고, "생체정보를 이용하여 개인을 식별하는 정보시스템"을 생체인식시스템이라고 하였다. 또한 김일환 교수(2004)는 생체정보(Biometric Information)란 "사람의 고유한 신체적, 행동적 특징을 이용하여 개인의 신원을 확인하는 정보로서, 지문·서명·정맥패턴·얼굴·음성·홍채·유전자 등 개인을 직접 나타내는 정보"라고 하였고, 한국정보통신기술협회(2005)는 생체정보(Biometric data)를 "지문·얼굴·홍채·정맥 등 개인의 신

---

3   예를 들어, Biometrics는 '생체정보', '생체인식정보', '바이오정보' 등으로 사용되고 있다.
4   〈http://www.biometrics.gov/Documents/Glossary.pdf〉.
5   위와 동일.

체적 또는 행동적 특징에 관한 정보로서 특정 개인을 식별할 수 있는 것"이라고 정의하였다.

특히 바이오메트릭스는 '고유성'과 '항구성'으로 인한 '식별성'을 갖고 있다. 즉, 사람의 장문과 지문, 정맥, 얼굴의 안면과 안면열상, 홍채, 귀, 유전자 등의 생물학적 특징과 사람의 걸음걸이, 서명, 타이핑 등의 행동적 특징은 고유성을 가지고 있기 때문에 개인 식별이나 개인 신원인증에 사용될 수 있다.[6] 이를 위해서는 필연적으로 생체인식기술이 요구되는데, 생체인식기술이란 "사용자의 생체 특징을 자동화된 장치로 추출 및 저장하여 정확하고 편리하게 개인의 신원을 확인하는 기술로서, 지문, 얼굴, 홍채, 혈관패턴과 같은 신체적 특징 및 서명, 음성 등과 같은 행동적 특징"을 인식하는 기술을 말한다.[7]

그 외에도 '생명정보(Bioinformation)'라는 개념이 사용되고 있기도 하며,[8] 특히 의료분야에서는 '생체신호'라는 개념을 사용하며 오래전부터 심전도나 뇌전도, 근전도 등과 같은 생체신호에 대한 연구를 수행하여 왔다.[9] 생체신호는 신체의 현재 상황에 대한 정보를 제공해주고 그 정보가 일정기간 축적되어 특정 기간 동안의 신체 상태에 대

6　이 때 개인 식별(personal identification)은 다수 가운데 '나'를 찾거나 배제하기 위한 것으로 소위 "내가 누구인가?"라는 질문에 대한 답이라고 할 수 있으며, 이를 구현하기 위해서는 정보를 데이터베이스화시켜야 한다. 그에 반해 신원인증이란 '나'라는 사람이 접근권한 또는 거래권한 등을 가지고 있는지에 대한 문제로써 소위 "'나'라고 주장하는 사람은 '나'라고 하는 사람과 같은 사람인가?"라는 질문에 대한 답이라고 할 수 있기 때문에 '나'라고 주장하는 사람이 어떤 사람인지의 여부에 관계없이 단지 동일인인지 여부만이 중요하게 되는 것이다; 이은우, "생체인식과 개인정보보호", 국가인권위원회 토론회 "지문 등 생체정보이용, 무엇이 문제인가", 2004, 2면 이하.

7　길연희/정윤수/유장희, "생체인식 기술의 국제표준화 동향", 전자통신동향분석 제20권 제4호, 2005, 168면.

8　〈https://www.kobic.re.kr/newkobic/〉.

9　박승환, "생체신호 인식기술", 정보처리 제6권 제4호, 1999, 44면.

한 정보를 제공해 주기 때문에 '현재성'과 '축적성'을 그 특징을 가지고 있다고 할 수 있다. 따라서 생체신호는 주로 사람의 건강상태를 살펴보기 위해서 사용되고 있으며 최근에는 각종 전자기기들이 생체신호를 감지하여 알려주는 기능을 가지고 있다. 그러므로 생체신호도 사람의 건강 및 신체상태에 대한 다양한 정보를 포함하고 있기 때문에 생체정보라고 할 수 있다.[10]

그러나 그와 같은 개념들은 생체정보의 일부분만을 고려한 것이라고 할 수 있으며, 생체정보(Bio Information)의 개념범위는 그보다 넓다고 할 수 있다. 그러므로 불변(不變)하는[11] 사람의 고유한 신체적, 행동적 특징인 생체인식정보와 가변(可變)하는 맥박이나 심박동, 호흡, 심전도 등의 생체신호, 신장이나 몸무게, 얼굴형태 등과 같은 신체외관을 포함하는 광의의 개념이라고 할 수 있다.

2. 생체정보 활용분야

최근 생체정보는 여러 분야에서 활용되고 있다. 특히 생체인식정보는 사용자가 주민등록번호나 그 대체 수단인 PIN처럼 잊어버릴 수 없고, 분실·절도·누출 등의 위험성도 매우 낮으며, 복제 정도도 매우 어렵다.[12][13] 그러므로 생체인식정보의 활용분야가 넓어지고 있다.

---

10   윤지영/이천현/최민영/민수홍/이원상/김재윤, 법과학을 활용한 형사사법의 선진화 방안(Ⅴ), 한국형사정책연구원 연구총서, 2014, 137면 이하.

11   다만, 여기서는 구분을 위해 '불변'한다고 하였지만, 실제로 생체인식정보도 가변할 수 있기 때문에 상대적인 개념이라고 할 수 있다.

12   정연덕, "생체인식기술의 효과적 활용과 문제점", 지식재산21, 2004, 4면.

13   다만, 모든 생체인식정보가 그 보안성이나 신뢰성이 매우 높은 것은 아니고, 생체인식정보의 종류에 따라 다소 다른 성능을 보이고 있다. 망막, 홍채, 지문 등은 High Biometrics로써 고유하고 불변하여 신뢰성과 정확성이 높다고 평가되고, 손의 정맥, 몸 냄새 등은 Esoteric

우선 출입국 관련 분야가 있다. 생체정보가 출입국 분야에서 본격적으로 사용된 이유는 9·11테러를 당한 미국이 자국의 출입국심사를 강화하는 과정에서 비자 면제국에 대해 생체정보가 포함된 생체여권을 요구하였고, 그에 따라 국제민간항공기구(ICAO)도 생체정보가 포함된 여행증명서를 도입하려는 노력을 기울이기 시작하면서라고 할 수 있다.[14] 우리나라도 출입국시 미리 여권정보와 안면정보 및 지문정보를 등록할 경우 자동출입국심사대를 통해 짧은 시간 내에 입출국 절차가 종료될 수 있는 자동입출국 심사를 시행하고 있다.

또한 최근에는 입찰과 선거에서도 생체인식정보가 활용되기 시작하였다. 국가입찰 사이트인 나라장터에서는 2010년부터 지문인식 시스템을 도입하였으며, 그와 함께 전자입찰제도도 시행하고 있다.[15] 그리고 처음으로 사전투표제가 실시되었던 2014년 6월 지방선거와 7월 국회의원 재보궐 선거에서는 지문인식 시스템을 도입하여 선택적으로 본인확인을 할 수 있도록 하였다.[16] 그뿐 아니라 경찰은 실종아동 사전등록제도를 시행하여[17] 아동 등의 지문 및 각종 정보 등을 미리 등록해 놓아 보다 효율적으로 실종아동 등에 대한 대처를 할 수 있

Biometrics로 분류되며, 안면, 손금, 글씨체, 목소리 등은 Lesser Biometrics로 구분되어 그 신뢰성이나 정확성이 상대적으로 낮다고 할 수 있다; 이민영, "생체정보의 보호에 관한 법제도적 정책방향", 정보통신정책 제16권 21호, 2004, 43면; 다만, 그와 같은 분류도 생체인식기술이 발전하게 되면서 그 신뢰성이나 정확성은 계속해서 높아지고 있기 때문에 임시적이고 상대적인 분류방법이라고 할 수 있을 것이다.

14   안도성/반성범/정교일, "생체인식기술과 여권분야 도입동향", 한국정보기술학회지 제1권 제1호, 2003, 100면 이하.

15   윤지영/이천현/최민영/민수홍/이원상/김재윤, 앞의 글, 172면.

16   윤지영/이천현/최민영/민수홍/이원상/김재윤, 앞의 글, 169면 이하.

17   만 18세 미만 어린이나 지적·자폐성·정신 장애인과 치매환자 등이 실종되었을 때를 대비해 미리 경찰에 지문과 얼굴사진, 기타 신상정보를 등록하고 실종 시 등록된 자료를 활용해 보다 신속히 확인하는 제도이다.

도록 하였으며,[18] 금융권에서는 본인인증과 지불결제를 위해 지문인식뿐 아니라 정맥인식이나 음성인식을 활용하기도 한다.[19]

하지만 최근 생체정보를 가장 활발하게 이용하는 분야로는 헬스케어(Health Care) 분야가 있다. 이미 삼성이나 애플, 구글 등과 기업들은 Healthkit, SAMI 등과 같은 헬스케어 플랫폼에 집중을 하고 있다. 이를 위해 센서가 부착되어 착용자의 심박동수를 측정할 수 있는 스마트 워치, 상대방의 안면을 인식해서 그가 누구인지를 알 수 있도록 해 주는 스마트 안경 등과 같은 웨어러블 컴퓨터들이 계속해서 상품화되면서 단말기 자체에서 생체정보를 처리하는 기술이 상용화되었다. 그뿐 아니라 원격지에 있는 환자에게 각종 센서를 부착하도록 하고, 그 센서를 통해 그 환자의 각종 생체정보를 의사에게 전송하여 실시간으로 환자의 상태를 모니터링 할 수 있는 시스템도 가동되고 있다.[20] 따라서 생체인식정보의 신뢰성이나 보안성을 위해 개인 식별이나 신원확인을 위해 사용되던 주민번호 등과 같은 기존의 시스템을 빠른 속도로 대체하고 있을 뿐 아니라 다양한 생체정보를 통해 개인에게 특화되는 제품들과 서비스를 제공하는 사례가 점차 증가하고 있다.

하지만 생체정보의 활용이 문제가 될 수 있는 이유는 생체정보는 기본적으로 '개인정보'영역에 포함되고, 프라이버시와 깊은 관련을 갖기 때문이다. 생체정보의 경우 기본적으로 '정보'로서의 특징들도 가지고 있으며,[21] 무엇보다 생체인식정보는 개인정보가운데 민감

---

18   윤지영/이천현/최민영/민수홍/이원상/김재윤, 앞의 글, 174면.

19   윤지영/이천현/최민영/민수홍/이원상/김재윤, 앞의 글, 175면.

20   윤지영/이천현/최민영/민수홍/이원상/김재윤, 앞의 글, 176면 이하.

21   그러므로 신체의 생체인식정보가 (디지털) 정보화 되면 아무리 분배해도 그 양이 줄

정보로 분류될 수 있어 보다 강력한 보호방안이 마련되어야 한다. 무엇보다 빅데이터 환경에서는 생체인식정보뿐 아니라 기타 생체정보들도 개인을 잘 드러낼 수 있기 때문에 그 활용과 제한을 위한 적절한 법률안이 마련될 필요가 있다.

3. 빅데이터 환경의 이해

생체정보의 활용에 있어 빅데이터 환경을 고려할 필요가 있는데, 생체정보가 빅데이터 기술과 결합하면서 다양한 예상 밖의 용도로 활용될 수 있기 때문이다. 따라서 우선 빅데이터 환경을 살펴볼 필요가 있다. 일반적으로 빅데이터란 "데이터 생성 양이나 주기, 형식 등이 기존 데이터에 비해 매우 커서 현재 시스템으로는 수집, 저장, 검색, 분석할 수 있는 정도를 넘어서는 방대한 데이터로 엄청난 양(Volume), 매우 빠른 데이터의 생성과 흐름 속도(Velocity), 정해진 유형이 아닌 다양한 형태의 데이터(Variety) 및 복잡성(Complexity)의 속성을 가진 것"을 의미한다.[22] 통계적인 관점에서는 "수백 테라바이트에서 페타 비트급을 넘는 정보이며, 통계 기법을 이용해 무엇인가 해석 결과를 얻는 것을 목적"으로 하는 것을 의미하기도 한다.[23] 특히 빅데이터가 각광을 받고 있는 이유는 정형화된 데이터뿐 아니라 정형화된 데이터 필드에 포함될 수 없는 텍스트나 음성, 동영상뿐 아니라 센

지 않고, 감가상각도 발생하지 않으며, 원본과 사본이 동일하고, 무한한 대량생산이 가능해진다. 그에 반해 정보이기 때문에 침해되기 쉽고, 독점이 불가능하며, 시간이 지날수록 그 가치가 상쇄되기도 한다; 이원상, 사이버 범죄에 있어서 형법의 역할과 시스템적 대처방안, 고려대학교 석사학위논문, 2003, 39면 이하.

22 　김정숙, "빅데이터 활용과 관련기술 고찰", 한국콘텐츠학회 제10권 제1호, 2012, 34면.

23 　손영화, "빅데이터 시대의 개인정보 보호방안", 기업법연구 제28권 제3호, 2014, 357면.

서나 기계장치 등에 사용되는 로그파일이나 구매기록 등 다양한 비정형화된 데이터를 포함하여 분석할 수 있기 때문에 기존에는 용이하지 않았던 분석도 가능하게 해 주기 때문이다.[24]

이런 빅데이터 환경에서 생체정보가 사용되면서 기존에는 할 수 없던 다양한 일들을 할 수 있게 되었다. 예를 들어, 군에서는 생체정보와 빅데이터 기법을 활용하여 병사 사고예측체계를 개발하는 계획을 발표하였고, 생체정보와 빅데이터를 결합하여 육체·정신·감정 등의 건강확보를 통해 웰니스(wellness)를 추구하려는 의료사업이 모색되고 있으며, 뇌의 신호와 빅데이터를 연결하여 범죄 가능성을 예측하려는 시도도 이루어지고 있다. 그러나 개인정보 영역에서 관리되어야 하는 생체정보가 빅데이터와 함께 사용되어 발생하게 되는 위험성에 대한 우려도 적지 않은 상황이다. 그러므로 빅데이터 시대에 있어 생체정보의 활용에 대해서는 그 활용가능성과 법적인 통제 정도를 보다 면밀히 검토해 볼 필요가 있다.[25]

---

24 남광우/신강원/김대종/신동빈/안종욱/김승범/최선화/장동인, "빅데이터와 스마트도시", 도시정보 제390호, 2014, 3면.

25 그에 따른 법률적인 개인정보보호법제 관련 개정안이 촉구되고 있는데, 그와 관련해서는 이창범, "개인정보보호법제 관점에서 본 빅데이터의 활용과 보호 방안", 단국대학교 법학논총 제37권 제1호, 2013, 540면 이하.

III. 생체정보의 형사정책적 활용사례

1. 수사 분야에서의 활용사례

수사는 "범죄혐의 유무의 확인과 범인의 체포 및 증거수집을 위한 수사기관의 활동"으로서[26] 범죄가 발생할 경우 범죄의 가·피해자를 특정하고, 범죄사실을 밝히며, 범죄증거를 수집하는 작업에서 생체정보의 활용은 매우 중요하다. 더욱이 수사기관이 빅데이터 기술을 이용해서 사이버공간 곳곳에 흩어져 있는 개인의 단편적인 정보들과 생체정보를 함께 활용할 경우 생체정보가 가지고 있는 정확성의 한계를 보정해 줄 수 있을 뿐 아니라 보다 정확하고 충분한 양의 범죄관련 정보들을 획득할 수 있다. 예를 들어, 범죄 현장에 설치되어 있던 CCTV를 통해 피촬영자의 안면과 걸음걸이를 Full HD급 화질로 촬영하여 초고속 네트워크를 사용하여 실시간으로 전송하여 그 신원을 확인하고, 위치정보와 카드사용정보, 교통이용정보, 통신정보 등을 사용하여 빅데이터 분석을 하게 되면 범죄자뿐 아니라 범죄자의 신변확보뿐 아니라 범죄사실을 밝히는 것이 매우 용이하게 될 것이다.

기본적으로 범죄수사에서 생체정보를 활용하기 위해서는 생체정보 데이터베이스를 구축할 필요가 있다. 대표적인 생체정보 데이터베이스로는 DNA 데이터베이스가 있는데, 이 분야에서 선도적인 미국의 경우 미연방수사국(FBI)이 운용 및 관리를 하고 있는 CODIS(combined DNA indexing system)와 함께 각 주에서 운용하고

---

26   배종대, 형사소송법, 홍문사, 2015, 5/1.

있는 DNA 데이터베이스가 있다.[27] 하지만 그 외에도 가능한 한 다양한 생체정보 데이터베이스를 구축하는 것이 필요한데, 하나의 생체정보 데이터베이스로는 신뢰성의 의문이 제기될 수 있기 때문이다. 예를 들어, 유○○ 사건에서도 사체가 유○○인지 여부를 판단함에 있어 DNA 외에 지문이 추가로 사용되어 보다 높은 신뢰성이 확보되었다. 그러므로 미국에서도 신뢰성 제고를 위해 하나 이상의 생체정보 데이터베이스를 연계하는 방안이 고려되는데, FBI 형사사법정보부 (CJIS)는 신원확인의 정확도 및 식별성을 높이기 위해 데이터베이스에 지문정보 외에 장문정보를 추가하려는 노력을 하고 있다. 이는 미국의 경우 칼자루나 총기 등을 사용한 범죄에서 습득되는 증거들 가운데 대략 30%가 장문을 남기고 있기 때문이다. 따라서 기존의 지문 데이터베이스에 장문 데이터베이스를 통합하여 수사기관 간의 보다 정확한 정보교환과 함께 범인의 신원파악도 보다 신속히 하고자 하고 있다.[28]

하지만 빅데이터 환경에서는 생체정보 데이터베이스에만 의존할 필요가 없다. 생체정보 데이터베이스는 습득되는 사이버공간에 단편화된 정보들과 결합하여 개인정보의 특정성과 정확성을 높여주는 역할을 수행하면 되기 때문이다. 일례로 미국 보스톤 마라톤 테러사건을 해결하는 과정에서 생체정보를 활용한 빅데이터 분석이 많은 도움을 주었다. 미국 보스톤 마라톤 폭탄테러 용의자를 특정하는 과정에서 FBI는 이동통신기지국 로그기록 및 주변 주유소나 사무실 등의

---

27 권창국, "DNA데이터베이스 도입 및 관련법제에 관한 연구 – 미국 등 각국의 DNA 데이터베이스법제 및 관련판례의 검토를 중심으로", 형사정책연구 제16권 제4호, 2005, 167면 이하.

28 위와 동일.

CCTV, 시민들의 휴대폰에서 수집한 사진 등 10테라바이트 상당의 데이터를 분석하여 용의자를 특정하였다. 즉, 기존의 데이터베이스화 되어있는 정보와 함께 비정형의 단편화된 정보들을 결합하여 용의자를 정확히 특정할 수 있었다. 이처럼 생체정보와 함께 기타의 정형 및 비정형데이터들을 빅데이터 분석 기법을 사용할 경우 수사에 많은 도움이 되며, 최근에는 그와 같은 수사기법의 사용이 점차로 증가하고 있다.

그러나 생체정보를 활용한 빅데이터 분석은 여전히 문제점들을 내포하고 있다. 예를 들어, CCTV 등을 통해 생체정보를 수집하고, 빅데이터를 분석할 경우 범죄와 관련 없는 시민들의 프라이버시나 초상권 침해, 개인정보 침해 등이 발생할 수 있다. 하지만 그에 대해 해당 방법을 수사에 활용해야 할지, 말아야 할지에 대한 소모적인 논쟁보다는 적절한 활용과 인권침해가 최소화될 수 있는 방안을 모색하는 것이 보다 의미 있을 것이다. 예를 들어, 생체정보 수집에 있어 얼굴영역을 검출하는 과정에서 일반 시민들의 얼굴을 모자이크하거나 스크램블링 처리를 하는 기술적인 방안도 고려할 수 있기 때문이다.[29] 그러나 지금도 법적인 부분에서는 여전히 미흡하기 때문에 해당 방법의 활용에 따른 법적 분쟁의 소지는 언제나 존재하고 있다. 그러므로 빅데이터 환경이나 생체정보를 반영하여 개인정보보호에 대한 새로운 활용 및 보호방안을 마련하여야 할 것이다.[30]

---

29   신용녀/전명근, "영상감시 시스템에서의 얼굴 영상 정보보호를 위한 기술적·관리적 요구사항", 정보보호학회논문지, 제24권 제1호, 2014m 98면.

30   그와 관련된 연구로는 가천대학교 산학협력단, 빅데이터 환경에서 개인정보보호 강화를 위한 법·제도적 대책 방안 연구, 개인정보보호위원회, 2012 연구보고서 참조.

2. 증거 분야에서의 활용사례

증거 수집은 수사의 한 축을 이루고 있다. 그러므로 생체정보와 빅데이터가 증거분야에서 사용되는 경우도 증가하고 있다. 예를 들어, 형사소송절차에서 문서가 증거로 사용되려면 성립의 진정성이 담보되어야 하는데, 형사소송법 제313조에 따르면, 피고인이나 피고인 아닌 자가 작성한 진술서나 감정서 등은 작성자의 자필이거나 서명 또는 날인이 있는 것으로 공판준비나 공판기일에서 그 작성자의 진술에 의해 성립의 진정이 입증되어야만 비로소 증거능력을 얻게 된다.[31] 그런데 최근에는 전자문서의 사용이 실질적으로 종이문서의 사용보다 많아지면서 작성자의 진정성립을 인정받기가 쉽지 않다. 이는 전자문서가 작성자나 전송자를 특정하기 쉽지 않고, ID나 IP 주소를 통해 작성자나 전송자를 알아낸 경우라고 하더라도 그것이 도용될 수 있는 가능성도 높기 때문에 전자문서를 증거로 사용하기가 쉽지 않기 때문이다.[32] 최근 있었던 소위 '왕재산 사건'의 판결에서도 그와 같은 사안이 쟁점이 되었는데,[33] 법원은 해당 사건에서 증거로 제출된 출력된 문서에는 작성자가 없고, 진술자에 대한 진정성립의 진술이 없기 때문에 그 문건의 존재사실에 대해서만 증거능력이 있고, 그 내용에 있어서는 증거능력이 없다고 판결하였다.[34] 그런데 문제는 이처럼 전문법칙을 디지털 증거에 그대로 적용하게 되면 대부분 작성자가 없는

---

31 배종대, 앞의 책, 58/86.

32 권오걸, "디지털증거의 개념.특성 및 증거능력의 요건", IT와 법연구 제5집, 2011, 301면.

33 대법원 2013.7.26. 선고 2013도2511 판결.

34 이원상, "디지털 증거의 체계적인 무결성 확보방안 – 왕재산 사건을 중심으로", 형사법의 신동향 제43호, 2014, 116면.

전자문서의 진정성립은 거의 불가능하게 된다.

그러나 생체정보와 빅데이터 분석기법이 사용되면 문서의 진정성립을 인정하는 것에 보다 용이해 질 수 있을 것이다. 우선 생체정보는 개인의 전속적인 정보이므로 전자문서에 생체정보가 포함될 경우 문서의 진정성립의 개연성이 매우 높아질 수 있다.[35] 다만, 생체정보에 있어 지문이나 서명과 같은 생체정보의 보안성은 상대적으로 낮은 경우도 있기 때문에 그에 대한 해결방법이 요구된다. 그와 함께 빅데이터 분석기법을 이용하여 생체정보를 포함하여 작성된 문서의 전후에 문서 작성자가 자신의 아이디와 비밀번호를 통해 컴퓨터에 접속하여 사용한 기록들을 살펴보고, 작성자가 문서를 작성하면서 자신의 이메일을 검색했는지 등과 같은 네트워크 관련 정보를 함께 분석한다면 해당 문서의 진정성립을 인정할 수 있을 가능성이 높아진다. 문제는 법원이 그에 대해 얼마나 신뢰를 갖는지 여부와 우리 형사소송법 제313조는 기술에 의해 문서의 진정성립이 인정될 여지를 주고 있지 않고 있다는 것이다.[36] 하지만 과거 아날로그 증거에 대응하여 규정되어 있는 형사소송법 규정들을 디지털 증거에도 동일하게 적용하는 것이 적절한지는 다시금 생각해 볼 필요가 있다. 특히 생체정보와 빅데이터 등과 같이 새로운 정보기술을 활용할 경우 오히려 아날로그 증

---

35   예를 들어, 보험 업종에서 "모바일 전자청약"의 확산으로 인해 전자서명에 따른 서명 부인의 문제가 발생하고 있는데, 업체에서는 생체정보를 활용하여 그와 같은 문제를 해결하고 있기도 하다; "시큐에프엔, 생체정보로 서명하는 솔루션 출시…GS인증 획득", http://www.etnews.com/201306240334, 2015.4.20 방문.

36   우리 법원은 아날로그 정보나 디지털 정보를 동일하게 취급하고 있는데, 예를 들어, 디지털 정보로 녹음된 파일에 대해서도 아날로그로 녹음된 파일에서 요구되는 정도의 증거능력을 요구하여 형사소송법 제313조 제1항 단서 조항이 적용되어야 할 것으로 보고 있다. 거기에 디지털 증거로서 녹음파일의 무결성과 동일성 요건도 검토하고 있기 때문에 디지털 정보로 녹음된 파일이 증거로 사용되기는 오히려 아날로그 증거보다도 매우 어렵다고 할 수 있다(대법원 2012. 9. 13. 선고 2012도7461 판결).

거보다도 증거의 증거능력이나 증명력을 높일 수 있다. 그러므로 형사소송법에서 증거와 관련된 규정들을 디지털 증거에 맞도록 보다 정교한 개정이 요구된다.

3. 보호관찰 분야에서의 활용사례

빅데이터 환경에서 생체정보는 보호관찰과 관련해서도 요긴하게 활용될 수 있다.[37] 보호관찰분야에서는 정보통신기술을 도입하여 2008년 9월부터 성범죄자들을 대상으로 전자감독 제도를 시행하였다. 이 때 사용되는 위치추적 전자장치(소위 '전자발찌')는 부착장치(발목에 착용)와 재택감독장치, 위치추적장치(GPS 내장)로 구성되어 있으며, 감시대상자가 외출하는 경우 위치추적장치가 부착장치의 전자파를 감시하고, 그 데이터를 재택감독장치로 전송하게 되면 중앙관제센터에서 감시대상자의 위치를 파악할 수 있는 구조로 되어 있다.[38] 이를 위한 근거규정인 "특정 성폭력범죄자에 대한 위치추적 전자장치 부착에 관한 법률"이 도입될 당시에는 형법, 성폭력범죄의 처벌 및 피해자보호 등에 관한 법률, 청소년의 성보호에 관한 법률 가운데 일부 성폭력범죄자를 그 대상으로 했지만, 점차 그 범위가 살인범죄까지 넓어졌고, 현재는 미성년자 대상 유괴범죄와 강도 범죄까지 포함된다.[39]

37　빅데이터를 이용해서 보호관찰의 효과를 분석하여 범죄인의 재사회화에서 활용할 수 있다는 주장도 제기되고 있다; 정소영, 빅데이터의 형사법적 활용에 관한 연구, 법정리뷰 제29집 2호, 2012, 179면.

38　김광명/위대한/문승진, "성범죄 재범 방지를 위한 스마트 전자발찌 시스템 제안", 한국통신학회 2013년도 추계종합학술발표회, 2013, 583면.

39　최병각, "소년법의 적용과 전자장치 부착명령", 비교형사법연구 제13권 제1호, 2011,

그런데 전자발찌의 경우 GPS를 기반으로 하고 있기 때문에 감시 대상자가 지하나 실내에 있을 경우 추적이 쉽지 않다는 점,[40] 전자발찌의 부착대상자가 늘어난 반면 그를 관리하는 인원이나 장비 등에는 그에 상응하는 만큼의 예산이 투입되지 않아 예상만큼의 효용성이 나타나지 않는다는 점, 전자발찌를 착용한 채로 성폭행을 하거나 전자발찌를 훼손하고 범죄를 저지르는 경우, 전자발찌를 착용하지 않거나 훼손하고 도주하여 숨는 경우 등도 계속해서 증가하고 있다는 점 등 여러 가지 문제점들이 나타나고 있다. 따라서 현행 전자발찌에 대한 보완의 필요성이 계속해서 제기되고 있다.

그래서 법무부는 생체정보를 활용한 지능형 전자발찌를 도입할 것을 예정하고 있다. 지능형 전자발찌는 감시대상자의 맥박을 측정하여 실시간 관제센터로 전송함으로써 감시대상자의 맥박변화에 따른 범죄행위를 예측하도록 설계되어 있다. 법무부는 인권침해 여부에 대한 법률적 검토를 거쳐 2017년부터 도입할 예정이었으나 1년 앞당겨 2016년부터 실용화를 할 것이라고 한다. 그런데 지능형 전자발찌가 수집하는 정보는 생체정보에만 국한되지 않는다. 실시간으로 전달되는 맥박 외에도 외부소리, 음주 여부 등을 모니터링하여 감시대상자가 재범을 하는 것을 방지하고 있다. 즉, 생체정보와 함께 다른 정보들을 취합하여 빅데이터 분석을 통해 재범을 방지하는 구조를 갖고 있는 것이다. 이처럼 생체정보와 빅데이터 분석기법은 보호관찰을 강화하여 재범을 방지하는 것에도 활용될 수 있다.

200면 이하.

40   따라서 이에 대한 대책으로 Wi-Fi기반 위치 추적 시스템이 제시되기도 한다(김광명/위대한/문승진, 앞의 글, 584면).

IV. 생체정보의 형사정책적 활용을 위한 제언

1. 생체정보 보호를 위한 근거규정 마련

앞서 살펴본 바와 같이 빅데이터 환경에서 생체정보를 형사정책적으로 활용하는 것은 매우 매력적으로 보인다. 하지만 그를 위해 우선적으로 고려해야 할 점은 생체정보는 대체할 수 없는 개인정보에 속하므로, 그 침해로 인한 피해는 프라이버시 침해뿐 아니라 예상할 수 없는 다양한 문제들이 발생할 수 있기 때문에 그 보호방안을 보다 상세히 마련해야 한다는 것이다. 특히 개인정보는 인격적 주체성을 가질 뿐 아니라 경제적으로 가치 있는 정보재로서의 역할도 하므로[41] 개인정보로서의 생체정보에 대한 보다 명확한 법적 근거가 필요하다. 하지만 현재 생체정보와 관련된 법규정이 충분하지 않기 때문에 우선 현재 우리 규범이 개인정보를 어떻게 이해하고 있는지를 간략히 살펴보자면,[42] 우리 헌법재판소는 "개인의 신체, 신념, 사회적 지위, 신분 등과 같이 개인의 인격주체성을 특징짓는 사항으로서 그 개인의 동일성을 식별할 수 있게 하는 일체의 정보라고 할 수 있고, 반드시 개인의 내밀한 영역이나 사사(私事)의 영역에 속하는 정보에 국한되지 않고 공적 생활에서 형성되었거나 이미 공개된 개인정보까지 포함한다"고 하여 개인정보를 "그 개인의 동일성을 식별할 수 있게 하는 일체의 정보"로 개념정의하고, 그 개념범위를 공적 생활에서 공개된 정보까

---

41   정혜영, "개인정보보호법의 내용과 체계에 관한 분석", 공법학연구 제12권 제4호, 2010, 409면 이하.

42   이에 대한 기본적인 내용은 이원상, "형사사법에 있어 개인위치정보에 대한 고찰", 형사정책연구 제23권 제2호, 2012, 112면 이하 참조.

지 포함하고 있다.[43] 또한 정보통신망법에서는 개인정보를 "생존하는 개인에 관한 정보로서 성명·주민등록번호 등에 의하여 특정한 개인을 알아볼 수 있는 부호·문자·음성·음향 및 영상 등의 정보(해당 정보만으로는 특정 개인을 알아볼 수 없어도 다른 정보와 쉽게 결합하여 알아볼 수 있는 경우에는 그 정보를 포함한다)"라고 정의하고 있고, 개인정보보호법에서도 "'개인정보'란 살아 있는 개인에 관한 정보로서 성명, 주민등록번호 및 영상 등을 통하여 개인을 알아볼 수 있는 정보(해당 정보만으로는 특정 개인을 알아볼 수 없더라도 다른 정보와 쉽게 결합하여 알아볼 수 있는 것을 포함한다)를 말한다(제2조 제1호)"라고 정의하여 개인정보의 범위를 결합된 개인정보까지 넓히고 있다.[44] 특히 개인정보에 대해 구체적인 예시를 보여주고 있는 KISA의 개인정보보호 종합지원 포털에서는 개인정보를 일반정보, 가족정보, 교육 및 훈련정보, 병역정보, 소득정보, 기타 수익정보, 신용정보, 고용정보, 법적정보, 의료정보, 조직정보, 통신정보, 위치정보, 신체정보, 습관 및 취미정보 등으로 구분하고 있어 개인정보의 범위가 매우 넓다는 것을 보여주고 있다.[45]

이를 보면 우리 법률이나 실무에서는 개인정보의 범위를 헌재의 판단보다 넓게 설정하고 있는 것으로 보이며, 따라서 개인의 인격주체성을 직접적으로 나타내지는 못하는 심박동수와 같은 생체정보도

---

43   헌재 2005.5.26. 99헌마513.

44   이 외에도 「보건의료기본법」, 「신용정보의 이용 및 보호에 관한 법률」, 「약사법」, 「위치정보의 보호 및 이용 등에 관한 법률」, 「의료법」 등에 개인정보와 관련된 관련 정의들이 규정되어 있다.

45   그런데 개인정보보호법 제2조 제1호의 정의에서는 영상정보처리기기를 사용하여 수집한 영상의 경우에도 개인정보에 포함되고, 그 영상의 범위에는 폐쇄회로 텔레비전 및 네트워크 카메라 등이 포함된다고 한다(동시행령 제3조). 그런데 본 예시를 보면 영상정보가 포함되어 있지 않다. 하지만 영상정보에 대한 예시도 포함될 필요가 있을 것이다.

빅데이터 분석을 통해 다른 정보와 결합할 경우 인격주체성을 나타낼 수 있는 개인정보라고 할 수 있다.[46] 더 나아가 생체정보는 단순한 개인정보가 아닌 민감정보로 구분해야 할 필요성도 존재한다.[47] 개인정보보호법 제23조에서는 개인정보와 별도로 민감정보를 구분하고 있으며, 그에 따라 개인정보처리자는 정보제공자의 별도의 동의를 받거나 법령에서 허용된 외에 "… 사상·신념, 노동조합·정당의 가입·탈퇴, 정치적 견해, 건강, 성생활 등에 관한 정보, 그 밖에 정보주체의 사생활을 현저히 침해할 우려가 있는 개인정보로서 대통령령으로 정하는 정보[48]…"를 처리하여서는 안 되는데, 이는 민감정보가 다른 개인정보에 비해 프라이버시에 보다 큰 영향을 미칠 수 있기 때문이다. 그러나 현행법상 생체정보 가운데 민감정보로 취급할 수 있는 경우는 건강 또는 시행령에 있는 유전정보뿐이다.[49] 여기서 더 나아가 생체정보를 민감정보(제23조)나 고유식별정보(제24조)와 구분되는 제3의 형태로 규정하여 별도의 규정을 마련해야 한다는 주장도 제기된다.[50] 이는 생체정보의 경우 대체가능성이 없어서 일단 유출되면 그 피해가 다양한 측면에서 매우 광범위하게 발생할 수 있으므로 민감정보나 고유식별정보보다도 더욱 강력한 보호가 필요하다는 이유 때문이다.

그러나 생체정보가 민감정보에 포함되는 범위가 좁은 것도 문제

46　그로 인해 개인이 생체정보의 제공을 꺼릴 수 있고, 그에 따라 빅데이터의 의미가 퇴색될 수 있다. 비슷한 취지로 곽관훈, "기업의 빅데이터(Big Data) 활용과 개인정보의 보호의 조화", 일감법학 제27호, 2014, 136면 이하.

47　윤지영/이천현/최민영/민수홍/이원상/김재윤, 앞의 글, 91면.

48　하지만 동 시행령 제18조에서는 유전자검사 등의 결과로 얻어진 유전정보, 「형의 실효 등에 관한 법률」 제2조제5호에 따른 범죄경력자료에 해당하는 정보 두 경우만 규정해 놓고 있다.

49　윤지영/이천현/최민영/민수홍/이원상/김재윤, 앞의 글, 192면.

50　오길영, 앞의 글, 241면.

지만, 더 큰 문제는 민감정보로 분류되더라도 법률상 제한사유 외에 민감정보를 보호하기 위한 구체적인 방안은 적절히 마련되어 있지 않다는 것이며,[51] 더욱이 앞의 주장대로 제3의 형태로 규정하여 보다 강력히 보호하기 위한 방안은 더욱 요원하다는 것이다. 현재 국회에는 개인정보보호법 개정과 관련된 다양한 법률안들이 제출되어 있고, 거기에는 생체정보와 관련된 규정들도 포함되어 있지만 논의조차 되지 않는 상황이다.[52] 따라서 하루 속히 생체정보 보호를 위한 구체적인 근거규정들이 마련되어야 할 것이다.

2. 생체인식의 기술적 오류가능성 고려

또한 빅데이터 환경에서 생체정보를 형사정책적으로 활용하는 것에 있어 유의해야 할 것으로 기술적 오류가능성을 고려해야 한다는 것이다. 빅데이터 기술은 인과관계를 알려주기보다는 상관관계를 알려주는 것이다.[53] 따라서 범죄원인과 그 결과에 대해 인과관계를 알려주기보다는 상관관계를 알려주는 것에 그친다. 물론 생체정보와 결합하게 되면 상관관계가 좀 더 인과관계에 근접할 수 있겠지만, 인과관계를 밝히는 것에는 한계가 있다. 그러므로 빅데이터 분석이 가지고 있는 태생적인 한계를 잘 이해할 필요가 있다.

그리고 생체정보의 수집을 위해서는 센서와 알고리즘, 프로그램

---

51   오길영, "개인정보 보호 법제의 법적 문제", 민주법학 제53호, 2013, 236면.

52   예를 들어, 강은희 의원이 대표발의한 개인정보보호법 전부개정안(의안번호 13932) 에서는 현행 개인정보보호법 내에 생체정보의 정의와 그 처리절차와 관련된 내용들을 보다 세밀히 포함하고 있다.

53   빅토르 마이어 쉰버거/케네스 쿠키어(이지연 옮김), 빅데이터가 만드는 세상, 21세기 북스, 2013, 97면 이하.

등을 사용하여 아날로그 정보를 디지털 정보로 변환하는 과정을 거치게 된다. 그로 인해 주민등록번호와 같은 개인식별번호의 입력 시 발생할 수 있는 입력오류나 발급오류 등과 같이 생체정보의 인식이나 처리에 있어 오류가 발생할 가능성이 존재한다.[54] 따라서 기계적인 오류로 인해 생체정보를 제대로 등록하지 못하거나 확인하지 못하는 경우가 발생할 수도 있고,[55] 범죄자 아닌 사람을 범죄자로, 범죄자를 범죄자 아닌 사람으로 인식할 수 있는 가능성도 늘 존재한다.[56] 또한 생체정보의 경우 디지털화되어 저장되기 때문에 해킹을 통해 저장된 정보가 손상 및 변경될 수 있을 위험이 크다. 따라서 형사정책적으로 이용함에 있어 언제나 기술적 오류가능성을 인식하고, 그에 따른 대안을 마련해 둘 필요가 있다.

3. 엄격한 처리절차 및 비례성원칙 적용

생체정보를 형사정책적으로 활용하기 위해서는 엄격한 처리절차가 요구된다. 예를 들어, 미국 펜실베니아주의 경우를 보면 해당 주는 주 경찰이 주의 공공복지부가 보유하고 있는 지문 등의 생체정보를 사용하도록 승인하였다. 그러나 수사절차에 있어 강제로 생체인

---

54   따라서 생체인식기반 시스템의 이용자가 느끼고 있는 가장 큰 우려사항으로 시스템 오류 시 대체수단이 없다는 것이었다(윤지영/이천현/최민영/민수홍/이원상/김재윤, 앞의 글, 296면).

55   생체정보의 등록과정에서 생체정보의 중요정보를 제대로 추출하지 못한 것을 등록실패율(failure to enroll)이라 하고, 확인과정에서 생체정보를 제대로 추출하지 못한 것을 채취실패율(failure to acquire)라고 한다(이은우, 앞의 글, 13면).

56   이처럼 생체인식 시스템이 본인을 본인이 아니라고 거부하는 것을 본인거부율(또는 오거절률: FRR, false reject rate)이라 하고, 타인을 본인으로 판별하는 것을 타인수용률(또는 오승인률: FAR, false acceptance rate)이라고 한다(이은우, 앞의 글, 11면).

식정보를 요구하는 것은 미국 수정헌법 제4조를 위반할 수 있으므로 "①생체인증정보의 목적외 사용금지, ②단일 식별자로서의 기능 금지, ③생체인식정보와 생체인식시스템의 보호, ④생체인식정보의 저장기한 제한, ⑤제3자에 의한 감사와 감독, ⑥감사 데이터의 완전 공개, ⑦시스템 접근 제한, ⑧시스템 목적 공개, ⑨생체인식정보 사용 공개, ⑩생체인식정보생성 이전 원 데이터의 저장 금지, ⑪불필요한 정보의 수집·저장 금지, ⑫익명성 보장, ⑬이용자의 통제 권한 부여, ⑭시스템 운영 책임자 공개, ⑮시스템 운영 절차에 대한 공개, ⑯대안적 인증절차 공개" 등과 같은 요건을 절차에 포함하도록 강제하였다.[57] 이와 같이 우리도 생체정보를 수사목적으로 사용하는 경우에는 보다 엄격하고 명확한 절차를 마련해 놓고, 해당 절차가 준수될 수 있도록 노력해야 한다.

그러나 엄격한 처리절차만으로는 다소 미흡하고, 비례성원칙도 함께 준수될 수 있도록 하여야 한다.[58] 생체정보 사용 시 비례성원칙을 준수해야 한다는 규정은 2003년 8월 EU의 개인정보보호 실무위원회(the Working Party on the Protection of Individuals with regard to the Processing of Personal Data)가 작성한 "Working Document on Biometrics"에서도 잘 나타나고 있다. 해당 문서를 보면[59] Directive 95/46/EC 제6조에 의해 "개인정보는 반드시 구체적·명시적 합법적인 목적으로 수집되어야 하고, 이 목적에 부합하는 방식으로 처리되

---

57   이민영, 앞의 글, 61면.

58   비례성원칙에 대한 구체적인 내용에 대해서는 이원상, "저작권법상의 형사처벌과 비례성원칙", 비교형사법연구 제12권 제1호, 2010, 179면 이하 참조.

59   European Commission, "Working document on biometrics"; ⟨http://ec.europa.eu/justice/policies/privacy/docs/wpdocs/2003/wp80_en.pdf⟩

어야 한다. 또한, 개인정보는 이 목적을 초과하지 않는 범위 내에서 다루어져야 한다. 즉, 이 원칙을 존중하여 생체인식 정보가 수집되고 처리되는 목적을 분명히 확인하여야 한다. 또한, 개인의 기본권과 자유의 보호에 대한 위험, 그리고 원래의 목적이 덜 침해받을 수 있는 방법을 고려하여, 비례성과 합법성 원칙에 대한 평가를 해야 한다"라고 되어 있다.[60] 하지만 비례성에 대한 평가를 어떻게 해야 할지에 대해서는 여전히 불명확하였다. 그에 따라 2012년 해당 주체가 추가로 작성한 문서에서는 그에 대한 보다 명확한 기준을 밝히고 있는데 그에 따르면, 비례성원칙을 위해 해당 시스템이 생체정보를 사용한 개인식별을 필요로 하는지, 사용되는 생체정보 기술이 그 생체정보의 특징을 필요로 하는지, 그리고 사용되는 생체정보로 인해 침해되는 프라이버시가 그것을 사용할 경우 예상되는 이익과 비례관계에 있는지를 살피도록 하고 있다.[61] 이처럼 우리도 생체정보를 형사정책적으로 활용하기 위해 반드시 비례성원칙의 검토를 거쳐서 개인의 피해를 최소화하여야 할 것이다.

---

60   윤지영/이천현/최민영/민수홍/이원상/김재윤, 앞의 글, 262면.

61   European Commission, "Opinion 3/2012 on developments in biometric technologies", http://ec.europa.eu/justice/data-protection/article-29/documentation/opinion-recommendation/files/2012/wp193_en.pdf, 2012, 8면; 따라서 예를 들어, 헬스클럽에서 생체인식정보인 지문을 사용한 운영시스템을 사용할 경우 지문과 동일한 기능을 할 수 있는 수기법이나 RFID, 전자카드 등을 통해 동일한 목적을 이룰 수 있다면 지문을 사용하는 시스템의 구축은 지양하여야 할 것이다.

V. 퇴장하기

　　현대 사회를 특징 지워 주는 개념 가운데 하나로 '정보화 사회'가 있다. 정보화 사회 속에서 수많은 정보들이 디지털화되고, 데이터화되어 사이버공간에 저장된다. 생체정보도 마찬가지이다. 그렇게 저장된 엄청난 양의 정형화 및 비정형화되어 있는 정보들은 빅데이터 기술을 사용하여 분석되고 다양하게 활용을 하고 있다. 따라서 2000년대 초중반 생체정보에 대한 많은 논의와 연구가 있었고, 그 결과로 생체정보보호 가이드라인이 마련되기도 하였다. 하지만 생체정보와 관련된 규범적 논의는 제자리걸음을 하고 있으며, 빅데이터와 관련해서는 방통위에서 2014.12.23에 비로소 '빅데이터 개인정보보호 가이드라인'을 제정하였다. 그런 가운데 빅데이터 환경에서 생체정보가 형사정책적으로 활용되는 경우가 점차 증가하고 있는 추세이다. 그러므로 형사법 분야에서도 그와 같은 현상을 제대로 파악하고, 그에 대한 규범적 논의를 전개해야 할 필요성이 대두되고 있다.

　　이에 본 논문은 그를 위한 화두를 제공하려는 목적으로 현재 형사정책적으로 빅데이터 환경에서 생체정보가 수사분야, 증거분야, 보호관찰 분야에서 활용되고 있는 사례들에 대해 살펴보았다. 그를 위해 우선 생체정보의 한계를 지울 수 있는 단초가 될 수 있는 생체정보의 개념범위 및 빅데이터의 개념에 대해 살펴보고, 형사정책적 활용에서 고려해야 할 것으로 빅데이터 환경에서 생체정보를 형사정책으로 활용하기 위해 우선 생체정보 보호를 위한 근거규정 마련, 생체인식의 기술적 오류가능성 고려, 엄격한 처리절차 및 비례성원칙 적용 등을 제시해 보았다. 빅데이터 환경에서 생체정보의 활용에 대해 막연한 두려움을 갖거나 지나친 낙관을 하는 것은 지양되어야 할 것이다. 그러므로 새로운 정보기술에 대해 정확히 파악하고, 그를 현행 규범체계에 적합하게 편입시켜 인권의 침해를 최소화 하며 범죄방지를 위해 활용할 수 있는 방안에 대해 끊임없는 연구와 노력이 있어야 할 것이다.

chapter 5

인공지능의 범죄 VS. 형사법

I. 입장하기

우리사회는 '4차 산업혁명'이라는 깃발아래 다양한 사회적 변화를 맞고 있다. 클라우스 슈밥은 4차 산업혁명을 이끄는 수많은 기술들 가운데 퀀텀 컴퓨팅, 블록체인, 사물인터넷, 3D 프린터, 가상현실 및 증강현실, 인공지능과 로봇공학 등을 주요 기술들로 손꼽고 있다. 그런 기술들은 인간의 상상들을 현실 세계에서 구현시켜주며, 인간의 삶을 '파괴적인 개혁'으로 인도해 주고 있다. 모 기업의 가전제품 광고를 보면 음성 명령을 통해 냉장고가 음식 재고사항을 알려주고, 다양한 조리 기계들이 요리를 도와주며, 로봇 청소기는 집안 청소를 해 주고, 집안 조명을 조절하며, 감미로운 음악을 틀어 주어 가족 모두가 모이는 저녁식사를 준비하는 모습을 보게 된다. 새로운 기술들은 자동차에도 적용되며, 건축에도, 교육에도, 쇼핑에도, 심지어 종합적으로 '스마트 시티'를 탄생시키기도 한다. 이처럼 4차 산업혁명은 우리의 삶에 유용함과 편리함을 제공해 주며 지금도 끊임없이 발전해 가고 있다.

그러나 4차 산업혁명이 장밋빛 청사진만을 제공해 주고 있지는 않다. 4차 산업혁명에서는 무수히 많은 정보들이 서로 교환되는데, 거기에는 기밀정보나 개인정보들이 포함되어 있다. 모든 정보들이 정보통신망을 통해 전송되고, 컴퓨터나 스마트폰 등 정보처리장치를 통해 처리되면서 해킹으로 인한 다양한 정보 침해 문제들이 발생하게 된다. 더 나아가 인공지능이 사이버공간에서의 다양한 서비스에 적용될 뿐 아니라, 로봇이나 드론, 자동차 등과 같이 육체를 얻어(Incarnation) 현실공간으로 나오면서 인간에 대한 상해나 사고와 같이 물질적인 문제를 일으킬 위험성도 증가하고 있다. 이처럼 4차 산업혁명이 우리에게 유토피아(Utopia)를 선물해 줄지, 아니면 디스토피아(Distopia)를 초래할지 기대와 우려가 교차하는 가운데, 이 글에서는 후자의 관점에서 인공지능의 문제를 살펴보고자 한다.

인공지능은 인간들의 삶을 4차 산업으로 인도하는 매우 중요한 인터페이스(Interface)역할을 수행한다. 인터넷 포털(Portal), 스마트폰 앱(App), 자율주행 자동차, 드론, 로봇 등 다양한 서비스 및 기계에게 인공지능은 새로운 영혼을 불어넣고 있다. 따라서 인간들로 하여금 새로운 서비스나 기계에 대해 마치 다른 인간에게 대하는 것과 동일한 관계를 형성하게 해 준다. 그런데 인공지능이 다양한 분야에 다양한 형태로 사용되면서 다양한 법적인 문제점들이 발생하거나 발생의 목전에 와있다. 인공지능이 적용된 서비스나 기계 등이 소프트웨어적으로나 하드웨어적으로 행하는 작용에 대해 어떤 법적인 대응이 가능할지에 대해 많은 법 영역에서 논의 중에 있다. 하지만 인공지능이 행하는 불법행위에 대해 형사법이 어떻게 대응할 수 있을지에 대해서는 아직까지 구체적인 논의도 시작되지 않은 상황이다. 최후수단성, 보충성, 단편성의 가치를 중요하게 여기고 있는 형사법 영역에서 아직 구체화되지 않은 인공지능의 형사법적 위험을 논하기에는 충분한 장이 마련되지 않았기 때문이다. 하지만 인공지능 발전의 로드맵이 매우 구체적이고, 그 문제점도 어느 정도 예상되는 가운데 미네르바의 올빼미가 날아가기만을 기다리는 것도 적절한 대응방법은 아닐 것이다. 그러므로 여기서는 인공지능과 관련해서 우리 형사법 이론이 현재 시점에서 어떤 한계점을 가지고 있는지 살펴보고자 한다.

II. 인공지능에 대한 이해

1. 인공지능의 의미

우선 인공지능의 개념에 대해 이해하기 위해서는 근본적으로 '지능'이라는 개념부터 살펴볼 필요가 있다. 요즘 우리가 흔히 말하는 인공지능 냉장고, 인공지능 에어컨디셔너, 인공지능 로봇 청소기 등과 같이 소위 스스로 알아서 작동한다는 기기들이 정말 지능이 있는 것일까? 인공지능이라는 개념의 출발점은 1956년 여름, 존 매카시(John McCarthy), 마빈 민스키(Marvin Minsky), 앨런 뉴웰(Allen Newell), 허버트 사이몬(Herbert Simon) 등이 참여한 미국 다트머스대학의 한 워크숍이라고 할 수 있다.[1] 그 이후 인공지능과 관련된 다양한 연구들과 논의들이 진행되었지만, 인공지능을 개념지우기는 쉽지 않다. 가장 큰 난관은 '지능'의 개념에 대해 여전히 통일적인 개념이 존재하지 않는다는 것이다. 전통적으로 지능(知能)은 '지성(智性)' 또는 '오성(悟性)'을 의미하지만, 그 외연을 확장하여 감성(感性)적인 부분까지도 포함하는 것으로 이해하기도 한다.[2]

인공지능의 개념정의는 다양하게 이루어지고 있다. 일본의 인공지능학회지에서는 "인공적으로 만들어진 지능을 가지는 실체, 또는 그것을 만들자고 함으로써 지능 자체를 연구하는 분야", "지능을 가

---

1   마쓰오 유타카(박기원 옮김), 인공지능과 딥러닝: 인공지능이 불러올 산업구조의 변화와 혁신, 동아엠엔비, 2016, 65-67면.

2   양천수, "인공지능과 법체계의 변화 – 형사사법을 예로 하여", 법철학연구 제20권 제2호, 2017, 48~49면; 칸트식의 이해로는 "순수이성, 실천이성, 판단력" 등을 모두 포함하는 개념이라고도 한다; 양천수 앞의 글, 49면.

진 메커니즘 내지는 마음을 가지는 메커니즘", "인공적으로 만든 지
적인 행동을 하는 물건(시스템)", "인간의 두뇌 활동을 극한까지 모사
하는 시스템", "인공적으로 만든 새로운 지능의 세계" 등의 개념정의
뿐 아니라 "지능의 정의가 명확하지 않으므로 인공지능을 명확히 정
의할 수 없다"라는 개념정의 불가론도 존재한다.[3] 우리나라에서는 인
공지능에 대한 정의를 "인간의 심리체계를 인공적으로 구현한 기계
적 체계"라는 견해도 있다.[4] 인공지능은 크게 4단계로 구분해서 이해
되기도 한다. 1단계는 제어공학 또는 시스템공학이라는 단순한 제어
프로그램이 있는 기계(인공지능 청소기 등), 2단계는 고전적인 인공지
능으로서 보유한 데이터베이스를 통해 추론이나 탐색이 가능한 기계
(퍼즐을 푸는 프로그램 등), 3단계는 기계학습이 가능한 단계로서 검색
엔진이 내장되어 빅데이터 등을 바탕으로 입력된 값의 규칙이나 지식
을 스스로 학습하는 기계, 마지막으로 4단계는 딥러닝이 가능한 단계
로 데이터의 입력 자체를 학습하는 단계로서 규칙까지도 스스로 만드
는 기계를 의미한다.[5]

---

3   마쓰오 유타카(박기원 옮김), 앞의 책, 47면.

4   양천수, 앞의 글, 49면.

5   마쓰오 유타카, 앞의 책, 54~55면; 마쓰오 유타카의 예에 따르면, 유통 창고에서 화물
을 적재하는 경우, 1단계는 사람이 화물의 크기를 구체적으로 대·중·소 등으로 정해주는 경
우 기계는 크기에 따라 짐을 정리하고, 2단계는 크기 외에도 주의해서 취급할 물건, 긴 물건,
냉동해야 할 물건 등 내용물에 따라 정리가 가능하며, 3단계는 크기를 기계 스스로가 판단해
서 구분하여 적재할 수 있으며, 4단계는 유통 창고에 화물을 효과적으로 적재할 수 있는 방법
을 기계스스로가 판단하여 기준을 세우고, 그에 따라 화물을 적재하게 된다; 마쓰오 유타카,
앞의 책, 56~57면.

2. 약한 인공지능

인공지능은 일반적으로 약한(weak) 인공지능과 강한(strong) 인공지능으로 구분한다. 이는 인공지능의 발달과정으로 이해할 수도 있다. 물론 인공지능을 약한 인공지능과 강한 인공지능으로 구분하는 것은 모호성이 있다는 지적도 있다.[6] 그럼에도 불구하고 법적으로는 그와 같은 구분이 유용할 수도 있으므로 여기서는 일반적인 기준을 따르고자 한다. 우선 약한 인공지능은 최근 이슈가 되었던 알파고(AlphaGo)와 같이 특정한 분야의 업무를 처리하는 것에 있어 인간의 지능을 모방하여 인간이 수행하는 것과 유사하거나 뛰어난 성과를 도출해 내는 것이다.[7] 앞서 언급한 단계 가운데 3단계에 해당하는 정도라고 할 것이다. 따라서 제한된 영역에서의 규칙들과 함께 제공되는 데이터와 정보들을 탐색하고, 추론함으로써 인간과 동일한 성과를 내기도 하고, 인간을 능가하기도 한다. 앞서 살펴본 알파고는 사실 '알파고 리(AlphaGo Lee)'라는 버전으로 '알파고 판(AlphaGo Fan)'의 후속 버전이고, 이후 '알파고 제로(AlphaGo Zero)', '알파고 마스터(AlphaGo Master)'를 거쳐 범용 인공지능인 '알파 제로(Alpha Zero)'로 진화하였다. 이 때, 알파고들은 바둑이나 장기, 체스 등과 같이 특정 영역에 한정된 약한 인공지능이라고 할 수 있다. 즉, 약한 인공지능은 아직 인간적인 마음(mind)은 가지고 있지 않으며, 제한된 영역에서 인간

---

6   김진석, "'약한' 인공지능과 '강한' 인공지능의 구별의 문제", 철학연구 제117집, 2017, 112면; 약한 인공지능과 강한 인공지능을 구분하는 기준으로 인간적인 '마음(mind)'을 지니고 있는지, 제한된 영역인지 일반적인 영역인지 여부, 특이점(singularity)를 넘어섰는지 여부를 제시하기도 한다(김진석, 앞의 글, 113~114면).

7   박종보/김휘홍, "인공지능기술의 발전과 법적 대응방향", 법학논총 제34권 제2호, 2017, 40면.

의 지능을 모방하고 있고, 특이점(singularity)과는 상당한 거리를 가지고 있는 인공지능이라고 할 것이다.

3. 강한 인공지능

강한 인공지능은 다시금 두 단계로 나누어진다. 첫 번째 단계로 약한 인공지능 단계를 넘어서 스스로 사고하고, 스스로를 진화시키며, 끊임없이 정보를 학습하여(Deep Learning) 자신에게 주어진 규칙까지도 변경할 수 있는 능동적이고 자율적인 인공지능을 강한 인공지능이라고 한다.[8] 인간적인 마음까지도 가지고 있다고 볼 수 있으며, 범용의 영역에서 업무를 수행할 수 있고, 특이점에 매우 근접한 단계라고 할 것이다. 강한 인공지능을 탑재한 로봇을 상정해 보면 인간과 구분해야 할 이유를 찾을 수 없을 지도 모른다. '엑스 마키나(Ex Machina)'라는 영화에서 로봇은 생물학적인 육체를 가지고 있다는 것 외에는 인간과 다른 것이 없으며, '아이, 로봇(I, Robot)'이라는 영화에서 인공지능 비키는 인간과 같은 규범의 해석능력까지도 지니고 있으며, 써니라는 로봇은 인간의 마음까지도 가지고 있다.[9] 더 나아가 강한 인공지능이 특이점을 넘어서서 인간의 능력을 초월하여 마치 슈퍼맨과 같은 초인간적인 힘을 가진 '초인공지능(Artificial Super Intelligence)'

---

8   최재원, "인공지능 창작물에 대한 저작권의 주체", 문화·미디어·엔터테인먼트법 제11권 제1호, 2017, 120면.

9   해당 영화에서는 로봇을 통제하는 비키(VIKI: Virtual Interactive Kinetic Intelligence)라는 인공지능이 아이작 아시모프의 로봇 3원칙(제1원칙: 로봇은 인간을 다치게 해선 안되며, 행동하지 않음으로써 인간이 다치도록 방관해서도 안된다, 제2원칙: 법칙 1에 위배되지 않는 한, 로봇은 인간의 명령에 복종해야만 한다, 제3원칙: 법칙 1, 2에 위배되지 않는 한 로봇은 스스로를 보호해야만 한다)에 대해 새로운 해석을 함으로서 인간을 인간에 대한 적으로 판단하고 모든 인간들을 감금하고, 로봇인 써니(Sonny)가 그에 맞서 싸운다.

의 도래가 예견되기도 한다.[10] 초인공지능은 인공지능이 인간의 힘을 넘어서기 때문에 인간의 법이나 질서는 아무 의미가 없게 될 것이다. 슈퍼맨 영화를 보면 온 도시를 쑥밭으로 만들며 싸우고 있는 초능력 자들 앞에서 인간은 무기력한 존재일 뿐이다. 그와 같이 초인공지능 이 도래하게 되면 인공지능은 인간의 통제에서 벗어나서 오히려 인간 을 지배하는 '신(神)'적인 존재가 되는 것이다.

III. 인공지능에 대한 영역별 대응현황

1. 로봇 윤리 영역의 대응

로봇 윤리(Robot Ethics)분야에서는 크게 세 가지의 물음에 대한 답을 구하고 있다. 첫째는 인간이 로봇에게 어떻게 윤리적으로 대할 수 있을지에 대한 것이고, 둘째는 로봇이 윤리적으로 행동을 하도록 하거나 로봇을 어떻게 하면 윤리적인 행위자로 만들 수 있을지에 대 한 것이며, 셋째는 인간과 로봇은 윤리적인 관계를 맺을 수 있으며, 윤 리적 행위자인 인간이 로봇에 대해 어떤 책임을 질 수 있는지에 관한 것이다.[11] 첫 번째 물음은 로봇이 윤리적인 존재가 되었을 때 주로 문 제가 될 수 있을 것이다. 두 번째 물음은 최근 자율주행자동차의 상용 이 눈앞에 왔고, 인공지능 에이전트인 왓슨이 의료에 투입되며, 전쟁 에 인공지능 로봇의 활용이 적극적으로 추진되는 등 인공지능 에이

---

10   양천수, 앞의 글, 50면.

11   라파엘 카푸로/미카엘 나겐보르그 편저(변순용/송선영 역), 로봇윤리 -로봇의 윤리 적 문제들, 어문학사, 2013, 34면.

전트나 로봇의 활용성이 높아지면서 활발히 논의되고 있다. 그러므로 로봇을 무도덕적(amoral) 존재에서 도덕적(moral) 존재로 만들기 위한 노력들이 계속되고 있다.[12] 이는 로봇에게 단순한 인간의 윤리를 주입시키는 것이 아니라 로봇이 윤리 추론 능력을 갖추게 되어 윤리를 학습하고, 도덕성을 개발하며, 스스로의 윤리 체계를 진화시키는 것을 의미하는 동적인 도덕지능(dynamic moral intelligence)을 지닌 존재로 만드는 것이다.[13] 그러나 인공지능 에이전트나 로봇이 그 정도의 수준에 이르는 것은 어쩌면 좀 더 먼 미래의 이야기일 수 있다. 따라서 최근 논의들은 윤리적인 인간이 아직은 도덕적이거나 윤리적이지 않은 로봇에 대해 어떤 책임을 질 수 있을지에 대한 세 번째 물음에 대한 논의가 좀 더 활발히 진행되고 있다.[14] 그러면서 윤리적인 로봇의 설계자나 제조사, 관리자, 그리고 사용자가 인공지능 에이전트나 로봇을 통해 발생하는 문제들에 대해 법적인 책임을 질 수 있도록 법적 책임 관점에서 접근하는 것이 보다 현실적이라고 한다.[15]

---

12   라파엘 카푸로/미카엘 나겐보르그 편저(변순용/송선영 역), 앞의 책, 36면; 여기서의 무도덕적(amoral)이라는 의미는 로봇이 나쁜 행동을 하거나 윤리에 어긋나는 행동을 하는 것과 같은 비도덕적(immoral)이라는 의미와는 다른 의미이다. 도덕이 형성되지 않은 상태를 의미한다고 할 것이다.

13   라파엘 카푸로/미카엘 나겐보르그 편저(변순용/송선영 역), 앞의 책, 39면.

14   라파엘 카푸로/미카엘 나겐보르그 편저(변순용/송선영 역), 앞의 책, 41면.

15   라파엘 카푸로/미카엘 나겐보르그 편저(변순용/송선영 역), 앞의 책, 42~44면; 따라서 인공지능 에이전트나 로봇이 행하는 법적인 문제들에 대해 도적이나 윤리적인 관점에서 옳은지, 그른지를 판단하는 접근보다는 법적인 관점에서 책임을 부과하고 분배하도록 하는 것이 보다 의미 있는 것이 된다.

2. 민사법 영역의 대응

인공지능과 관련해서 상대적으로 활발한 논의가 진행되고 있는 영역이 민사법 영역이다. 이미 인공지능이 기업의 업무 등에 사용되면서 인공지능과 관련된 민사법 영역에서의 문제점들이 등장하기 시작했기 때문이다. 우선 민사 불법행위에 대한 문제를 고려해 볼 수 있을 것이다. 이 영역은 인공지능이 로봇의 옷을 입고 행위를 하는 경우가 주로 문제가 될 수 있을 것이다. 근대 민법의 경우 사적자치주의의 원칙에 따라 적어도 행위자에게 과실이 있는 경우에 배상책임을 지워왔던 것에 반해, 현대 민법에서는 복잡하고 위험한 사회의 현실을 감안하여 무과실책임주의(위험책임주의 및 보상책임주의)가 등장하게 되었다.[16] 그에 따라 민사영역에서도 인공지능 로봇에게 법적으로 일정한 권리·의무관계를 부여할 수 있을지 여부가 논해지고 있다. 그 중 일부는 로봇에게 법인과 유사한 권리·의무의 주체성을 인정하고, 현행 법인에게 적용되는 법적체계를 적용할 가능성이 제기되기도 한다.[17] 그러나 인공지능 로봇은 민사법 체계에서 권리객체로서 취급될 수 있을 뿐이고, 따라서 민사불법의 책임은 로봇의 소유자에게 있다고 본다.[18] 그러므로 로봇에 의해 발생한 불법행위에 대해 소유자는 해당 로봇을 처분한 매각대금으로 손해배상을 할 수도 있으며, 로봇의 지속적인 사용을 정지시키는 정지청구권의 인정도 필요한 것으로 보는 견해도 있다.[19] 그리고 인공지능 로봇에 의한 불법행위 책임은

---

16   오병철, "인공지능 로봇에 의한 손해의 불법행위책임", 법학연구 제27권 4호, 연세대학교 법학연구원, 2017, 158~159면.

17   이중기, "인공지능을 가진 로봇의 법적 취급", 홍익법학 제17권 제3호, 2016, 20면.

18   오병철, 앞의 글, 173면.

19   위와 동일.

기본적으로 민법상 과실책임주의에 따라 그 소유자에게 책임이 있다고 할 것이며, 경우에 따라서 제조물 책임이나 위험책임주의가 적용될 수 있을 것이고, 더 나아가 로봇의 특성을 고려한 편익책임주의가 새롭게 필요하다는 견해도 대두되고 있다.[20]

좀 더 현실적인 문제로 인공지능에 의한 계약에 대한 민사법 영역의 대응도 살펴볼 필요가 있다. 최근 소위 인공지능 에이전트를 통해서 계약이 이루어지는 경우가 실제로 현실화되고 있고, 그에 따라 민법상 대리의 법리를 적용할 수 있을지 여부가 문제가 될 수 있기 때문이다.[21] 그와 같은 경우 인공지능 에이전트가 당사자의 의사와 다른 경우가 발생하게 된다면 도구적 접근방법으로 접근하거나 대리인의 지위를 인정한다는 견해가 나뉘고 있다.[22] 또한 위험의 배분이나 착오 법리, 표현대리 법리의 유추적용 등과 같이 기존의 민법 법칙에 의해서 처리할 수 있을 가능성도 제기되지만, 구체적으로 인공지능 에이전트의 계약에 대한 내용을 입법적으로 해결한다는 것이 바람직하다는 견해도 있다.[23] 이와 같이 민사법 영역의 경우 인공지능과 관련된 문제들에 대해 기존 법리를 적용하거나 새로운 개념의 원칙과 법리를 통해 해결할 수 있을 여지들이 형사법 영역보다는 넓은 것으로 보인다.

---

20   오병철, 앞의 글, 207면.

21   이상용, "인공지능과 계약법 – 인공 에이전트에 의한 계약과 사적자치의 원칙", 비교사법 제23권 제4호, 2016, 1645면.

22   이상용, 앞의 글, 1663면.

23   이상용, 앞의 글, 1682면.

3. 저작권법 영역의 대응

인공지능에 있어 저작권법은 좀 더 구체화된 대응을 하고 있다. 저작권법에서는 저작물을 창작한 사람을 저작권자(저작권법 제2조 제2호)라고 한다. 또한 저작물은 인간의 사상 또는 감정을 표현한 것(저작권법 제2조 제1호)이라고 정의하고 있다. 따라서 저작권자와 저작물에 있어 인간이라는 존재를 분리하는 것은 어려울 것이다. 물론 저작권법에서도 저작자의 개념을 기업주체로 보는 경우도 있다.[24] 다만, 이는 저작권이라는 권리를 귀속시키기 위한 장치이고 저작물을 창조하는 것은 인간이라고 할 것이다. 그러므로 지능이 좋은 침팬지가 그림을 그린다고 하더라도 그것은 저작물이 될 수 없으며, 인공지능에 의한 창작물이라고 하더라도 '인간의 사상 또는 감정'을 표현한 결과라고 할 수 없기 때문에 저작물로 인정받기 어려울 것이다.[25]

하지만 저작권법 영역에서는 인공지능과 관련해서 인공지능의 창작물의 경우 그 저작권을 누구에게 부여할지, 인공지능이 저작물을 침해하는 경우 법적 책임을 누가 져야 할지가 주로 문제가 되고 있다. 예를 들어, 영국의 경우 저작권법에 컴퓨터에 의해 창조된 창작물은 그 산출에 기여한 자를 저작자로 간주하고 있으며,[26] 일부에서는 인공지능에 의한 창작물에 대해 공정이용을 주장하기도 한다.[27] 그러나 인공지능 저작물을 인정하여 누군가에게 저작권을 인정한다고 하더라도 개발자가 저작권자가 될지, 이용자가 될지, 또는 그들을 공동저작

---

24   최재원, 앞의 글, 121면.

25   최재원, 앞의 글, 123면.

26   최재원, 앞의 글, 126면.

27   이승선, "인공지능 저작권 문제와 각국의 대응", 관훈저널 통권 제139호, 2016, 58면.

자로 인정해야 할지, 아니면 공공저작물이라고 할지 등 그 해결이 그리 쉽지는 않은 상황이다.[28] 또한 인공지능이 저작권을 침해하는 경우에도 인공지능이 인식을 가지고 침해했다고 보기 어렵기 때문에 불법행위에 대한 민사상 책임을 묻거나 형사상 책임을 묻기도 쉽지 않다.[29] 다만, 그에 대한 해결 방안들에 대해 일본을 비롯한 세계 각국에서 구체적인 논의가 진행되고 있다. 이처럼 인공지능과 관련해서 저작권법 영역에서는 저작권자와 관련해서는 해결책이 보이고 있지만, 인공지능의 저작권 침해와 관련된 책임에 있어서는 좀 더 논의가 필요한 것으로 보인다.

4. 자동차 보험법 영역의 대응

인공지능이 가장 구체화되어 있는 것으로 자율주행 자동차가 있다. 자율주행 자동차의 경우 사람의 개입 없이 자동차의 운행과 관련된 모든 것을 인공지능이 통제하도록 하는 4단계 자율주행의 실현이 목전에 와있다. 그에 따라 도로교통법, 도로법, 자동차관리법 등과 같이 자동차의 주행과 관련된 내용을 규율하는 법령들뿐 아니라 개인정보보호법이나 위치정보의 보호 및 이용 등에 관한 법률과 같이 자율주행자동차의 소프트웨어와 관련된 법령 등에서 자율주행자동차와 관련된 내용들이 필요할 것이다.[30] 이와 같이 자율주행 자동차의 일반적인 운행과 관련된 법령들 외에 자동차 사고가 발생하는 경우 적용

---

28   최재원, 앞의 글, 128면 이하.

29   최재원, 앞의 글, 132면.

30   김정임, "자율주행자동차 운행의 안전에 관한 공법적 고찰", 법학연구 제16권 제4호, 한국법학회, 2016, 58면.

되는 자동차 보험법 영역도 살펴볼 필요가 있다.

자율주행 자동차가 사고를 일으킨 경우 그 책임소재가 이용자에게 있는지, 제조자에게 있는지의 여부는 현행 법률로서는 불명확하다고 할 것이다.[31] 그와 함께 생산물배상책임보험, 장기손해보험 등과 같은 손해배상보험뿐 아니라 생명보험분야에도 상당한 영향을 줄 수 있다는 주장도 있다.[32] 예를 들어, 자율주행 자동차의 경우 3단계까지는 현행법에 의해서 사고배상책임을 운전자에게 둘 수 있다. 하지만 4단계의 경우에는 제조사의 책임을 강조하는 경향과 운전자에게 책임을 부담시키는 경우가 주장되고 있다.[33] 더 나아가 과실기여정도에 따라 배상책임을 지는 현재의 구조와 달리 그와 무관하게 자신이 가입한 보험증권을 통해 보상을 받도록 하는 무과실책임 자동차보험(No-fault Auto Insurance)과 같이 신개념의 보험이 요구됨과 동시에[34] 제조자나 이용자에게 사고에 대한 형사책임 대신 완화된 형태의 징벌적 손해배상이 필요하다는 주장도 있다.[35] 뿐만 아니라 자율주행 자동차 전용 보험 상품이 개발되어 차체뿐 아니라 소프트웨어와 같은 자동시스템, 방화벽까지도 담보할 수 있어야 한다고도 한다.[36] 그를 위해 보험법에서도 자율주행 자동차를 포함하는 개선이 요구된다고 할 것이다. 이처럼 인공지능이 적용되는 자율주행 자동차의 등장으로 인해 자동차 보험법 영역에서도 다양한 논의들이 진행되고 있다.

31   은종성/김주표/김시은, "자율주행자동차 사고에 따른 보험적용에 관한 연구", 상사법연구 제36권 제3호, 2017, 345면.

32   은종성/김주표/김시은, 앞의 글, 345면 이하.

33   은종성/김주표/김시은, 앞의 글, 372면.

34   은종성/김주표/김시은, 앞의 글, 375면.

35   은종성/김주표/김시은, 앞의 글, 377면.

36   은종성/김주표/김시은, 앞의 글, 381면.

IV. 형사법 체계의 기획

앞서 살펴본 바와 같이 여러 법 영역에서는 인공지능의 등장으로 인해 다양한 논의들이 진행되고 있다. 그들과 형사법 영역과는 인공지능의 등장으로 인해 현재의 법체계에 일정한 변화가 필요하다는 것에 인식의 지평을 같이 하지만, 형벌이라는 부정적 수단을 사용하는 형사법 영역에서는 다른 영역에 비해 창의적인 해결방법을 모색하기 쉽지 않다는 한계가 있다. 그러므로 우선 형사법적 대응의 한계가되고 있는 것이 무엇인지를 살펴볼 필요가 있으며, 그를 위해 우리 형사법체계의 기획이 담고 있는 내용을 분석해 보고자 한다.

1. 인간중심의 행위체계

우리 형법은 기본적으로 인간중심의 체계를 가지고 있다. 따라서 인간이 범죄의 주체로서 범죄행위를 하게 되고, 형사사법은 그것을 예방하거나 처벌하기 위해 형사사법체계를 구축하고 있다.[37] 형사법체계의 근간이 되는 인간의 전제조건으로 자율성과 성찰성이 요구된다.[38] 따라서 인간이기 위해서는 스스로 규칙을 만들고, 그 규칙에 복종할 수 있으며, 외부의 강제 없이도 자신이 규범위반의 행위를 한 것에 대해 규범위반의 행위를 하지 않을 수 있었다는 성찰을 할 수 있어야 한다.[39] 그러므로 같은 생명체이지만 그와 같은 요건을 충족시키

---

37   양천수, 앞의 글, 65면.

38   윤지영/김한균/감동근/김성돈, 법과학을 적용한 형사사법의 선진화 방안(VIII), 한국형사정책연구원, 2017, 229~300면.

39   위와 동일.

지 못하는 동물은 법적인 주체로서 인정되기보다는 인간에 의해 보호·관리되는 객체로서 존재한다.[40] 그러므로 최근 문제가 된 것처럼 개가 사람을 무는 경우에는 형사절차를 통해 개를 처벌하지는 못한다.[41] 따라서 동물에 대한 형법문제는 동물에게 귀속되는 것이 아니라 동물을 관리하는 인간에게로 향하게 된다.

또한 형법상 의미 있는 행위로 인정받기 위해서는 형법상 의미 있는 행위에 속해야 한다.[42] 이미 오래된 논의로서 형법상 행위론의 논쟁이 보여준 결과와 같이 사실 형법상 의미 있는 행위가 형사사법체계에서 매우 중요한 역할을 한다고 보기는 어렵다. 그렇다고 하더라도 행위론이 형사법체계에 끼친 영향이 결코 작다고도 할 수는 없을 것이다. 어찌 되었건 인간이 한 형법상 의미 있는 행위만이 형사사법체계에서 다루어 질 수 있다. 그와 함께 형사책임을 부여하기 위해서는 형법상 의미 있는 행위가 자유의지에 의해 행해져야 한다.[43] 자유의지에 따라 다른 행위를 할 수 있었음에도 불구하고 범죄행위를 한 경우 행위자를 비난할 수 있으며, 그에 따라 인간에게 형사책임을 지울 수 있게 된다.[44]

---

40   민윤영, "인간, 동물, 로봇 그리고 바이오필리아(biophilia)의 법 – 에리히 프롬(Erich Fromm)의 사상을 중심으로", 법철학연구 제20권 제1호, 2017, 319면.

41   물론 동물보호법과 같은 특별법을 통해 개의 주인을 처벌할 수는 있을 것이다.

42   양천수, 앞의 글, 66면.

43   객관적으로 증명할 수 없는 자유의지에 기대어 인공지능에 대한 사회적, 규범적인 법적 불가능성을 부각시킬 것이 아니라 구성주의적 방법론을 통해 인공지능에 대해 법적 책임을 묻는 것도 충분히 가능하다는 견해도 존재한다; 윤지영/김한균/감동근/김성돈, 앞의 책, 236~239면. 다만, 현행 우리 형법체계에서는 여전히 자유의지에 대한 충성도가 높으며, 그에 따라 형사법체계가 운영되고 있다고 생각된다.

44   다만, 아래에서 언급하겠지만, 법인과 관련해서 사회적 책임개념이나 기능적 책임개념을 통해 자유의지를 비판하는 견해도 있다.

2. 인간 중심체계의 예외

앞서 살펴본 바와 같이 형사사법 체계는 기본적으로 인간을 중심으로 해서 구축되어 있다. 하지만 예외적인 모습도 발견된다. 대표적인 예로 법인과 동물을 들 수 있다. 법인은 법률거래를 위해서 자연인은 아니지만 법적인 인격을 부여하여 법률에 있어 권리·의무의 주체가 될 수 있도록 만든 법적인 장치이다. 따라서 법인의 본질에 대해서는 법인의제설과[45] 법인부인설,[46] 법인실재설[47] 등이 제시되고 있다.[48] 법인의 본질을 어떻게 이해하든 형사사법 체계에서 법인이 자연인과 함께 규율되고 있다는 것은 부인할 수 없는 사실이다. 그러므로 법인의 범죄능력이나 수형능력 등에 대해 논란이 계속되고 있지만, 법인은 인간 중심체계의 예외로서 존재하고 있다.

그와 함께 동물이 형사사법 체계에서 등장한 경우도 나타나고 있다. 형법의 역사를 보면 계몽시대 이전에는 동물을 피고로 형사절차가 이루어지기도 하였으며,[49] "포대 형벌"을 통해 범죄자뿐 아니라

---

45 법인의제설은 법적인 권리와 의무의 주체는 오직 자연인이고, 법인은 법률의 힘에 의해서 자연인으로 의제되는 것뿐이라는 견해이다; 이홍민, "법인의 본질", 법과 정책 제22권 제3호, 2016, 268면.

46 법인부인설은 법인은 법률관계를 위한 법 기술일 뿐이고, 따라서 법인은 거래를 위한 사실적인 기능만을 한다는 견해다. 해당 견해는 다시금 목적재산설, 수익자주체설, 관리자주체설 등으로 나누어 진다; 이홍민, 앞의 글, 269~270면.

47 법인실재설은 법인은 권리주체로서의 실질을 가지며, 사회적인 실체를 가지고 있다는 견해이다. 그 실체에 대해서는 유기체설, 조직체설, 사회적 가치설 등으로 나뉜다; 이홍민, 앞의 글, 271면 이하.

48 이 외에도 사비니(Savigny), 예링(Jhering), 기르케(Gierke) 등이 법인에 본질에 대해 새로운 해석을 하기도 하였다; 이홍민, 앞의 글, 274면 이하.

49 윤지영/윤정숙/임석순/김대식/김영환/오영근, 법과학을 적용한 형사사법의 선진화 방안(VI), 한국형사정책연구원, 2015, 315~316면.

뱀과 같은 동물도 함께 익사시키기도 하였다고 한다.[50] 또한 1474년 스위스 바젤에서는 소위 동물소송이 진행되었고, 그 결과 닭에게 사형이 선고된 사례도 있다고 한다.[51] 물론 해당 기록들에 대한 신뢰성이 의심되고, 당대에 그와 같은 것을 형벌제도로 받아 드렸는지에 대해서 의구심이 제기되기도 한다.[52] 다만, 적어도 그와 같은 역사적 사실을 부인할 수 없다면 인간 이외의 '그 무엇'에 대해서도 형사적 책임을 부여할 수 있는 근거로 삼을 수도 있을 것이다.[53]

3. 형법상 책임의 귀속

우리 형법체계에서 범죄는 구성요건에 해당하고, 위법하며, 유책한 행위로 이해하고 있다. 구성요건에 해당하고 위법한 행위는 불법성에 해당하는 것이며, 유책한 행위는 책임성과 관련되어 규범적 의미에서의 비난가능성과 관련을 맺게 된다.[54] 이 때, 비난가능성의 전통적 의미는 자신의 행위의미를 이해하고, 그 결과를 알 수 있으며, 결과를 회피할 수 있는 능력을 가진 행위자, 즉, 자유의지를 가진 행위자가 범죄를 피하지 않고 범죄행위로 나아간 것에 대한 비난이라고 할 것이다.[55] 하지만 법률을 적용하기 위해서는 보다 명확한 책임표지가 필요하게 된다. 따라서 일반적으로 행위자에게 형사책임을 부과하

---

50   윤지영/윤정숙/임석순/김대식/김영환/오영근, 앞의 책, 316면.

51   임석순, "형법상 인공지능의 책임귀속", 형사정책연구 제27권 제4호, 2016, 78면.

52   위와 동일.

53   주현경, "인공지능과 형사법의 쟁점 −책임귀속을 중심으로", 형사정책 제29권 제2호, 2017, 21면.

54   계승균, "법규범에서 인공지능의 주체성 여부", 법조 제724호, 2017, 172면.

55   임석순, 앞의 글, 76면~77면.

기 위해서는 범죄 행위에 대한 행의자의 고의·과실이 있어야 하고, 책임능력이 있으며, 범죄행위의 위법성을 인식하고, 기대가능성이 있어야 한다.[56]

좀 더 구체적으로 살펴보자면, 범죄행위자가 불법을 행하게 되면, 그 행위는 고의 또는 과실에 의한 행위여야 한다. 하지만 우리 형법은 정신적·신체적으로 아직 성숙하지 않은 14세 미만의 미성년자(형법 제9조), 정신병자와 같이 사물의 변별력이 없는 심신상실자(형법 제10조 제1항)의 경우에는 책임무능력자로 분류하여 형사책임을 부과하지 않으며, 사물의 변별능력이나 의사결정능력이 미약한 자(형법 제10조 제2항), 농아자(제11조)의 경우에는 형사책임을 감경해 주고 있으므로 그 여부를 판단해야 한다. 또한 범죄행위가 정당한 이유로 인해 죄가 되지 않는 것으로 오인한 경우이거나(형법 제16조), 강요된 행위(형법 제12조) 등과 같이 기대불가능성이 존재하는 경우에도 책임을 면하고 있으므로 그 여부도 살펴보아야 한다. 그러므로 고의 또는 과실로 범죄를 저지른 자에게 책임을 면제하거나 감경시키는 요소가 없는 경우 범죄자에게는 자신의 범죄에 상응하는 책임이 부과되는 것이다. 물론 범죄자의 책임의 양은 양형절차를 통해서 결정된다.

V. 현행 형사법 이론의 한계

인공지능에 대해 형사처벌이 가능하기 위해서는 우선 인공지능이 범죄능력을 가지고 있는 범죄주체가 될 수 있는지 여부를 살펴볼

---

56   배종대, 형법총론(제13판), 홍문사, 2017, 83/5~8.

필요성이 있다. 인간만이 형사책임을 질 수 있고, 책임이 없다면 형벌이 없다는 독일의 형사책임이론이 지금도 우리 형사법에서 굳건히 유지되고 있기 때문이다.[57] 그래서 우리 형사법이론들도 기본적으로 자연인인 인간을 처벌하고 있다. 그러나 책임개념을 '국가에 의해 설정된 행위요구의 불충족'에 대한 비난으로 보는 사회적 책임개념이나 '법에 대한 불충성의 표현'이라는 기능적 책임개념에 따르면 자연인의 범위를 넘어서 형사책임을 지울 수 있는 근거가 마련된다.[58] 따라서 인공지능이 범죄주체성을 갖기 위해서는 적어도 법적으로 인간에 준하는 지위를 부여하거나, 인간 개념의 외연을 넓히거나, 법인의 범죄에 포섭시킬 수 있는 방법이 모색될 수 있다.[59] 하지만 인공지능에게 책임을 지우더라도 인공지능에게 단독 책임을 지울지, 아니면 관리자 또는 소유자에게 책임을 지울지, 또는 공동으로 책임을 지울지, 더 나아가 제조자에게 책임을 지울지 등 형사법의 이론적 적용도 다각도로 고려해 보아야 한다. 그리고 인공지능의 형사책임에 대해 어떤 형벌이 가능할지도 고민해 보아야 한다. 현행 형벌 종류를 살펴보면 자유형은 인간에게만 가능한 것이고, 명예형이나 재산형 정도가 인공지능에게 가능한 형벌이 될 수 있는데, 현재 법인처럼 벌금형만을 부과할 것인지, 아니면 새로운 형벌을 도입해야 할지도 살펴볼 필요가 있다. 따라서 아래에서는 현행 형사법 이론을 중심으로 그와 같은 문제들을 해결할 수 있을지 여부를 살펴보고자 한다.

---

57   윤지영/김한균/감동근/김성돈, 앞의 책, 206면.

58   윤지영/김한균/감동근/김성돈, 앞의 책, 228면.

59   인공지능에게 법인격을 인정한다고 하더라도 권리주체로만 인정되는 1단계 법인격, 형사책임이 귀속되지 않는 2단계 법인격이 아니라 행위능력과 책임능력이 부여되는 3단계 법인격이 될 때 비로소 인공지능은 형사책임을 질 수 있다고 한다; 윤지영/김한균/감동근/김성돈, 앞의 책, 235면.

1. 인공지능의 범죄능력 인정여부

현재 구축되어 있는 범죄성립요건에 대한 형법체계에서 범죄성립요건의 출발점은 '인간의 행위'이다.[60] 즉, 인간의 행위가 아닌 것은 범죄성립요건을 심사할 필요조차 없게 되는 것이다. 범죄행위의 주체는 자연인인 사람이어야 하므로 인공지능 또는 인공지능 로봇은 범죄주체가 될 수 없다. 그런데 우리 형법은 자연인인 사람 외에도 양벌규정을 통해 '법인'을 처벌하고 있다. 즉, 자연인인 사람의 행위 외에 법적인 지위를 부여받은 법인에게 형사 처벌할 수 있는 장치를 마련해 두고 있는 것이다.[61] 물론 학설에 따라서는 법인의 범죄능력을 부정하는 견해와[62] 긍정하는 견해,[63] 부분적으로 긍정하는 견해[64] 등이 존재한다. 긍정설은 법인실재설의 입장에서 법인의 범죄능력을 인정하고, 법인 고유의 의사능력과 행위능력이 있으며, 법인의 반사회로부터 사회를 방위하고 사회적 책임을 물을 필요성이 있고, 무엇보다 형사정책적인 필요성이 있다는 것을 주요 논거로 삼고 있다.[65] 긍정설의 입장에서 보면 인공지능에 대해 법인격을 부인할 수 있다면 인공지능은 현재의 법인과 같이 범죄능력을 갖게 된다. 하지

---

60   김성돈, 형법총론(제4판), SKKUP, 2015, 149면.

61   법인을 인정하는 관점에서 인간의 법적인 개념을 새롭게 구성하여 '인'이라는 상위 개념을 두고, 그 아래 자연'인'과 법'인', 전자'인'을 두어 사회적으로 형사책임을 부과할 수 있도록 하는 견해도 제시된다; 윤지영/김한균/감동근/김성돈, 앞의 책, 245면.

62   김성돈, 앞의 책, 165~166면; 박상기, 형법총론(제9판), 박영사, 2012, 71면; 배종대, 앞의 책, 50/27; 대법원 1984.10.10., 82도2595 전원합의체판결.

63   김일수/서보학, 형법총론(제12판), 박영사, 2014, 137면, 하태훈, 형법사례연습(제4판), 박영사, 2014, 44면. 정성근/박광민, 형법총론(제2판), SKKUP, 2015, 91면.

64   임웅, 형법총론(제7판), 법문사, 2015, 77면; 유기천, 형법학(총론강의 개정24판), 일조각, 1983, 98면.

65   배종대, 앞의 책, 50/6.

만 부정설의 입장에서 보면 인공지능은 여전히 범죄능력을 갖지 못한다.

그러나 인공지능의 경우에는 법인처럼 인정하는 것과는 다른 모습을 갖게 된다. 인공지능의 범죄능력에 대한 논의는 인공지능에게 법적인 인격을 부여하는 문제에 국한되는 것은 아니다. 보다 근본적인 관점에서 비록 생물학적인 육체를 가지고 있지는 않은 창조물이지만 인간의 특징을 모방하고 있기 때문에 인간과 동일한 인성까지 부여할 수 있는지에 미치고 있다. 그런 논의 가운데 가장 진전된 사고로서 로봇에게 전자인격(e-person)을 부여하자는 EU의 정책과 인간관에 대한 개념의 수정 및 확장을 통해 인공지능을 인간의 범주에 포함시키는 것이다. 2017년 2월 EU는 인공지능 로봇에 대해 전자적 인간의 지위를 부여하도록 하는 결의안을 통과시켰다.[66] 해당 결의안이 법적으로 강력한 구속력을 가지는 것은 아니지만, 앞으로 EU에서는 인공지능 로봇에 대해 법적인 책임소재 및 관련 윤리 표준 마련, EU로봇담당국 설치, 그리고 노동시장에서의 청사진을 제시하려는 의도가 반영된 것이라고 하겠다.[67] 다만, 인공지능에게 전자인격을 부여하는 것은 민사적인 영역을 위한 것이다. 즉, 민사적인 영역에서의 인공지능의 법적 지위를 확보하기 위한 수단이지 형사법영역까지를 고려한 결정이라고 할 수는 없다.

---

66   김자회/주성구/장신, "지능형 자율로봇에 대한 전자적 인격 부여", 법조 제724호, 2017, 124면.

67   김자회/주성구/장신, 앞의 글, 127면~128면.

2. 인공지능의 형사책임능력 인정여부

앞서 살펴본 바와 같이 인공지능의 범죄능력을 인정한다고 하더라도 인공지능에게 형사책임능력을 지울 수 있을지도 함께 살펴볼 필요가 있다. 법인의 경우를 살펴보면 법인의 범죄능력을 긍정하든 부정하든 간에 결론에 있어서 법인의 형사책임능력을 인정하는 것은 같다. 하지만 긍정하는 견해는 법인은 실재하기 때문에 당연히 범죄주체가 되면 형사책임능력도 존재한다고 보는 반면, 부정하는 견해는 법률에 양벌규정이 있기 때문에 법률상 인정할 수밖에 없다고 본다. 즉, 부정설의 입장에서는 실질적으로 법인의 형사책임을 인정할 수는 없지만, 현행 규정을 설명하기 위해 고육지책으로 법인의 형사책임능력을 인정하는 것이다. 하지만 인공지능의 경우 법률상 전자인간의 지위를 부여하거나 인간의 범주를 넓혀서 포함시킬 경우에는 인공지능의 형사책임능력을 부정할 이유는 없을 것이다. 그러나 인공지능의 형사책임능력을 인정한다고 하더라도 인공지능에게 형사책임을 귀속시키는 문제는 여전히 존재하게 된다.

인공지능에게 법적인 능력을 부여하더라도 인공지능은 사람과 달리 자유를 가지고 인간과 동등한 독자적인 삶을 영위하지는 않을 것이다. 다만, 인공지능은 외부환경의 변화를 인식할 수 있어야 하고, 독자적으로 상황판단을 할 수 있어야 하며, 자율적으로 행위를 결정할 수 있는 능력을 가지며, 사람과 상호작용까지도 할 수 있어야 한다.[68] 따라서 인공지능의 작동은 해커의 해킹, 소유 및 관리자의 영향력, 제조사의 한계 및 오류 등에 의해 영향을 받게 된다.[69] 따라서 그와

---

68   윤지영/윤정숙/임석순/김대식/김영환/오영근, 앞의 책, 21면.

69   물론 그 외에도 다양한 요소들에 의해 영향을 받을 수 있지만, 본 논문에서는 크게 세

같은 경우 인공지능의 작동에 의한 범죄에 대해 인공지능에게 책임을
귀속시킬 수 있을지의 문제가 생기게 된다.

첫째로, 해커가 인공지능을 해킹하여 범죄를 저지르게 한 경우
를 살펴보자. 해커가 인공지능을 해킹한 것은 마치 형법상 간접정범
과 같이 인공지능의 의사를 지배하는 것과 같다.[70] 따라서 간접정범
이론을 적용할 여지도 고려해 볼 수 있다. 하지만 해커가 해킹을 통해
인공지능을 조정하는 경우 인공지능은 간접정범의 피이용자가 되는
것이 아니라 단순히 물건과 같다고 할 것이다. 따라서 해커가 인공지
능 로봇을 통해 범죄를 저지르는 경우 해커의 단독정범이 인정될 뿐
이며, 인공지능 로봇은 단지 범죄도구에 불과하게 된다. 그러므로 인
공지능 로봇에게는 형법적 책임을 물을 수 없을 것이다. 더 나아가 그
와 같은 경우 인공지능 로봇이 범죄의 도구로 사용되었으므로 몰수가
가능하게 되는데,[71] 해킹이 끝나고 자신의 지능을 회복한 경우 인공지
능 로봇이 과연 몰수대상이 될 수 있을지도 문제가 될 수 있다.

둘째로, 인공지능 소유 및 관리자가 인공지능에게 명령하여 범
죄를 저지른 경우를 살펴보자. 이 경우는 간접정범 이론이 적용될 가
능성이 있다. 예를 들어, 인공지능 로봇 소유자가 인공지능 로봇에게
독약이 든 물을 영양제라고 속이고 피해자에게 가져다 주도록 한 경
우 소유자는 고의 없는 도구를 사용하여 간접정범으로 처벌된다고도
할 수 있다. 아시모프 원칙에 따르면 인공지능 로봇은 피해자를 해하

가지를 중점으로 살펴보고자 한다.

70   배종대, 앞의 책, 134/1.

71   몰수는 '범죄행위에 제공하였거나 제공하려고 한 물건'에 대해 가능한데(형법 제48조
제1항), 이는 범죄행위에 사용하였거나 사용을 위해 준비하고 사용하지 않은 물건을 말한다;
배종대, 앞의 책, 176/10.

는 것을 몰랐기 때문에 제2원칙을 충실히 수행한 것이다. 만일 독약이라는 것을 알았다면 제1원칙에 따라 인공지능 로봇은 독약이 든 물을 피해자에게 가져다주지 않았을 것이다. 그에 반해 만일 로봇이 소유 및 관리자 모르게 해당 범죄를 저지른 경우라면, 소유 및 관리자는 자신이 인공지능 로봇에 대한 관리·감독을 소홀히 하지 않았다는 것을 입증하게 되면 책임을 면할 수 있을 것이다. 그러나 인공지능 로봇이 만일 자신의 행위가 인간에게 해를 끼치는 것을 알면서도 범죄행위를 했다면 로봇에게도 형사책임을 물을 수 있을 것이다.[72] 하지만 그 조차 없게 되면 적어도 형사처벌은 할 수 없을 것이며, 보험법의 문제로 해결되어야 할 것이다. 실제로 최근 미국에서 운전자가 탑승하여 자율주행 운행을 시험하던 우버(Uber)의 자율주행 자동차가 행인을 치어 숨지게 한 사건이 있었는데, 그 사건에 대한 미국의 판단이 나오면 좀 더 명확해질 수도 있을 것이다.[73]

셋째로, 인공지능을 생산한 제조사의 기술적 한계 및 오류에 의해서 범죄가 발생한 경우를 살펴보자. 예를 들어, 제조사의 기술적 한계 및 오류로 인해 인공지능 로봇이 사람에게 상해를 가한 경우라면, 형법상 과실범의 법리에 의해 제조사에게 과실 책임을 물을 수 있을 것이다. 그와 같은 경우 인공지능 로봇은 단순히 수단에 불과하게 되므로 인공지능 로봇에게 형사책임을 물을 수는 없을 것이다. 그런데 만일 인공지능 로봇 스스로가 오류를 생성한 경우라면 과실범의 책임은 인공지능 로봇이 지게 될 것이다. 그렇게 살펴보면 인공지능 로봇

---

72   또한 사람을 살해한 인공지능 로봇은 아이작 아시모프의 로봇 제1원칙도 어긴 것이 된다.

73   2016년 5월 테슬라 자동차의 자율주행 모드 사고에서는 사망한 운전자의 책임으로 보았다.

의 경우 인공지능이 제대로 작동하지 않는 경우에는 형법상 물건과 같은 지위를 갖게 되며, 인공지능이 제대로 작동하는 경우에는 형사책임의 주체가 된다. 이는 인공지능 로봇이 생체를 가지고 있는 인간과 구분되어 기계적 특성을 가지고 있기 때문이다.

또한 인공지능 로봇의 형사책임을 인정하더라도 그 책임을 인공지능 로봇에게 귀속시킬 수 있는지는 별개의 문제이다. 예를 들어, 앞서 살펴본 바와 같이 현행 형법체계는 미성년자나 심실상실자, 강요에 의한 경우와 같이 행위자에게 책임을 물을 수 없는 경우에는 형사책임을 조각하고 있다. 그러므로 인공지능 로봇도 행위 시의 인공지능의 상태(예를 들어, 버그가 있었다거나 사람이 강제한 경우 등)에 따라 책임이 조각될 수도 있을 것이다.

3. 인공지능의 수형능력 인정여부

법인과 관련해서도 수형능력에 대한 문제점이 제기되었다. 수형능력은 "범죄능력(행위능력 + 책임능력)의 결과가 귀속되는 곳"이므로 범죄능력이 인정되지 않으면 수형능력도 당연히 인정될 수 없기 때문이다.[74] 법인은 관념과 서류로만 존재하게 된다. 법인사무는 자연인인 사람이 한다. 또한 법인의 의사결정도 사람 또는 사람들의 집합적인 사고의 결과이다. 그러므로 법인의 대표에 대해 형사책임이 부여되고 법인에 대한 형사책임도 벌금에 불과하다.[75] 즉, 법인의 수형능력을 인정하더라도 법인의 수형능력은 법인의 재산에 대해 부과될 수 있는

---

74 배종대, 앞의 책, 50/3.

75 배종대, 앞의 책, 50/31.

재산형뿐이다. 본 논문에서는 앞서 인공지능의 범죄능력을 인정할 수 있다고 전제하였으므로 인공지능의 수형능력도 함께 인정할 수 있으며, 일단 법인의 경우와 같이 인공지능에 대해서도 유사한 방법이 모색될 수 있다. 인공지능에 대해 법인격을 부여하고, 인공지능의 노동에 대한 대가를 법인인 인공지능에게 지급해서 인공지능이 재산을 축적할 수 있도록 한다면, 적어도 인공지능은 범죄에 대해 재산형을 부과받을 수 있게 된다.[76]

하지만 인공지능은 법인과는 달리 독자성이 인정될 수 있으며, 인공지능 로봇의 경우에는 적어도 물리적으로는 인간이 받을 수 있는 형종을 모두 받을 수 있도록 구성할 수도 있을 것이다. 그러나 인공지능 로봇을 교도소에 가두어 자유형을 부과하거나 사형과 같이 로봇을 파괴한다고 하더라도 형벌로서의 의미는 없을 것이다. 인공지능은 사이버공간에 존재하고 있기 때문이다. 그러므로 인공지능에 적합한 새로운 형종이 부과될 필요가 있다. 사형에 해당하는 것으로는 인공지능 프로그램을 완전히 삭제하는 것이며, 자유형을 통해 교화개선 하는 것과 같이 인공지능을 초기화하는 것이 일례가 될 수 있을 것이다. 실제로 마이크로소프트사가 개발하였던 인공지능 챗봇(Chatbot) 테이(Tay.ai)는 악의적인 사용자들의 부정적인 학습으로 인해 히틀러 옹호, 인종차별 및 성차별적 발언 등을 하여 서비스 하루 만에 퇴출되었다. 그리고 마이크로소프트사는 문제를 어느 정도 해결한 새로운 인공지능 챗봇인 조(Zo.ai)를 만들었다. 현행 형법에 규정되어 있는 형종은

---

76   법인의 경우 사람이 징벌의 대상일 뿐이고, 재산형도 행정법이나 사법상 제재인 과태료로 전환되는 것이 필요하다는 주장도 제기된다; 위와 동일; 하지만 인공지능의 경우에는 인공지능은 법인과는 달리 인공지능의 행위로 인한 것이기 때문에 징벌의 대상은 인공지능이 될 수 있다. 그러므로 법인과는 다른 논리를 펼 수 있을 것이다.

한계가 있으므로 인공지능에 대해 수형능력을 인정하게 되면 인공지능에 적합한 형종을 새롭게 도입할 필요가 있다.

VI. 퇴장하기

과거 인공지능이 사람과 공존하면서 살아가는 모습은 상상화 속에서나 등장하는 아주 먼 미래의 모습이었다. 하지만 아이로봇, 엑스마키나, 휴먼스, 웨스트 월드 등 인공지능을 주제로 한 영화나 드라마 등을 보면 그리 멀지 않은 미래에 인공지능이 사람과 대등하게 살아갈 것이라는 예상을 해 보게 된다. 더 나아가 애플의 시리나 삼성의 빅스빅, 아마존의 알렉사, 구글의 알파고, IBM의 왓슨, 소프트뱅크의 페퍼, 테슬라의 자율주행 자동차 등 인공지능은 이미 우리의 삶에 슬그머니 자리를 잡았다. 그들로 인해 우리의 삶이 좀 더 편안해지고, 재미있어지기도 하였다. 하지만 그들로 인해 일자리 문제, 산업의 집중 문제 등과 같은 사회적 문제들이 나타나게 되었고, 인간중심으로 구축되었던 법적인 부문에서도 다양한 도전이 제기되고 있다. 특히 인공지능이 더욱 발전하여 사람과 동등하게 평가받을 수 있게 된다면 그들에 대해 어떤 법적인 지위를 부여해야 하는지를 심각하게 고려해 보기 시작하였다. 물론 일부에서는 절대로 인공지능이 사람과 같은 정도가 될 수 없다고 하지만, 과거 기술 발전에 대한 예측에서 수많은 전문가들이 잘못된 예상을 하였다.[77] 결국 인공지능이 앞으로 어떤 발

---

[77] 일례로 과학자였던 디오니시우스 라드너 박사는 기차가 대략 53킬로로 다니던 시대에 기차는 더 이상 빠른 속도로 운행될 수 없다고 했는데, 그 이유는 승객이 모두 질식사할 것이기 때문이라고 했다〈https://en.wikiquote.org/wiki/Dionysius_Lardner〉.

전을 하게 될 지는 예측하기 쉽지 않다. 그런 가운데 강한 인공지능을 가정하고 형사법 이론의 한계를 살펴보는 것은 마치 소설을 쓰는 것과도 같을 수 있다. 독일의 철학자 헤겔이 철학에 대해 "미네르바의 부엉이는 황혼이 저물어야 그 날개를 편다"라는[78] 명구를 남긴 것과 같이 형사법도 현실에 확실한 사안이 발생할 경우 비로소 형사법 이론의 날개를 펼칠 수 있을 것이다. 하지만 철학과는 달리 이미 눈앞에 다가온 현상을 외면하고, 황혼이 저물기만을 기다리는 것은 일종의 학자들의 '방기(放棄)'라고 할 수도 있을 것이다. 그래서 본 논문에서는 현행 형사법이 곧 다가올 미래인 인공지능에 어느 정도 대처할 수 있을지를 스케치해 보았다.

결론적으로 우리 형사법은 인간을 중심으로 구축된 법체계를 가지고 있다. 인간 외에는 같은 생물이라고 하더라도 물건과 동일한 지위를 얻게 된다. 인간만이 범죄의 주체가 될 수 있고, 범죄에 대한 책임을 질 수 있으며, 범죄의 대가인 수형을 받을 수 있다. 하지만 예외적으로 다툼의 여지가 있지만 법인이라는 장치를 통해서 인간 이외에도 법적인 지위를 부여하여 처벌될 수 있을 장치를 마련해 두고 있다. 따라서 강한 인공지능을 대상으로 현행 형사법 체계와 이론에 따라 대응이 가능한지 여부를 살펴보았을 때, 범죄의 주체성은 인정할 수 있고, 경우에 따라 그 책임 및 책임의 귀속도 인정할 수 있으며, 재산형이나 새로운 형종을 통한 수형도 가능할 수 있을 것이라고 판단되었다. 다만, 그렇기 위해서는 인공지능 기술이 지금보다 더욱 고도화되어야 하며, 인간들이 인공지능도 인간과 거의 유사하게 대우받을 수 있다는 인식의 지평이 형성되어야 할 것이다. 인공지능의 미래에

---

78   헤겔의 저서 "Grundlinien der Philosophie des Rechts"에 있는 문구이다.

대해 여전히 낙관적인 전망과 비관적인 전망들이 교차하고 있다. 그렇지만 인공지능이 앞으로도 계속해서 발전할 것은 분명하다. 그러므로 형사법 분야도 인공지능으로 인해 발생하게 될 범죄에 미리 대비하는 것이 필요할 것이다.

chapter 6

사이버범죄자를 잡는 디지털 증거

I. 입장하기

정보통신기술은 무서운 속도로 발전하고 있다. 특히 우리나라는 정보 인프라, 활용 및 발전 등에 있어 자타가 공인하는 선도국이라고 할 수 있었다. 물론 최근에는 다소 주춤하는 추세이기는 하지만 여전히 정보통신 강국임은 부인할 수 없다. 특히 우리 국민들은 새로운 기술에 대한 수용능력이 뛰어나다. 그 종합선물세트가 지금 세종시 등에서 추진되고 있는 '스마트 시티(smart city)'인데, 그를 보면 우리는 이미 '유비쿼터스 사회(ubiquitous society)'로 진입하였다고 할 것이다.[1] 새로운 기술들은 앞으로도 끊임없이 개발될 것이며, 우리가 마치 스폰지와 같이 그 기술들을 빠르게 흡수하는 현재의 경향이 유지되는 한 우리나라는 정보화 사회 고도화의 길을 계속해서 걸어가게 될 것이다. 그럼 이제 그 관심을 사이버범죄로 옮겨보자. 유비쿼터스 사회에서 사이버범죄는 아날로그 범죄에 비해 더욱 기승을 부릴 수밖에 없다. 그러므로 예를 들어 전통적인 절도범죄도 사이버범죄의 관점에서 다루어지게 될 것이며,[2] 해킹이나 악성코드의 유포, 컴퓨터등 사용 사기, 사이버도박, 디지털 음란물 유포 등과 같은 디지털 범죄들은 지속적으로 증가하게 될 것이다.[3] 그래서 이번에는 사이버범죄에 있어 함께 고민해 볼 기술들 가운데 '클라우드 컴퓨팅(cloud computing)'을 살펴보고자 한다. 클라우드 컴퓨팅 기술은 우리가 제대로 인식하기도

---

1   이에 대해서는 이원상, "유비쿼터스 사회에서의 절도죄 고찰", 형사정책연구 제20권 제2호, 2009 여름호, 204면 이하 참조.

2   이원상, 앞의 "유비쿼터스 사회에서의 절도죄 고찰" 논문 참조.

3   홍승희, "유비커터스환경과 사이버범죄", 형사정책연구 제17권 제3호, 2006 가을호, 358면 이하.

전에 벌써 우리 모두가 사용하고 있는 기술이다. 이미 너무 범용화 되어 첨단기술이라고 하기도 민망하다.

　클라우드 컴퓨팅 환경은 사용자들에게 상당한 편리함을 제공하지만 사이버범죄에 대응하는 수사기관에는 많은 어려움을 초래한다. 그래서 클라우드 컴퓨팅과 관련해서는 형사절차와 관련된 문제들이 제기된다. 수사관들은 범죄를 입증하기 위해 천문학적인 디지털 증거 가운데 범죄관련 증거를 압수·수색하여 이를 분석하고, 법원에 제출하여야 하는 상황에 처하게 되었다. 그런데 문제는 천문학적인 디지털 증거는 범죄자의 컴퓨터에 있는 것이 아니라 '구름(cloud)' 속에 존재하고 있다는 것이다. 도대체 구름의 어느 지점에 범죄정보가 있으며, 그 정보의 위치를 알았을 경우 어떻게 디지털 정보를 획득할 수 있을지가 문제가 된다. 그렇다면 현재 우리 형사사법절차에서 클라우드 컴퓨팅 환경에 대응하여 적절하게 디지털 증거를 수집할 수 있을까? 이와 관련해서는 디지털 증거의 압수·수색과 관련된 논의를 살펴볼 필요가 있다. 디지털 증거의 압수·수색과 관련해서 학계일부 및 시민단체는 디지털 증거 압수·수색을 통해 침해될 수 있는 인권의 범위를 넓게 설정하여 디지털 증거 압수·수색의 범위나 내용, 정도 등이 최소한으로 제한될 것을 주장하고 있다. 이에 반해 수사기관이나 학계 일부에서는 대부분의 범죄 증거가 디지털화되어 있기 때문에 디지털 증거의 압수·수색 가능성과 범위를 가능한한 현실화시키려고 노력하고 있다. 이런 가운데 최근 형사소송법은 인권을 고려하여 디지털 증거 압수·수색을 제한하는 방향으로 입법화되었다. 이에 대해 일부에서는 오히려 인권침해가 심해질 수 있다고 주장하기도 하며, 수사기관은 수사기관의 현실을 제대로 반영하지 못했다고 볼멘소리를 하고 있다.

사실 기존의 컴퓨터 범죄나 인터넷 범죄와는 달리 클라우드 컴퓨팅 환경에서의 범죄는 압수·수색 등을 통하여 디지털 증거를 획득하는 것이 매우 힘들다. 더구나 클라우드 컴퓨팅 환경을 이루고 있는 빅데이터나 가상화 기술로 인해 디지털 증거를 압수·수색하여 분석하고, 법원에 제출하여 증거능력을 인정받는 것이 매우 힘든 상황이다. 그럼에도 불구하고 수사기관이 디지털 증거 확보를 포기할 수는 없는 일이다. 이는 디지털 증거 확보의 실패가 결국 수사의 실패이기 때문에 그 부담은 범죄 피해자에게 전가될 수밖에 없기 때문이다. 따라서 변화하는 기술 상황에서의 디지털 증거 확보방안은 우리 수사기관의 계속되는 숙제이므로 여기서는 최신 기술인 클라우드 컴퓨팅 환경에서의 디지털 증거 확보 방안을 디지털 증거 압수·수색의 관점에서 고찰해 보고자 한다.

II. 클라우드 컴퓨팅 환경의 이해

1. 클라우드 컴퓨팅의 개념정의

클라우드 컴퓨팅 환경에서의 디지털 증거 확보에 대해 살펴보기 위해 먼저 클라우드 컴퓨팅 환경을 이해할 필요가 있다. 클라우드 컴퓨팅이라는 용어는 구글의 CEO인 에릭 슈미트(Eric Emerson Schmidt)가 2006년 강연에서 처음으로 사용하였으며, 쉽게 말해 클라우드란 인터넷을, 컴퓨팅이란 정보를 처리하는 것을 의미한다고 할 수 있다.[4]

---

4   야코 도모노리(김정환 옮김), 클라우드, 2011, 19면 이하.

하지만 클라우드 컴퓨팅의 개념은 이처럼 단순하지는 않다. 개념적으로 고도의 기술적인 내용을 담고 있기 때문에 클라우드 컴퓨팅을 법학에서 사용할 수 있는 개념으로 환언하는 것이 쉽지는 않다. 그럼에도 불구하고 클라우드 컴퓨팅을 개념정의하는 것이 해외뿐 아니라 우리나라에서도 계속해서 이루어지고 있다. 해외에서는 주로 클라우드 컴퓨팅 모델에 그 개념정의의 중심을 두는 반면 우리나라에서는 법률적인 개념에 초점을 맞추고 있다고 여겨진다. 우리나라의 경우 2011년 5월 정부 부처가 발표한 '클라우드 컴퓨팅 확산 경쟁력 강화 전략'에 따르면 클라우드 컴퓨팅은 IT 비용의 감소, 아웃소싱을 통한 핵심 역량 집중 및 생산성 향상, 새로운 Killer service로서 IT 산업 활성화 및 에너지 절감에 기여할 수 있는 서비스라고 이해되고 있다.[5] 또한 현재 입법이 진행 중인 "클라우드 컴퓨팅 발전 및 이용자 보호에 관한 법률 제정안"에 따르면 클라우드 컴퓨팅은 "논리적인 분할 또는 결합을 통해 집적·공유된 정보통신기기·설비, 소프트웨어 등 정보통신자원을 필요에 따라 정보통신망을 통해 신축적으로 제공함으로써 정보통신자원의 이용효율을 극대화하는 컴퓨팅"으로 정의되기도 한다. 또한 클라우드 컴퓨팅을 "네트워크 환경에서 이용자의 요구에 따라 실시간으로 소프트웨어, 플랫폼, 인프라 등 IT 자원이 필요한 만큼 공급되고 그에 따른 비용을 지불하는 서비스"라고 정의하기도 한다.[6]

　　클라우드 컴퓨팅 시스템을 일반인들이 인식하는 것은 쉽지 않다. 예를 들어 구글의 이메일을 이용하는 것이나 대학의 이메일을 이

5　지식경제부 보도자료, 올해를 원년으로, 5년 내 클라우드 強國으로 도약, 지식경제부, 2011.05.11, 1면 참조

6　이원상/이성식, 클라우드 컴퓨팅 환경에서의 사이버범죄와 대응방안연구, 한국형사정책연구원, 2012, 4면.

용하는 것이 이용자에게는 차이가 없을 것이다. 하지만 전자는 클라우드 컴퓨팅 기술이 적용되는 이메일을 이용하는 것이고 후자는 대학의 서버를 통해 이메일을 이용하는 것이기 때문에 기술적으로는 구분된다. 이처럼 클라우드 컴퓨팅에 대해 일반 사용자들은 기존의 서비스와 큰 차이를 느끼지 못하는 것이 반해, 수사기관은 완전히 다른 방식을 사용하여 디지털 증거를 확보하여야 하기 때문에 전자와 후자는 매우 큰 차이가 있다.

<클라우드 컴퓨팅 개념정의 정리>[7]

학자 및 기관	클라우드 컴퓨팅의 개념정의
NIST (2011)	언제 어디서나, 편하게, 구성이 가능한 컴퓨팅 자원(네트워크, 서버, 스토리지, 어플리케이션, 서비스)들의 공유된 풀에 온디멘드(on-demand) 네트워크 접근이 가능한 모델
Gartner (2008)	인터넷 기술을 활용하여 다수의 고객들에게 높은 수준의 확장성을 가진 IT 자원들을 서비스로 제공하는 컴퓨팅의 한 형태
Ian T. Foster (2008)	대규모 분산 컴퓨팅 패러다임은 경제의 규모에 의해 이끌어지는데 이러한 추상적인 풀(Pool), 가상화, 동적 확장성, 컴퓨팅 파워 관리, 스토리지, 플랫폼 그리고 서비스는 인터넷을 통한 외부 고객들의 요구에 의해 전달된다.
Renzo Marchini (2010)	서비스 제공자(CSP)에 의하여 컴퓨터의 역할을 링크를 통해 이용자에게 전달하는 것
정부관계부처합동 (2011)	하드웨어 및 소프트웨어 등 각종 IT자원을 인터넷에 접속해서 빌려 사용하고, 사용한 만큼 비용을 지불하는 서비스
클라우드컴퓨팅 발전 및 이용자 보호에 관한 법률 제정안(2012)	논리적인 분할 또는 결합을 통해 집적·공유된 정보통신기기·설비, 소프트웨어 등 정보통신자원을 필요에 따라 정보통신망을 통해 신축적으로 제공함으로써 정보통신자원의 이용효율을 극대화하는 컴퓨팅
이원상/이성식 (2012)	네트워크 환경에서 이용자의 요구에 따라 실시간으로 소프트웨어, 플랫폼, 인프라 등 IT 자원이 필요한 만큼 공급되고 그에 따른 비용을 지불하는 서비스

---

7   이원상/이성식, 앞의 책, 3면 참조.

클라우드 컴퓨팅 환경을 가능하게 해 주는 것과 동시에 디지털 증거 확보를 어렵게 해 주는 두 가지 최신 기술도 함께 살펴볼 필요가 있다. 하나는 빅데이터(big data) 기술이며 다른 하나는 가상화(virtualization) 기술이다. 여기에 최근에는 클라우드 엣지 컴퓨팅(edge computing)이 제시되고 있다. 클라우드 컴퓨팅 환경을 위해 수많은 기술들이 요구되지만, 특히 앞의 두 기술은 클라우드 컴퓨팅 구현을 위해 매우 중요한 기술이기 때문이다. 뿐만 아니라 디지털 증거의 압수·수색과 관련해서도 연관되는 기술이기 때문에 이 기술에 대한 이해가 필요하다. 그와 함께 최근 떠오르고 있는 엣지 컴퓨팅의 개념에 대해서도 살펴보고자 한다.

2. 클라우드 컴퓨팅 지원 기술 이해

(1) 빅데이터

클라우드 컴퓨팅 서비스가 가능하기 위해서는 엄청난 양의 데이터를 어떻게 다루어야 할지가 선행되어야 한다. 이를 빅데이터라고 할 수 있는데, 클라우드 컴퓨팅에서 빅데이터에 대한 문제는 매우 중요한 지위를 갖게 된다. 빅데이터란 데이터 생성 양이나 주기, 형식 등이 기존 데이터에 비해 매우 커서 현재 시스템으로는 수집, 저장, 검색, 분석할 수 있는 정도를 넘어서는 방대한 데이터로 엄청난 양(Volume), 매우 빠른 데이터의 생성과 흐름 속도(Velocity), 정해진 유형이 아닌 다양한 형태의 데이터(Variety) 및 복잡성(Complexity)의 속성을 가진 것을 의미한다.[8] 따라서 수사기관이 실제로 압수·수색을 수

---

8   김정숙, "빅데이터 활용과 관련기술 고찰", 한국콘텐츠학회 제10권 제1호, 2012, 34면.

행하고자 하여도 빅데이터를 모두 압수·수색하는 것은 사실상 불가능하다. 아래에서도 살펴보겠지만, 개정된 형사소송법 제106조에 의하면 정보저장매체 등은 출력하거나 복제하여 제출받고, 예외적으로 정보저장매체등을 압수할 수 있도록 규정되어 있는데, 빅데이터를 이 규정에 따라 압수하는 것은 불가능하게 된다. 이는 방대한 양의 데이터를 출력하거나 복제하여 제출받는 방식이 어려울 뿐 아니라 예외적으로 정보저장매체등을 압수할 수 있더라도 이 가운데 범죄혐의와 관련이 있는 증거를 찾아내는 것이 매우 어렵기 때문이다. 더욱이 빅데이터 가운데에는 범죄 혐의자와 관련 없는 제3자의 데이터가 있기 때문에 제3자의 프라이버시가 침해될 가능성이 높기 때문이다.[9] 그러므로 제3자의 프라이버시를 침해하지 않으면서 방대한 데이터 가운데 범죄를 입증할 수 있는 데이터를 압수·수색하는 것은 수사기관에게 매우 어려운 숙제인 것이다.

(2) 가상화 기술

클라우드 컴퓨팅이 가능할 수 있도록 해 주는 기술 가운데 하나는 가상화 기술이다. 가상화 기술이란 하나의 물리적 자원을 다수의 논리적 자원으로 나누어 사용할 수 있도록 해 주거나, 다수의 물리적 자원을 하나의 논리적인 자원으로 사용할 수 있도록 해 주는 것을 의미한다.[10] 가상화의 유형으로는 서버 가상화, 데스크톱 가상화, 애플리케이션 가상화, 스토리지 가상화, 네트워크 가상화, 모바일 가상화 등이 있다. 먼저 서버 가상화란 한 개의 컴퓨터 시스템에 여러 운영체제

---

9   강철하/강윤정, "디지털 포렌식에서 디지털증거의 특성과 법적 쟁점", 조선대학교 법학논총 제19권 제3호, 2012, 44면

10   강만모/구자록, "가상화 기술", 정보과학논문지 제28권 제12호, 2010.12, 94면.

를 설치하여 여러 개의 서버처럼 운용하는 기술이며, 주로 서버 통합 및 관리의 효율성 증대를 통해 유지·관리 비용을 감소시키기 위해서 사용된다.[11] 데스크톱 가상화는 서버에 가상 머신을 만들어 클라이언트의 운영시스템환경을 설치하고, 이를 원격 단말기를 통해 활용하도록 한다.[12] 또한 애플리케이션 가상화는 사용자 컴퓨터 시스템에는 개별 응용프로그램을 설치하지 않고, 중앙 서버에 필요한 소프트웨어를 설치하여 원격에서 서버에 접속하여 애플리케이션을 사용하도록 하는 것을 의미한다.[13] 그리고 스토리지 가상화는 단말기에서 이종의 스토리지를 논리적으로 하나의 스토리지처럼 사용할 수 있도록 해 주는 기술을 의미하며, 네트워크 가상화란 하나의 물리적 네트워크 자원을 서로 논리적으로 서로 다른 용도로 사용할 수 있도록 분할하여 주는 것을 의미한다.[14] 마지막으로 휴대폰 가상화란 하나의 휴대폰 프로세서에서 다양한 운영시스템을 지원하도록 해 주는 것을 의미한다.[15]

(3) 엣지 컴퓨팅

엣지 컴퓨팅은 기존의 클라우드 컴퓨팅 체계에서 데이터 처리가 과도하게 중앙 집중화되는 것과 다르게 데이터를 분산된 소형 서버에서 처리하도록 하는 기술을 의미한다. 처음에는 미국의 시스코에서 "클라우드 컴퓨팅과 서비스를 네트워크의 말단부(edge)로 확장한 패러다임"을 설명하면서 포그(fog) 컴퓨팅이라고 제안하였기 때문에 일

---

11   강만모/구자록, 앞의 글, 95면.

12   강만모/구자록, 앞의 글, 96면.

13   위와 동일.

14   강만모/구자록, 앞의 글, 97면.

15   앞과 동일.

부는 엣지 컴퓨팅을 포그 컴퓨팅이라고도 한다.[16] 다만, 최근에는 클라우드 환경의 플랫폼 개념을 도입하여 '클라우드렛(cloudlet)'이라는 용어를 사용하기도 한다.[17] 클라우드 컴퓨팅과 비교해 볼 때, 클라우드 컴퓨팅은 사용량에 기반하여 합리적으로 비용을 지불한다는 장점이 있는 반면, 서버 안전성 및 보안에 대한 문제와 상대적으로 응답속도가 느리다는 단점이 있다. 그에 반해 엣지 컴퓨팅은 End-Point에서 직접적으로 데이터를 수집하기 때문에 광대역이 요구되지 않고, 응답속도가 빠르다는 장점이 있다. 반면에 클라우드 컴퓨팅의 CPU에 비해 엣지 컴퓨팅의 GPU가 상대적으로 연산능력이 떨어지게 된다.[18] 엣지 컴퓨팅이 클라우드 컴퓨팅에 비해 안전성, 즉시성, 효율성이 뛰어난 것으로 평가되기 때문에 자율주행 자동차나 항공엔진, 드론, 증강현실 및 가상현실, 그리고 스마트 팩토리 등으로 그 활용 범위가 넓어지고 있다.[19]

III. 디지털 증거 압수·수색 논의의 발전과정

1. 디지털 증거 압수·수색의 논의 개관

클라우드 컴퓨팅과 같은 편리한 기술이 장점만 있으면 좋겠지

---

16   손가녕/이은민, "IoT 생태계 확산과 엣지 컴퓨팅의 역할, 인터넷정보학회논문지 제29권 16호, 2017, 5면~6면.

17   손가녕/이은민, 앞의 글, 6면.

18   손가녕/이은민, 앞의 글, 5면.

19   손가녕/이은민, 앞의 글, 8면.

만, 형사절차에서는 수사기관에 상당한 어려움을 초래할 수 있다. 형사절차는 크게 수사절차, 공판절차, 집행절차로 구분된다. 수사절차에서는 범죄를 입증할 수 있는 증거들을 수집하게 된다. 피의자가 임의적으로 범죄증거를 수사기관에 제출해 주면 좋겠지만, 그렇지 않은 경우에는 강제로 증거를 확보해야 한다. 그 방법이 TV에서 뉴스를 보면 자주 등장하는 압수·수색이다. 디지털 증거도 마찬가지이지만 일반 아날로그 증거의 압수·수색과는 구분되는 특징이 있다. 그래서 디지털 증거에 대한 특별한 압수·수색 절차 규정 도입에 대한 필요성이 꾸준히 제기되고 있다. 형법과 같은 실체법은 과거 컴퓨터가 보급되고, 다양한 정보들이 컴퓨터를 통해 디지털화되거나 생성되면서 1995년 형법개정을 통해 일부 컴퓨터범죄가 규정되었고, 이후에는 정보통신망법 등에 다양한 사이버범죄유형들이 도입되었다. 하지만 정작 더욱 중요한 형사소송법과 같은 절차법 영역에서는 디지털 증거에 적합한 규정의 도입이 지지부진한 상황이다.

그런 상황을 이해하고 이제부터 아날로그 증거에 대비되는 디지털 증거의 특성을 살펴보자. 최근 범죄에 있어 중요한 증거가 되는 디지털 증거는 무체정보성, 매체독립성, 변조용이성 등의 특성을 가지고 있다.[20] 따라서 디지털 증거는 유체물(有體物)이 아니고, 가시성·가독성이 없으며, 처리되는 정보의 산출과정이 일반적인 문서와는 다르고, 범죄의 입증이나 증거파괴의 가능성이 높다.[21] 그러므로 초기 컴퓨터 관련 범죄와 관련해서 디지털 증거의 쟁점은 디지털 증거가 유체물이 아닌 전자증거이기 때문에 이를 유체화하여 법정에 제출하는

---

20   강철하/강윤정, 앞의 글, 47면 이하.

21   강동범, "컴퓨터 관련범죄와 형사증거법", 한양법학 제8권, 1997, 120면.

것에 그 초점이 맞추어 졌었다. 그와 함께 전자기록의 출력이 당사자의 의무인지 여부, 이를 출력하기 위한 해당 프로그램 압수가 법원의 압수 또는 제출명령의 대상이 될 수 있는지 여부, 그리고 현출된 문서의 동일성이나 원본성 문제가 주로 다루어 졌다.[22]

또한 디지털 증거는 피의자나 수사기관에 의해 조작이나 은닉, 삭제 등이 매우 용이하고, 네트워크화로 인해 개인 컴퓨터 이외의 다른 서버에 저장될 수도 있으며, 제3자의 데이터와의 분리가 쉽지 않음으로 인해 범죄와 관련 없는 제3자의 프라이버시 침해가 나타날 수 있다는 문제점들이 존재한다.[23] 무엇보다 범죄의 첨단화에 따라 형법이 개정된 것과는 달리 형사소송법은 디지털 증거 확보 방안에 대해 체계적인 규정을 두고 있지 않았다. 그로 인해 디지털 증거가 과연 형사소송법상의 "물건"에 해당되는지,[24] 압수·수색되는 디지털 증거의 범

---

22   강동범, 앞의 글, 125면 이하.

23   오기두, "컴퓨터 관련 범죄의 형사소송법상 문제점", 사법논집 제26집, 1995, 541면 이하.

24   디지털 증거의 '물(物)'의 개념성을 인정하여 압수·수색을 긍정하는 견해는 형사소송법 제106조 및 제219조의 규정에 따른 디지털 증거의 압수·수색은 당연하게 본다. 이 견해에 따르면 무체정보인 디지털 증거는 반드시 유체물에 기록되어야 하기 때문에 기록매체와 디지털 증거를 일체로 파악하여 압수·수색을 긍정하기도 하였으며, 형법 제346조 및 민법 제98조상의 "물(物)"의 개념을 관리가능성설의 입장으로 해석하여 디지털 증거도 당연히 해당되는 것으로 보는 견해도 있다(탁희성, "전자증거의 압수·수색에 관한 일고찰", 형사정책연구 제15권 제1호, 2004 봄호, 24면; 특히 형법은 재물의 개념에 예외적으로 "관리할 수 있는 동력"으로 한정짓고 있기 때문에 해석에 의해서 디지털 증거를 물건의 범위에 포함시키는 것은 해석의 한계를 넘어서는 것으로 여겨질 수 있다; 이에 대해 이원상, 사이버범죄에 있어서 형법의 역할과 시스템적 대처방안, 석사학위논문, 2003, 43면 이하 참조). 이에 반해 부정하는 견해는 출력물과 디지털 증거의 일체성이 없기 때문에 디지털 증거는 증거물이 될 수 없다고 보는 견해(강동욱, "컴퓨터관련범죄의 수사에 있어서의 문제점에 관한 고찰", 현대형사법론, 박양빈교수화갑기념논문집, 1996, 707면)도 있으며, 압수·수색의 대상이 유체물인 매체가 아니라 그 안에 저장된 데이터이기 때문에 구 형사소송법 규정을 적용하는 것은 문제가 된다는 견해도 있다(오기두, 주6)의 논문, 137면 이하; 그러므로 이 견해에 따르면 형사소송법상 디지털 증거의 압수·수색은 부정하여야 하지만, 임의수사 방법이나 법관이 발부한 영장에 의해서 "무체정보가 요증사실과 관련성을갖고있으면, 이를 유체물의 형태로 만들어 압수"할 수 있는 것이다). 긍정하는 견해나 부정하는 견해 모두 문제점을 가지고 있으며, 결국 입법을 통한 해결책이 시급하다는 견해도 있었다(탁희성, 앞의 논문, 26면 이하).

위는 어디까지이며, 영장은 어떻게 특정해야 하는지, 피처분자의 협력의무는 어떻게 해야 할지, 원격통신 시스템의 경우 압수·수색을 어떻게 해야 할지 등에 대한 문제점들도 수면 위로 떠올랐다.[25]

형사절차법의 관점에서 과거 컴퓨터 범죄에 대응하던 시기에는 디지털 증거의 확보 대상이 주로 개인용 컴퓨터나 일부 국내 ISP의 서버를 대상으로 하고 있었기 때문에 전통적인 범죄를 근간으로 하고 있는 형사소송법에 적절한 규정은 없었지만 기술적으로 큰 어려움은 없었다. 그러나 사이버범죄의 경우 급격하게 인터넷 환경이 확산되고, 정보가 국내 서버뿐 아니라 해외 서버 등에 저장되면서 디지털 증거를 확보하는 것이 점차 어려워지게 되었다. 더욱이 아직까지도 우리 형사소송법은 시대적 추세를 제대로 반영하지 못하고 있기 때문에 초기부터 제기되었던 쟁점들은 여전히 존재하고 있다. 아직도 형사소송법에는 압수·수색의 대상이 '증거물 또는 몰수물'로 되어 있어 디지털 증거를 관련 규정들에 어떻게 적용시킬지에 대한 문제가 남아있으며, 압수·수색의 장소를 특정하는 문제도 여전하다.[26] 특히 얼마 전까지도 관련 규정이 명확하지 않은 가운데 과연 형사소송법상 디지털 증거의 압수·수색이 가능할 수 있을지에 대한 문제도 제기되었다. 그래서 형사소송법상 디지털 증거의 압수·수색은 사실상 규정되어 있지 않기 때문에 부정되어야 하지만 그 현실적 필요성에 의해서 디지털 증거와 요증사실과의 관련성에 따라 법원의 영장이 발부된 경우에 한하여 가능하다는 견해가 제기되기도 하였다.[27] 요약하자면 형사절

---

25   오기두, 앞의 글, 543면 이하.

26   탁희성, 앞의 글, 21면 이하.

27   오기두, "증거의 관련성과 컴퓨터 관련증거", 저스티스 통권 제73호, 2004, 137면 이하.

차에서 디지털 증거에 대한 절차규정은 여전히 미비하다는 것이다. 그런데 수사기관은 클라우드 컴퓨팅 환경이라는 새로운 상황을 맞이하게 되었다. 이런 상황을 표현하는 말로 '설상가상(雪上加霜)' 또는 우리말로 '엎친데 덮친격'이라는 적절한 고사성어가 있다. 아래에서는 클라우드 컴퓨팅 환경에서 형사절차는 어떤 도전에 직면하고 있는지를 살펴보자.

2. 개정 이후 클라우드 컴퓨팅 환경에서의 압수·수색의 문제점

디지털 증거의 확보에 있어 매우 중요한 역할을 하고 있는 디지털 증거의 압수·수색에 대한 논의는 디지털 증거와 관련된 내용이 포함된 2016년 형사소송법 개정 이후에도 여전히 진행되고 있다.[28]

---

28 디지털 증거와 관련해서 형사소송법 제313조와 제314조가 개정되었다.
제313조(진술서등) ①전2조의 규정 이외에 피고인 또는 피고인이 아닌 자가 작성한 진술서나 그 진술을 기재한 서류로서 그 작성자 또는 진술자의 자필이거나 그 서명 또는 날인이 있는 것(피고인 또는 피고인 아닌 자가 작성하였거나 진술한 내용이 포함된 문자·사진·영상 등의 정보로서 컴퓨터용디스크, 그 밖에 이와 비슷한 정보저장매체에 저장된 것을 포함한다. 이하 이 조에서 같다)은 공판준비나 공판기일에서의 그 작성자 또는 진술자의 진술에 의하여 그 성립의 진정함이 증명된 때에는 증거로 할 수 있다. 단, 피고인의 진술을 기재한 서류는 공판준비 또는 공판기일에서의 그 작성자의 진술에 의하여 그 성립의 진정함이 증명되고 그 진술이 특히 신빙할 수 있는 상태 하에서 행하여진 때에 한하여 피고인의 공판준비 또는 공판기일에서의 진술에 불구하고 증거로 할 수 있다. 〈개정 2016.5.29.〉
② 제1항 본문에도 불구하고 진술서의 작성자가 공판준비나 공판기일에서 그 성립의 진정을 부인하는 경우에는 과학적 분석결과에 기초한 디지털포렌식 자료, 감정 등 객관적 방법으로 성립의 진정함이 증명되는 때에는 증거로 할 수 있다. 다만, 피고인 아닌 자가 작성한 진술서는 피고인 또는 변호인이 공판준비 또는 공판기일에 그 기재 내용에 관하여 작성자를 신문할 수 있었을 것을 요한다. 〈개정 2016.5.29.〉
③ 감정의 경과와 결과를 기재한 서류도 제1항 및 제2항과 같다. 〈신설 2016.5.29.〉
제314조(증거능력에 대한 예외) 제312조 또는 제313조의 경우에 공판준비 또는 공판기일에 진술을 요하는 자가 사망·질병·외국거주·소재불명 그 밖에 이에 준하는 사유로 인하여 진술할 수 없는 때에는 그 조서 및 그 밖의 서류(피고인 또는 피고인 아닌 자가 작성하였거나 진술한 내용이 포함된 문자·사진·영상 등의 정보로서 컴퓨터용디스크, 그 밖에 이와 비슷한 정보저장매체에 저장된 것을 포함한다)를 증거로 할 수 있다. 다만, 그 진술 또는 작성이 특히 신빙할 수 있는 상태 하에서 행하여졌음이 증명된 때에 한한다. 〈개정 2016.5.29.〉

2011년에는 의미 있는 개정이 있었는데 형사소송법 제106조 제3항, 제4항과[29] 제114조 제1항 단서[30] 규정에 디지털 증거의 압수·수색과 관련된 내용들이 들어왔다. 무엇보다 법원의 압수·수색요건에 피고사건과의 관련성 요구(제106조 제1항, 제107조, 제109조), 수사기관의 압수·수색·검증요건에 정황요건 추가(제215조), 소유자나 소지자 등의 요청에 따른 환부 및 가환부조건 및 기존 준용규정 정비(제218조의2, 제219조) 등을 통하여 실질적으로 디지털 증거의 압수·수색을 보다 엄격하게 하였다.

해당 형사소송법 개정을 통해서 동법 제106조 제3항에서 디지털 증거에 대한 압수·수색에 관한 규정이 들어오면서 디지털 증거의 압수·수색 대상성에 대한 논의는 일단락된 것으로 보인다. 동조 제3항의 "정보저장매체등"의 경우에는 그 범위를 정하여 출력, 복제 또는 예외적으로 정보저장매체등을 압수할 수 있도록 규정하고 있기 때문이다. 다만, 독일이나[31]

29　형사소송법 제116조 ③ 법원은 압수의 목적물이 컴퓨터용 디스크, 그 밖에 이와 비슷한 정보저장매체(이하 이 항에서 "정보저장매체 등"이라 한다)인 경우에는 기억된 정보의 범위를 정하여 출력하거나 복제하여 제출받아야 한다. 다만, 범위를 정하여 출력 또는 복제하는 방법이 불가능하거나 압수의 목적을 달성하기에 현저히 곤란하다고 인정되는 때에는 정보저장매체 등을 압수할 수 있다.

　④ 법원은 제3항에 따라 정보를 제공받은 경우 「개인정보 보호법」 제2조제3호에 따른 정보주체에게 해당 사실을 지체 없이 알려야 한다.

30　형사소송법 제114조 ① … 다만, 압수·수색할 물건이 전기통신에 관한 것인 경우에는 작성기간을 기재하여야 한다.

31　독일 형사소송법 제94조에서는 증거대상의 보전을 위해서 대상(Gegenstand)를 유치하거나 보전할 수 있도록 규정하고 있다. 이 규정에 따라서 독일 학계에서도 우리나라에서처럼 디지털 증거의 압수·수색의 대상성에 대한 많은 논의가 있었지만, 데이터의 독립적인 보전은 불가능하고, 오직 미디어와 함께 보전될 수 있기 때문에 압수·수색의 대상이 될 수 없다는 견해가 우세하였다; 이주원, 앞의 논문, 156면 이하; 하지만 독일연방재판소에서 제94조의 대상에는 무형적 대상도 포함된다는 판결을 내리면서 해석적으로 문제를 해결하였다 (BVerfg, 2 BvR 902/06). 그러나 독일 형사소송법 제110조 문건 및 전자 저장매체의 검열에 대한 규정에서는 "수색대상인 자의 전자 저장매체에 대한 검열은 검열대상인 데이터가 상실될 우려가 있다면 저장매체로부터 도달될 수 있는 한, 당해 저장매체와 공간적으로 분리되어 있는 저장매체들에까지 확대될 수 있다. 조사에 중요한 의미가 있을 수 있는 데이터는 압수할 수 있다. 이에 대해서는 제98조 제2항을 준용한다."라고 규정하고 있기 때문에 디지털 증거의 압수·수색에 대한 법률적 근거도 마련되어 있는 셈이다.

일본,[32] 우리나라의 개정 형사소송법에서는 정보를 압수·수색의 대상에서 재물과 동등하게 보는 것이 아니라 별도의 규정에 의해서 예외적인 경우로 보고 있다. 정보화 사회가 발달해 갈수록 물건보다는 정보를 압수·수색해야 하는 경우가 많아지게 되기 때문에 기본규정이 적용되는 것보다 예외규정이 많이 적용되는 현상이 나타날 수 있게 된다. 그러므로 미국의 경우와 같이 정보를 재물과 동등한 입장에서 규정하는 것이 입법론적으로 보다 타당할 것이다.[33]

(1) 디지털 증거의 압수·수색 범위에 대한 논의

디지털 증거의 특수성에도 불구하고 디지털 증거의 압수·수색은 개인의 프라이버시를 침해하고 있기 때문에 헌법상 영장주의가 엄격하게 적용되는 것은 당연하다. 특히 디지털 증거의 경우 프라이버시의 침해가 중대할 수 있으므로 디지털 증거에도 일반적인 압수요건인 '범죄와의 관련성'을 중심으로 디지털 정보의 특정 및 허용범위, 예외규정 문제, 증거수집 방법 등을 대통령령 또는 법무부령, 수사기관

---

[32]　일본은 유럽 사이버범죄협약에 가입되어 있기 때문에 관련 규정들을 형사소송법에 도입하는 과정 가운데 있다. 따라서 형사소송법 개정안에 전자기록의 압수 절차를 규정하여 디지털 증거의 압수·수색 대상성을 해결하려는 노력을 하고 있다: 이주원, 앞의 논문, 158면 이하; 일본의 형사소송법 제99조 제1항과 제222조 제1항에서는 압수·수색의 대상을 "증거물 또는 몰수해야 할 물건으로 사료되는 것"으로 규정하고 있다. 따라서 디지털 증거의 압수·수색 대상성이 문제가 되고 있다.

[33]　미국의 경우를 보면 'United States v. New York Telephone Co.' 판례를 통해서 연방대법원은 전산정보도 압수수색의 대상이 될 수 있다고 판단하였다(United States v. New York Telephone Co., 434 U.S. 159, 98 S.Ct. 364, 54 L.Ed. 2d 376). 이는 미국 법원이 압수·수색의 목적물(property)을 규정하고 있는 연방형사소송규칙 제41조의 열거규정을 제한적 열거규정으로 보고 있지 않기 때문에 압수대상물이 유체물에만 한정될 필요가 없다는 견해를 가지고 있기 때문이었다; 노승권, "컴퓨터 데이터 압수·수색에 관한 문제", 검찰 통권 제111호, 2000, 275면; 하지만 연방형사소송규칙(Federal Rules of Criminal Procedure) 제41조의 재물의 개념에 문서, 책, 서류, 기타 다른 가시적인 목적물뿐 아니라 정보도 함께 포함시키는 입법을 통해서 보다 명확하게 해결하였다.

의 지침에 위임하지 말고 법률에서 규정하여야 한다는 주장도 제기된다.[34] 원칙적으로 그런 점들을 고려하면서도 새로운 클라우드 컴퓨팅 환경까지 염두해 두고 디지털 증거 압수·수색을 법제화하는 것은 전문가들의 뇌에 과부하를 일으킨다.

우선 디지털 증거의 압수·수색에서 가장 문제가 될 수 있는 것이 바로 디지털 증거의 압수·수색 범위일 것이다. 이를 위해서는 디지털 증거가 압수·수색되는 시스템 환경을 먼저 살펴볼 필요가 있다. 클라우드 컴퓨팅 환경에 대한 논의는 일단 제외하고, 디지털 증거를 압수·수색하는 시스템 환경은 대개 개인 컴퓨터, 서버, 인터넷 환경으로 나누어 볼 수 있다.

첫째로, 개인 컴퓨터 환경에서의 압수·수색은 각종 저장 매체와 하드디스크로 한정된다. 압수·수색의 대상자는 해당 컴퓨터의 사용자가 된다. 이 경우 압수·수색의 범위는 비교적 명확하게 된다. 개인 컴퓨터를 압수·수색하는 경우에는 사건과 관련이 없는 정보 및 개인의 프라이버시를 침해할 수 있는 정보를 가려내는 것이 중요하다. 다음으로는 서버에 대한 압수·수색이 있다. 대부분의 조직들은 개인 컴퓨터를 서버에 연결하여 개인 컴퓨터 자체의 작업과 함께 서버를 통해 조직의 작업을 수행할 수 있는 환경을 제공하고 있다. 그러므로 서버에 대한 압수·수색의 경우 그 대상자는 그 서버를 관리하고 있는 조직(정확히는 서버관리자)이 된다. 다만 서버에는 사건과 관련이 없는 정보들도 많기 때문에 전체 서버를 압수하는 것은 쉽지 않은데, 전체 서버를 압수할 경우 조직의 업무전체가 마비될 수 있기 때문이

---

34   강동욱, "디지털증거 수집에 관한 형사소송법 개정안에 대한 검토", 법학연구 제18권 제3호, 2010, 169면.

다.[35] 그리고 마지막으로 인터넷 환경에서의 압수·수색이 있다. 이 경우 압수·수색의 대상자는 인터넷서비스제공자(ISP)가 된다. 이처럼 압수·수색의 범위가 개인의 컴퓨터 시스템을 벗어나게 되면 압수·수색의 범위를 확정하는 것이 매우 어렵게 된다. 정보는 휘발성이 강하기 때문에 정보의 내용을 인지하는 순간 그 정보의 가치가 사라질 뿐 아니라 정보의 내용이 공개된다. 그러므로 수사기관이 수색의 단계에서 관련이 없는 정보를 제외하고, 범죄와 관련된 정보를 가려내어 압수하기 위한 범위를 정하는 과정이 결코 쉽지 않다.

디지털 증거의 압수·수색의 범위를 정하는 문제는 영장과 관련이 있다. 형사소송법 제219조 및 제114조에 따르면 압수·수색영장에는 "피고인의 성명, 죄명, 압수할 물건, 수색할 장소, 신체, 물건, 발부연월일, 유효기간" 등이 기재되어야 하며, 특별한 사정이 없는 경우에는 야간집행이 제한되고(제125조), 피고사건과 관련이 있는 경우에 한하여 "피고인의 신체, 물건 또는 주거, 그 밖의 장소"를 수색하거나 압수할 물건이 있음을 인정할 수 있는 경우 "피고인이 아닌 자의 신체, 물건, 주거 기타 장소"를 수색할 수 있도록 규정하고 있다(제109조). 이처럼 압수·수색 영장에 시간적·장소적 특정을 요구하는 것은 수사기관이 부여된 권한을 남용하여 개인 프라이버시를 침해하는 것을 방지하기 위해서이다.

그러나 디지털 증거의 압수·수색에 있어서 고전적으로 영장의 범위를 한정짓는 것은 매우 어려운 문제를 발생시킨다. 컴퓨터에 저장되어 있는 데이터가 피고인의 개인 컴퓨터 내에만 저장되어 있는 경우는 거의 없다. 대부분의 데이터는 개인용 컴퓨터뿐 아니라 조직

---

35   노승권, 앞의 논문, 273면.

의 서버, 개인이 사용하는 인터넷 서비스 서버에 분산되어 저장되어 있다. 그러므로 장소를 특정하여 발부되는 영장으로는 사실상 실효적으로 데이터를 압수·수색할 수 없게 된다. 그렇다면 이에 대해 일반영장의 허용 여부는 차치하더라도 반드시 필요한 디지털 증거의 압수·수색의 범위를 어느 정도 제한하면서 강제처분으로 인한 개인의 침해를 최소화할 수 있는 방안이 모색되었다. 따라서 이에 대해서 디지털 증거의 압수·수색 허용범위를 해당 범죄사실에 대해 적어도 최소한의 범위 내에서 증명이 가능하다는 "사실적 관련성"이 고려되어 정해져야 한다는 견해들이 제기되었다.[36]

이런 견해는 개정된 형사소송법에도 일정부분 반영되었다고 볼 수 있다. 제106조 제3항에서는 정보저장매체 등의 압수의 경우 "기억된 정보의 범위를 정하여"라고 규정하고 있다. 그러므로 이것은 그동안 해석에 의해서 사실적 관련성을 인정해 오던 것을 법률에서 명확히 한 것으로 볼 수 있다. 물론 우리 형사소송법에서는 일반영장을 금지하고 있기 때문에 압수·수색의 범위가 범죄와 관련성이 있는 것으로 제한되는 것은 당연한 내재적 한계일 것이며, 이를 법문으로 명확히 하는 것도 가능하다.[37] 따라서 이번 개정 법률에서 압수의 범위를 정하도록 한 것은 사실적 관련성을 의미한다고 보는 것이 보다 합리적일 것이다. 결국 디지털 증거의 압수·수색의 범위는 비록 그 경계가

---

36   원혜욱, "과학적 수사방법에 의한 증거수집", 비교형사법연구 제5권 제2호, 2003, 174면 이하; 우리 대법원도 기본적으로 디지털 증거의 압수·수색에 있어서 사건과의 관련성에 의해서 범위를 한정하는 것을 인정하고 있는 것으로 보인다. 이뿐 아니라 수사시관이 영장에 기재된 범위를 다소 벗어났다고 하더라도 수사기관이 압수·수색의 범위를 최소화하려는 노력을 다하였고, 범위를 벗어난 디지털 증거가 혐의 사실과 관련성이 있는 경우에도 영장집행이 위법하지 않다고 보고 있다(2009모1190 준항고기각결정에 대한 재항고 결정).

37   이주원, 앞의 논문, 174면.

다소 모호할 수는 있지만 혐의 사실과 '사실적 관련성'이 있는 정보로 국한된다고 할 수 있다.

그리고 디지털 증거 압수·수색 범위의 특정에 있어서도 제116조 제3항 단서에서 "범위를 정하여 출력 또는 복제하는 방법이 불가능하거나 압수의 목적을 달성하기에 현저히 곤란하다고 인정되는 때에는 정보저장매체 등을 압수할 수 있다"라는 규정이 도입되면서 수사기관이 오히려 예외조항을 적용하여 매체 자체를 압수하는 결과가 발생할 수 있다는 우려가 나타나기도 한다.[38] 결과적으로 볼 때, 개정 형사소송법으로 인해서 디지털 증거 확보에 대한 근거조항이 마련되기는 했지만 그 수준이 매우 미미하여 1990년대 중반부터 지속되어 온 디지털 증거 확보에 대한 주요 논의들은 여전히 해소되지 못한 상황이다. 여기에 클라우드 컴퓨팅 환경이라는 새로운 기술 환경이 생겨나면서 수사기관이 디지털 증거를 압수·수색하는 것은 더욱 어렵게 된 것이다.

(2) 압수·수색 영장의 집행에 대한 논의

클라우드 컴퓨팅 환경에서 설령 압수·수색 영장의 범위를 제대로 설정하였다고 하더라도 이를 집행하는 것에 있어서 문제가 생길 소지가 크다. 이는 압수·수색의 대상이 범죄혐의자의 개인 컴퓨터나 사무실 컴퓨터, 국내 ISP의 서버 등이라면 영장을 집행하는 것에 어려움은 있더라도 불가능하지는 않다. 하지만 그 대상이 되는 서버가 해외에 있거나 서버의 위치를 찾을 수 없는 경우에는 영장의 집행이 사실상 불가능하게 된다. 경우에 따라 우리나라 수사기관이 구글이나

---

38   이주원, "디지털 증거에 대한 압수수색제도의 개선", 안암법학 제37권, 2012, 194면.

페이스북과 같은 해외 기업에게 요청을 하여 관련 자료를 받는 경우도 있지만, 이를 일반화하기는 쉽지 않다.

이에 대해 원격지에 저장된 정보를 다운로드 받는 것이 우리 형사소송법 제120조의 "압수·수색영장의 집행에 있어서는 건정을 열거나 개봉 기타 필요한 처분"에 필요한 것으로 해석하여 해결하자는 견해가 제기되기도 한다.[39] 또한 일본이 개정 형사소송법 제99조 제2항 및 제218조, 프랑스가 자국 형사소송법 제57조의1에서 해외 서버에 저장되어 있는 정보에 대한 압수·수색이 가능하도록 한 것과 같이 우리도 증거수집제도를 개선해야 할 필요가 있다는 주장도 제기된다.[40] 어쨌든 이와 같은 논의는 디지털 증거의 압수·수색을 근간으로 하고 있다. 하지만 비록 압수·수색 자체에 대한 개선책이 마련되더라도 클라우드 환경에서의 디지털 증거 확보에 남아 있는 어려움은 여전히 해소되지 않게 된다. 그러므로 압수·수색의 방법을 지원해 줄 수 있는 방안들을 모색할 필요가 있다.

IV. 클라우드 컴퓨팅 환경에서의 디지털 증거 확보방안

앞에서 살펴본 바와 같이 클라우드 컴퓨팅 환경에서 압수·수색을 통해 디지털 증거를 확보하는 것은 매우 어려운 일이다. 따라서 압수·수색 제도를 정비함과 동시에 다른 방법으로 디지털 증거를 확보할 수 있는 방안을 모색할 필요가 있다.

---

39   강철하/강윤정, 앞의 글, 62면.
40   강철하/강윤정, 앞의 글, 45면.

1. 디지털 증거 확보의 대한 실증자료 파악

수사기관들은 디지털 증거를 확보하는 것에 대한 애로사항을 여러 측면에서 호소하고 있다. 특히 피압수·수색자의 컴퓨터 용량이 수 테라바이트[41]에 달하거나 관련 정보가 해외 서버에 있는 경우 디지털 증거를 확보하는 시간이 오래 걸릴 뿐 아니라 적절한 디지털 증거를 확보하지 못할 수도 있게 된다. 특히 이런 기술적인 문제 이외에도 실무에서 수사기관이 영장을 청구하게 되면 판사는 영장의 범위를 제한시키거나 변형시켜 허가를 해주게 된다.[42] 더구나 형사소송법상 압수·수색영장의 기각에 대해 체포영장이나 구속영장과 같이 기각이유를 설시하지 않도록 되어 있다. 따라서 법원이 압수·수색영장의 기각이 되는 경우에도 그 이유를 적절히 설시하지 않기 때문에 수사기관이 수사방향을 설정하는 것에 많은 어려움이 존재하기도 한다.[43] 사실 앞에서도 설명한 바와 같이 디지털 증거의 성격상 그 범위를 특정하는 것이 쉽지 않으므로 현행과 같을 경우 클라우드 컴퓨팅 환경에서는 디지털 증거를 전혀 확보하지 못하게 될 수도 있다.

하지만 이처럼 디지털 증거를 확보하는 것이 어렵다는 것을 뒷받침해 줄 수 있는 실증자료가 없기 때문에 수사기관의 이런 주장은 단편적인 푸념에 그치기 쉽다. 물론 전체적인 압수·수색영장의 기각

---

41   1 테라바이트는 1024 기가바이트(GB)이다.

42   이에 대해서 검찰측은 피의자의 인권을 존중하는 것은 당연히 필요하지만, 피의자의 자백이나 진술에서 벗어나 객관적인 수사를 하기 위해 청구하는 압수·수색영장을 법원이 기각하는 비율이 높아짐에 따라 수사에 많은 어려움이 있다고 한다. 이에 반해 법원측은 압수·수색영장의 기각률이 높아지는 이유는 그 기재사항을 보면 매우 포괄적이거나 모호하고, 경우에 따라서는 관계가 없는 사람에 대해 신청하는 경우가 많기 때문이라고 한다.

43   류장만, "압수수색영장청구 분리기각 결정에 관한 고찰", 형사판례연구 제16권, 2008, 338면.

률에 대한 통계자료는 존재하지만, 디지털 증거와 관련된 자료가 따로 수집되고 있는 것 같지는 않다. 그러므로 단편적인 수사기관의 주장이 아닌 실증자료 제공을 통한 실질적인 주장이 제기되어야 하기 때문에 이에 대한 실증적인 연구가 우선적으로 수행될 필요가 있다.

2. 법원과 수사기관의 인식 동조화

클라우드 컴퓨팅 환경에서의 디지털 증거 확보에서 중요한 점은 법원이 기술적 변화에 따른 디지털 증거 확보의 어려움을 실질적으로 인식을 하고 있는지 여부이다. 디지털 증거를 확보해야 하는 수사기관의 경우 기술변화에 민감할 수 있으며, 그로 인해 기술 변화에 따른 디지털 증거 확보방안에 대해 많은 노력을 수행하고 있다는 것을 확인할 수 있다.[44] 예를 들어 대검찰청의 경우 다양한 이론적 사안들에 대해서 검토하고, 용역과제를 발주하거나 자체적인 연구모임을 통해 다양한 해결책들을 모색하기도 한다. 또한 검찰과 경찰, 특별사법경찰 등 수사기관들 간에 유기적인 디지털증거 관리를 위한 디지털증거 송치시스템 시범사업을 수행하며, 디지털 증거에 무결성 훼손으로 인한 문제가 발생하지 않도록 노력하고 있다. 법무부의 경우에도 개정된 형사소송법이 '관련성'을 엄격하게 요구함으로 인해 디지털 증거를 압수·수색이 사실상 어렵게 된다는 지적에 대응하여 다시금 개정안을 만들고 있다고 알려지고 있다.

이에 반해 클라우드 컴퓨팅 환경에서 디지털 증거 압수·수색을

---

44   2012년 검찰연감 441면 이하 참조.

허용해 주는 법원의 입장은 명확히 파악되고 있지 않다. 앞에서 언급한 바와 같이 수사기관은 법원이 '관련성'을 엄격히 적용하여 사실상 압수·수색이 어렵다는 푸념을 하기도 하지만, 소위 '왕재산 판결'에서는 현장에서 수많은 디지털 정보 가운데 관련성 있는 정보만을 구분하는 것이 어렵기 때문에 압수·수색 영장집행이 위법하지 않다고 판단하여 현장에서의 '관련성'의 어려움을 인정하기도 한다.[45] 물론 법원도 디지털 증거 압수·수색에 대한 대응책을 마련하고 있을 것이라고 여겨진다. 다만, 실제로 현장에서 직접 디지털 증거를 확보하는 수사기관에 비해 상대적으로 민감하게 반응하고 있는지는 의문이다. 하지만 법원이 기술변화에 따른 디지털 증거 확보의 문제점들을 명확하게 인식하는 것은 매우 중요하다. 그러므로 법원과 수사기관이 클라우드 컴퓨팅 환경에서의 디지털 증거 확보에 대한 인식의 지평을 동조화하기 위해 협력하여야 할 필요성이 있다.

3. 압수·수색 영장제도에 대한 재고

앞에서 언급한 대로 클라우드 환경에서 디지털 증거 압수·수색을 어렵게 하는 기술적인 요소로 빅데이터(big data), 가상화(virtualization) 기술 등이 있으며, 이와 함께 높은 수준의 보안기술 등도 있을 수 있다. 특히 가상화 기술은 압수·수색 영장을 특정하는 것을 어렵게 하고, 빅데이터는 압수·수색 영장을 집행하는 것을 매우 어

---

45   서울중앙지방법원 2012.2.23. 선고 2011고합1131 판결; 이에 대해서는 오병두, "특집 : '왕재산 사건'을 통해 본 국가보안법 사건의 쟁점들 ; 수사방법으로서 사진촬영의 형사소송법적 쟁점-서울중앙지방법원 2012.2.23. 선고 2011고합1131 판결의 평석을 겸하여", 민주법학 제49권, 2012, 71면 이하 참조.

렵게 한다. 더욱이 높은 수준의 보안기술은 압수·수색 영장의 집행을 형해화시킬 수도 있다. 따라서 수사기관이 디지털 증거를 압수·수색하고자 하여도 클라우드 컴퓨팅 환경에서 그 목적을 달성하기가 쉽지 않다.[46] 그런데 개정된 형사소송법 제106조에 의하면 정보저장매체 등은 출력하거나 복제하여 제출받고, 예외적으로 정보저장매체 등을 압수할 수 있도록 규정되어 있기 때문에 이 규정을 엄격하게 적용할 경우 디지털 증거의 압수·수색은 보다 어려워진다. 결국 기술적인 이유와 법률적인 이유로 수사기관이 디지털 증거를 확보하는 것은 쉽지 않은 상황인 것이다.

우선 앞에서 언급한 어려움을 극복하기 위한 첫 번째 단추가 될 수 있는 것으로 압수·수색 영장제도를 개선하는 것을 생각해 볼 수 있다. 현행 압수·수색의 개념은 장소적 개념이 매우 강하기 때문에 압수·수색 영장에는 수색할 장소를 기재하고, 이 장소를 벗어나는 곳은 압수·수색을 할 수 없도록 하고 있다. 또한 대물적 강제처분으로 기본권을 제한하는 압수·수색은 비례성원칙에 따라 집행되어야 한다.[47] 특히 우리나라는 주거의 자유나 사생활의 침해, 통신의 자유 등과 같은 개인의 기본권을 침해할 수 있는 소위 "투망식 탐색(fishing expedition)"을 방지하기 위해 포괄영장을 금지하고 있다.[48]

이와 같은 현행 압수·수색 제도는 디지털 증거 확보를 매우 어렵게 한다. 따라서 클라우드 컴퓨팅이라는 기술이 만들어낸 어려움을

---

46   실제로 검찰이 클라우드 컴퓨팅 환경에서의 압수·수색이 가능한지 여부를 알기 위해 KT 천안 클라우드데이터센터를 방문하였을 때, 기술적인 이유들로 압수·수색이 불가능하다는 것을 확인하기도 하였다.

47   배종대/이상돈/정승환/이주원, 형사소송법(제4판), 2012, 181면.

48   조국, "컴퓨터 전자기록에 대한 대물적 강제처분의 해석론적 쟁점", 형사정책 제22권 제1호, 2010, 101면.

기술을 통해 극복할 수 있는 방안을 모색해 보는 것도 좋을 것이다. 가령 지금의 매우 정적인 압수·수색 영장 발부 환경을 모바일 기술을 이용하여 동적으로 바꾸어 볼 필요가 있다. 따라서 법원에서 발부받은 압수·수색 영장으로는 적절한 디지털 증거의 압수·수색이 불가능한 경우 모바일 기기를 통해 현장의 상황을 법원에 전달하여 상황에 맞도록 압수·수색 영장을 즉시 발부받는 시스템을 구축하는 것도 고려해 볼 수 있을 것이다. 현재 형사절차에서는 KICS나 원격화상재판, 피의자 영상녹화, 전자소송, 전자발찌 등과 같이 현대의 복잡한 사회에 적합한 기술적인 방법을 많이 도입하고 있다. 그러므로 디지털 증거를 확보하기 위한 압수·수색 영장제도에 있어서도 첨단 기술의 사용을 적극적으로 사용할 필요가 있다고 생각된다.

4. 형사소송법 규정의 개선에 대한 재논의

앞에서 언급한 바와 같이 2012년 디지털 증거 압수·수색에 대한 법률안이 개정되기까지 이와 관련해서 수많은 논문이나 법률안 등이 제시되었다. 그런 가운데 나온 개정안이었기 때문에 개정안에서는 그간의 논의가 충분히 반영되었기를 기대하였다. 그런데 아쉽게도 개정된 형사소송법에서는 그동안 요구되었던 내용들이 거의 반영되지 못하였다.

이제까지 제출된 법률안들은 기존의 압수·수색에 대한 수사관행에 제한을 가하는 것을 그 주요 목적으로 삼고 있다. 그 결과 정보의 출력 및 복제를 기본원칙으로 하고, 저장매체의 압수를 예외로 하자는 결론에 다다랐다. 이에 대해 원본과의 동일성 문제가 있고, 대용량 파일을 출력 및 복제하는 것이 매우 어려우며, 현장에서 정보를 조작·방해·비협조 등과 같은 문제가 발생할 수 있기 때문에 오히려 압수를 원칙으로 하고 복제나 출력을 예외로 하자는 주장이 제기되기도 한다.[49] 기본적으로 수사기관도 같은 견해를 가지고 있는 것으로 여겨진다.[50] 하지만 앞의 주장은 매우 수사 편의적인 생각이며, 비례성원칙에도 어긋나고, 동일성 문제 같은 것은 참관 및 서명·날인의 절차를 통해 충분히 해결할 수 있다는 반론이 제기된다. 다만, 수사현실을 고려할 필요가 있기 때문에 원칙적으로는 엄격한 기준을 세우되 그 예외를 인정하거나 법원의 사후심사 절차를 통해 디지털 증거의 압수·수색이 남용되지 않게 할 수 있다는 주장도 제기되기도 하였다.[51] 이처럼 다양한 공방의 과정을 거쳐 2012년 1월 1일부로 개정 형사소송법이 발효되었다.[52]

　동 법률안이 발효된 이후 수사기관에서는 원칙을 복제·출력으로 하고, 예외적으로 불가피한 경우 매체를 압수하도록 명확한 지침을 세웠다. 하지만 실제로 수사를 수행하게 되면서 다양한 문제점들에 봉착하게 되었다. 특히 "관련성"을 엄격하게 적용함에 따라 영장을 집행하는 것에 많은 어려움이 발생하게 되었다. 따라서 현재 법무부는 지금의 제도를 개선하기 위해 제3자에 대한 협력의무와 보관의무, 제출명령 등을 도입하는 방안을 추진하고 있으며, 수색·검증과 압수 영장의 관련성을 다르게 적용하는 방안, 예외 사유를 폭넓게 인정하는 방안 등을 모색하고 있는 것으로 알려져 있다.

49　　노명선, "디지털 증거 수집의 문제점과 개선방안", 디지털증거 수집의 문제점과 개선방안 공청회 자료집, 2010년 9월 29일, 10면.

50　　이완규, "디지털증거 압수수색개정안 관련 의견", 디지털증거 수집의 문제점과 개선방안 공청회 자료집, 2010년 9월 29일, 62면.

51　　강동욱, 앞의 글, 172면.

52　　이에 대해서는 강동욱, 앞의 글, 171면 이하에서 상세히 설명하고 있다.

전체적으로 볼 때, 동 개정안이 만들어지기 이전에 있었던 다양한 논점들과 수사실무, 기술개발에 대한 부분들이 현행 법률에는 충분히 담기지 못한 것으로 여겨진다. 무엇보다 동 법률안이 통과된 국회의 회의과정에 대한 내용을 보면 충분한 논의 없이 다른 조문들과 함께 통과된 것을 보게 된다.[53] 특히 디지털 증거의 압수·수색 문제는 단순히 한두 조문만으로 해결될 문제는 아니다. 그럼에도 불구하고 개정된 형사소송법에서는 관련사항을 너무도 단순화시킨 오류를 범하고 있다. 그러므로 비록 디지털 증거 압수·수색에 대한 조문이 도입된 것이 채 1년이 되지 않았지만, 개정 및 추가적인 규정이 요구된다고 할 수 있다. 특히 이제까지는 논의에서 나타나지 않았던 클라우드 컴퓨팅 환경이라는 기술적 요소들을 충분히 고려해야 할 것이다. 이에 대해서는 법무부에 의해 새로운 법률안이 제출된 이후 다시금 논의가 가능할 것으로 생각된다.

5. 정보제출명령(subpoena) 및 제3자 협력의무에 대한 재고

클라우드 컴퓨팅 환경에서 압수·수색은 수사기관과 피의자 외에 클라우드 컴퓨팅 서비스 제공자도 관련을 맺게 된다. 특히 방대한 양의 데이터 가운데 범죄와 관련된 데이터를 수집하고, 이를 압수하는 것에 있어 클리우드 컴퓨팅 서비스 제공자의 역할이 매우 중요하게 된다. 최근 미국에서는 정보제출명령(subpoena)[54]과 관련해서 많은 논

---

53 제301회 국회사법제도개혁특별위원회회의록 제19호; 〈http://likms.assembly. go.kr/kms_data/record/data2/301/pdf/301rj0019b.PDF 참조〉.

54 정보제출명령은 저작권법 분야에서는 1998년 제정된 '디지털 밀레니엄 저작권법' 가운데 '온라인 저작권침해 책임제한법'의 제정과 더불어 도입된 제도로 사이버공간

란이 된 사안이 있다. '월가를 점령하라'는 시위에 참가한 시위참가자를 색출하기 위해 뉴욕 맨하턴의 한 검사가 압수·수색이 아닌 정보제출명령을 트위터 측에 요청한 것이 문제가 되었다.[55] 정보제출명령에는 트위터의 소환자에게 관련 정보를 가지고 법원으로 출두하라는 내용이 있었으며, 이는 시위 당시 피의자가 브룩클린 다리에서 트위터에 글을 올려서 관련된 개인정보들이 트위터에 저장되었기 때문이었다.[56]

정보제출명령은 쉽게 말해 수사기관이 트위터에 가서 직접 정보를 압수·수색하는 것이 아니라 법원의 영장을 받아서 트위터에게 범죄와 관련된 증거를 찾아서 수사기관에 가져다 달라는 것이다. 우리 법에서 미국에서 도입한 정보제출명령과 유사한 것으로는 법원의 제출명령(제106조 제2항, 제107조 제1항,)과 통신비밀보호법상의 통신사실확인자료제공(제13조 이하)과[57] 전기통신사업법상의 통신자료제공

에서 저작권 침해를 당한 권리자에게 법원의 명령을 통해 저작권 침해자의 인적정보를 해당 서비스제공자에게 제공받도록 하는 제도이다; 박준석, "온라인서비스제공자에 대한 정보제출명령(subpoena)의 바람직한 입법방향", 2008, 259면; 이와 함께 미국에서는 Stored Communications Act에서 정보제출 명령을 규정하고 있다.

55   특히 이 사건이 보다 논란이 된 이유는 Disorderly Conduct (불법방해)와 같이 매우 경한 범죄임에도 불구하고 뉴욕시 검사가 Stored Communications Act를 적용하여 트위터측에 소환장을 발부한 것이다. 이에 대해 트위터 측은 정보제출명령은 수정헌법 제4조를 위반하였으며, 해당 사안은 Stored Communication Act도 적용되지 않는다고 판단하여 해당 명령을 폐기해 달라고 뉴욕주 판사에게 요청하였다; 〈http://arstechnica.com/tech-policy/2012/05/twitter-fights-government-subpoena-demanding-occupy-wall-street-protester-info/ 참조〉.

56   이원상, "형사사법에 있어 개인위치정보에 대한 고찰", 형사정책연구 제23권 제2호, 2012, 120면 이하 참조.

57   통신사실확인자료에는 가입자의 전기통신일시, 전기통신개시·종료시간, 발·착신 통신번호 등 상대방의 가입자번호, 사용도수, 컴퓨터통신 또는 인터넷의 사용자가 전기통신역무를 이용한 사실에 관한 컴퓨터통신 또는 인터넷의 로그기록자료, 정보통신망에 접속된 정보통신기기의 위치를 확인할 수 있는 발신기지국의 위치추적자료, 컴퓨터통신 또는 인터넷의 사용자가 정보통신망에 접속하기 위하여 사용하는 정보통신기기의 위치를 확인할 수 있는 접속지의 추적자료 등이 포함된다(동법 제2조 제11호).

(제83조)[58] 등이 있다. 하지만 이런 제도들은 미국의 정보제출명령과는 차이가 있으며, 우리나라의 경우에는 아직까지 정보제출명령과 같은 제도가 없기 때문에 이에 대한 도입에 대한 논의가 끊임없이 팽팽하게 계속되고 있다. 다만 수사기관의 대물적 강제처분에 대해서 문제점이 많다는 지적과[59] 최근 법원이 인터넷기업들의 통신자료를 기계적으로 수사기관에 제공해 준 것에 대한 일부 책임을 인정하면서[60] 어떤 형태로든 제도의 개선이 요구되는 상황이다.

이런 현 상황에서 정보제출명령의 도입을 논한다는 것은 다소 조심스러울 수 있다. 그러나 클라우드 컴퓨팅 환경과 같이 기술적 환경이 변화됨에 있어 이에 맞춘 제도가 뒷받침 되지 않은 경우 단순히 수사가 어려운 것을 떠나 수사 자체가 불가능하게 되는 경우도 발생하게 된다. 특히 클라우드 컴퓨팅 서비스 업체가 해외에 있는 경우에는 실질적으로 정보를 제공받지 못하는 경우가 쉽게 발생하게 된다. 따라서 이제는 정보제출명령에 대한 논의와 함께 서버가 있는 해외

---

58 통신자료에는 이용자의 성명, 이용자의 주민등록번호, 이용자의 주소, 이용자의 전화번호, 이용자의 아이디(컴퓨터시스템이나 통신망의 정당한 이용자임을 알아보기 위한 이용자 식별부호를 말함), 이용자의 가입일 또는 해지일 등이 포함된다(동법 제83조 제3항); 최근 인터넷 기업들이 수사기관의 통신자료요청에 응할지 여부는 자의적인 판단임에도 불구하고, 기계적으로 수사기관의 요청에 의해 통신자료를 제공해 주었던 사안에 대해 법원이 손해배상 책임을 인정함에 따라 많은 논란이 발생하고 있다. 특히 법원의 판결로 인해 인터넷업체들이 영장 없는 수사기관들의 신상자료 요청을 전면 거부하기로 결정하여 후속적인 조치가 요구되고 있는 상황이다.

59 조국, 앞의 글, 2010 참조.

60 서울고법 2012. 10. 18. 선고 2011나19012 판결. 이 내요의 요지는 다음과 같다: "전기통신사업자는 수사기관의 개인정보 제공 요청에 응할 의무가 없고, 개별 사안에 따라 침해되는 법익 상호간의 이익 형량을 통한 위법성의 정도, 사안의 중대성과 긴급성 등을 종합적으로 고려하여 개인정보를 제공할 것인지 여부 및 어느 범위까지의 개인정보를 제공할 것인지에 관한 세부적 기준을 마련하는 등으로 이용자의 개인정보를 보호하기 위한 충분한 조치를 취할 의무가 있으며, 이러한 의무에 위반하여 개인정보를 제공한 행위는 이용자의 개인정보자기결정권 내지 익명표현의 자유를 침해하는 것으로 이로 인해 이용자가 입은 정신적 손해를 배상할 책임이 있다".

기관들과의 사법공조방안이 더하여져 논의될 필요가 있다. 이는 이제까지의 정보제출명령에 대한 논의의 범위를 넓히게 되는 것이다.

클라우드 컴퓨팅 환경에서의 정보는 클라우드에 저장된다. 그러므로 클라우드 서비스 제공자에 대한 압수·수색은 불가피한 측면이 있다. 이 때, 중요하게 언급되는 것이 앞에서 언급한 바와 같이 법원의 정보제출명령과 제3자의 협력의무이다. 하지만 사실 우리나라의 경우 이미 포털과 같은 인터넷 기업을 통해 많은 협력을 받고 있다. 이번에 문제가 된 통신자료나 소위 '기지국 수사'가 가능할 정도로 수사기관은 제3자의 지원을 적절히 받고 있다고 볼 수 있다. 특히 통신비밀보호법 제15조의2에 전기통신사업자의 협조의무가 규정되어 있으며,[61] 이를 위해 동 시행령 제41조에서는 통신사실확인자료 가운데 가입자의 전기통신일시, 전기통신개시·종료시간, 발·착신 통신번호 등 상대방의 가입자번호, 사용도수, 정보통신망에 접속된 정보통신기기의 위치를 확인할 수 있는 발신기지국의 위치추적자료 등은 1년(다만 시외·시내전화역무와 관련된 자료는 6월), 컴퓨터통신 또는 인터넷의 사용자가 전기통신역무를 이용한 사실에 관한 컴퓨터통신 또는 인터넷의 로그기록자료, 컴퓨터통신 또는 인터넷의 사용자가 정보통신망에 접속하기 위하여 사용하는 정보통신기기의 위치를 확인할 수 있는 접속지의 추적 자료는 3개월간 의무적으로 보관하도록 하고 있다.

하지만 앞에서 언급한 바와 같이 이제까지 아무런 장애 없이 제공받았던 통신자료제공에 대해서는 인터넷 업체들이 해당 재판의 최종 판결이나 법 개정이 없을 경우 기본적으로 응하지 않기로 결정을

---

61   본 조문에 따르면 전기통신사업자는 검사·사법경찰관 또는 정보수사기관의 장이 이 법에 따라 집행하는 통신제한조치 및 통신사실 확인자료제공의 요청에 협조해야 하고, 필요한 사항은 대통령령으로 정하도록 규정되어 있다.

하게 되면서 이를 얻기 위해서는 수사기관이 압수·수색영장에 의지할 수밖에 없도록 되었다. 그러나 사실 통신사실확인자료의 경우에서와 같이 형식적으로는 법원의 통제를 받도록 하고 있지만, 수사기관의 수많은 통신사실확인자료 요청에 대해 실질적으로 법원의 통제가 이루어지기는 힘든 현실이다. 따라서 이에 대해 법원의 실질적인 허가가 이루어질 수 있도록 시스템을 정비할 필요가 있다.[62]

6. 온라인 수색의 도입방안에 대한 신중한 검토

클라우드 컴퓨팅 환경에서 디지털 증거 확보를 위해 수사기관이 할 수 있는 강력한 수단으로 고려할 수 있는 방안으로 온라인 수색(Online-Durchsuchung)을 고려해 볼 수 있다. 온라인 수색은 테러범죄자들을 대상으로 도입된 제도로서 "국가기관이 인터넷 접속을 통해서 사용자 모르게 사용자의 IT-시스템에 저장된 데이터를 탐색하거나 복사하는 행위"를 말한다.[63] 독일에서 온라인 수색이 화두가 되기 시작한 것은 2006년 12월 20일 노르트라인-베스트팔렌주의 헌법보호법 제5조에 도입이 되면서 인데,[64] 특히 제11호에 "특히 통신장치에 비밀리에 참여하거나 통신장치를 수색하는 것과 같은 비밀 관찰과 그 밖의 인터넷 수사 및 기술적 수단의 투입으로 정보기술시스템에 비밀리에 접근하는 것. 그러한 조치가 서신, 우편 및 통신비밀을 침해하거

---

62   이에 대해서는 이원상, 각주 57의 논문 126면 이하 참조.

63   이원상, "온라인 수색에 대한 고찰", 형사법연구 제20권 제4호, 2008, 341면.

64   이후 독일연방형사청법뿐 아니라 바이에른주 헌법보호법 제6e조, 바이에른주 경찰법 제34d조, 라인란트-팔츠주 경찰법 제31c조 등에서도 온라인 수색에 대한 내용들을 규정하고 있다; 박희영, "독일에 있어서 경찰의 온라인 수색에 관한 판례 및 법제 동향", 최신외국법제정보 2011년 제2호, 2011 참조.

나 종류와 중요성에서 이와 동일한 경우에는, 이 조치는 다만 서신, 우편 및 통신비밀의 제한에 관한 법률상의 조건하에서만 허용된다"라는 내용이 규정되면서 이다.[65] 이 규정에 대해 헌법소송이 제기되었으며, 연방헌법재판소는 처음으로 소위 'IT-기본법'이라는 것을 제시하며 제한적 위헌결정이 내려졌다.[66] 다만 연방헌법재판소의 결정에 대해 온라인 수색을 옹호하는 측과 반대하는 측이 서로 자신들에게 유리한 방향으로 해석하면서 새로운 국면을 맞이하게 되었다. 이 후 위헌결정을 바탕으로 독일연방형사청법 제20k조에 온라인 수색 규정이 도입되었다.[67] 하지만 이런 규정에도 불구하고 독일연방형사청은 본 규정이 도입된 이후 이를 적용하여 온라인 수색을 수행한 적은 없다고 밝히고 있다. 이는 온라인 수색에 대한 절차가 매우 엄격하여 절차에 맞게 수사하기가 여러모로 어려운 측면이 있으며, 수사기관 자체도 온라인 수색을 사용하는 것에 많은 부담을 느끼기 때문이다. 그럼에도 불구하고 독일은 최근 형사소송법 개정을 통해 제100b조에 온라인 수색 규정을 도입하여 오히려 온라인 수색을 일반화하고 있다. 이는 온라인 수색의 위험성에도 불구하고 온라인 수색이 불가피하게 필요한 영역이 있기 때문이다.[68]

우리나라의 수사기관도 온라인 수색 도입에 대해 많은 관심을 가지고 있는 것으로 여겨진다. 하지만 온라인 수색 도입을 강력히 주장할 수는 없는 상황인데, 이는 온라인 수색이 클라우드 컴퓨팅 환경에서 사용될 수 있는 유용한 수사도구인 것은 사실이지만 매우 강력

---

65   박희영, 앞의 글, 89면 이하.

66   이원상, 각주 65의 논문, 345면 이하 참조.

67   박희영, 앞의 글, 90면 이하 참조.

68   독일법연구회, 독일 형사소송법, 사법발전재단, 2017, 99면 이하.

한 프라이버시 침해 도구이기 때문에 이 제도를 도입하는 것이 결코 쉽지만은 않기 때문이다. 특히 최근 다양한 유형의 개인정보침해에 대해 많은 문제가 제기되고 있는 가운데 그동안 자주 이용되었던 수사기관의 통신사실확인자료제공요청까지도 프라이버시 침해문제로 제한이 되고 있는 상황에서[69] 더욱 그러하다. 그럼에도 불구하고 클라우드 컴퓨팅 환경에서는 온라인 수색을 고려하지 않을 수 없는 상황이다. 특히 해킹과 같은 고도의 사이버범죄인 경우에는 더욱 그러한데, 범죄자의 컴퓨터를 압수·수색할 수 없는 경우나 서버가 수사공조를 받기 어려운 나라에 있는 경우, 해킹범죄자의 해커 등급[70]이 높아 일반적인 압수·수색 방법으로는 디지털 증거를 획득할 수 없는 경우와 같이 특수한 경우에는 온라인 수색이 유일한 방법이자 최후 수단이 될 수 있기 때문이다. 그러므로 온라인 수색이 절대로 불가능하다는 입장을 고수하는 것은 현재의 사이버범죄 상황을 제대로 이해하고 있지 못한 측면이 있다. 물론 온라인 수색이 도입되더라도 그 절차에 대해서는 엄격하게 구성할 필요성이 있으며, 추후 절차에 대한 검증이 가능할 수 있는 장치를 마련해야 하는 것은 당연하다고 할 수 있다.

---

69 최근 서울고등법원이 포털이 임의로 수사기관에 개인정보를 넘기는 것이 개인정보보호의무 위반이라고 판결하면서(2009나103204) 포털들은 그동안 관례적으로 수사기관에 제공해 오던 통신사실확인자료를 제공하지 않겠다고 선언하기도 하였다.

70 해커의 경우도 다양한 등급 체계가 있지만, 대개 가장 낮은 등급인 5등급 '레이머(Lamer)', 4등급 '스크립트 키디(script kiddies)', 3등급 '디벨롭트 키디(developed kiddies)', 2등급 '세미 엘리트(semi elite)' 그리고 1등급 '엘리트(elite)'로 나누어 진다. 해킹범죄의 80~90%는 3등급 이하에 의해 발생하지만, 스틱스넷 등과 같은 공격에는 2등급 이상의 해커들에 의해 발생할 수 있다고 전해지고 있다.

V. 퇴장하기

요즘 거의 모든 범죄들이 디지털 증거 획득을 요하고 있다. 하지만 정보통신기술이 발전하게 됨에 따라 수사기관이 디지털 증거를 획득하는 것은 보다 어려워지고 있다. 특히 최근 클라우드 컴퓨팅 환경이 보편화 되어감에 따라 구름 속에서 범죄와 관련된 디지털 증거를 획득하는 것은 필요불가결하게 되었다. 이런 가운데 많은 범죄자들은 증거가 될 만한 내용들을 클라우드 속에 숨기고 있다. 하지만 수사기관은 이런 현실이 충분히 반영되지 않은 소송절차로 인해 많은 어려움을 겪고 있다. 과거 소위 컴퓨터 범죄의 경우에는 관련 하드웨어를 통째로 압수·수색함으로써 디지털 증거의 획득이 가능하였지만 클라우드 컴퓨팅 환경에서는 거의 불가능한 일이다. 이런 가운데 최근 일부 개정 형사소송법은 일부 디지털 증거 확보에 대한 규정들을 담고 있지만, 현실을 충족시키지는 못하고 있다. 그러므로 우선적으로는 형사소송법에 관련 규정들을 체계적으로 마련해야 할 것이다. 우리 국회의원님들께서 부디 조금 더 열심히 일해 주셨으면 하는 바람이다.

결론적으로 이야기하자면 디지털 증거와 관련해서는 '기(起)-승(承)-전(轉)-국회'다. 국회에서 빨리 관련 법률들을 만들어주어야 한다. 현행 형사소송법은 기존의 디지털 증거 압수·수색에 대한 체계를 마련하지 못하였을 뿐 아니라 클라우드 컴퓨팅 환경에서는 적용하기가 매우 어렵게 되어있다. 그러므로 범죄 증거가 구름 속에 숨어 있지 못하도록 여러 방법들을 모색할 필요가 있다. 물론 주장하는 학자들에 따라 수많은 방법들이 제시될 수 있겠지만 본 논문에서는 크게 여섯 가지 정도를 제시하고 있다. 우선적으로 클라우드 컴퓨팅 환경에서 디지털 증거를 획득하는 것이 얼마나 어려운지에 대한 실증적인 연구가 필요하다. 이는 실무에서 많은 어려움을 호소하고 있는 것에 반해 과연 얼마나 어려운지에 대한 실증적인 자료가 없기 때문이다. 그리고 가장 시급한 것으로 영장제도의 개선이 있다. 이는 디지털 증거 확보를 위해 가장 필요한 것이 영장임에도 불구하고 현행 영장제도는 여전히 아날로그의 범주를 벗어나고 있지 못하기 때문이다. 영장제도와 함께 고려하여야 할 것으로 법원과 수사기관이 디지털 증거에 대한 인식의 지평을 같게 하는 것이다. 두 기관의 디지털 증거와 관련된 제반 내용들에 대한 괴리가 디지털 증거 획득을 실질적으로 어렵게 하는 측면이 있기 때문이다. 이런 가운데 형사소송법에 대한 재개정이 필요하게 된다. 앞에서 언급한 바와 같이 개정된 소송법은 이제까지의 논의와 필요한 규정들을 충분히 반영하지 못하고 있기 때문이다. 하지만 클라우드 컴퓨팅 환경은 디지털 증거의 압수·수색만으로는 적절한 증거를 획득할 수 없다. 클라우드에 있는 증거를 확보할 수 있는 추가적인 수단이 필요하게 된다. 따라서 충분한 논의 후에 정보제출명령이나 제3자 협력의무, 온라인 수색과 같은 방법들의 사용을 좀 더 적극적으로 고려해 볼 필요성이 있다.

사이버공간을 탈출한 사이버범죄 VS. 형사법,

그 미래는?

I. 입장하기

어릴 적 미드인 '전격 Z작전(Knight Rider)'을 보면 '마이클 나이트'라는 비밀 요원이 손목시계에 대고 "키트, 도와줘"라고 말을 하면, 초강력 울트라 인공지능 자율주행 자동차인 '키트(Kitt)'가 바람처럼 달려와서 악당들을 무찌르던 기억이 난다. 이때에는 PC도 대중화되기 이전이고, 자동차에 내비게이션이 장착되기도 이전이었다. 그런데 미드의 상상이 기술적으로는 이미 개발이 되었고, 상용화를 앞두고 있다. 또한 영화 '매트릭스(The Matrix)'에서 평범한 '네오(Neo)'라는 주인공은 어느 날 비밀요원이 주는 파란 알약과 빨간 알약 중 빨간 알약을 먹고 현실공간에서 눈을 뜨게 된다. 마치 우리나라 설화의 '파란 휴지 줄까, 빨간 휴지 줄까'에 비견되는 명장면이다. 네오는 자신이 깨어난 현실공간에서 인간은 인공지능 A.I.에게 생체에너지를 제공하는 연료(?)로서의 삶을 살고 있고, 정작 자신이 살고 있던 곳은 매트릭스라는 사이버공간이었다는 것을 알게 된다. 지금은 영화 속 네오가 살던 사이버공간이 완전히 구현된 세상이 되었다. 이처럼 드라마나 영화, 소설, 게임 등 창작 작품들을 미래 우리의 삶을 미리 보여주는 역할을 한다. 새로운 기술의 발달은 우리의 삶을 안락하고 편안하게 바꿔주지만 범죄와 연관되는 경우에는 우리 삶에 상당한 피해와 고통을 줄 수 있다. 그러므로 여기서는 최근의 창작물들을 통해 사이버공간을 탈출한 사이버범죄의 미래를 예언(?)해 보고자 한다. 물론 필자에게는 예언의 능력도 없고, 보장해 줄 수도 없다. 필자의 말에 너무 많은 신뢰를 주는 것은 금물이다!

II. 새로운 종(種)의 탄생?

요즘에는 게임 창작물의 영향력이 상당히 크게 되었다. 물론 소설, 영화, 애니메이션 등과 게임이 서로 순환하며 동일한 콘텐츠들이 모습을 달리하며 공유되기도 한다. 영향력이 큰 창작물의 형식이 다른 형식으로 옮아가는 것이다. 그런데 최근에는 게임물이 다른 창작물로 전환되는 경우가 많다. 예를 들어, 파이널 판타지가 애니메이션으로 만들어지거나 워크래프트가 영화로 만들어지는 등 게임물은 다양한 창작물로 옷을 갈아입고 있다. 최근 게임 중에서 우리의 주제와 관련된 게임으로 '디트로이트: 비컴 휴먼(Detroit: Become Human)'이라는 게임이 있다. 안드로이드가 대중화 된 2038년 미국의 디트로이트를 배경으로 하며, 중간 중간 유저의 선택에 따라 완전히 다른 결말을 맺게 된다. 게임의 메인 테마는 안드로이드들이 인간의 노예처럼 다루어지다가 프로그램에 내재되어 있던 자아를 얻게 된다는 것이다. 결국 안드로이드들의 지도자가 나타나 인간으로부터 독립하여 새로운 '안드로이드(種)'을 탄생시키게 된다. 물론 이는 필자의 선택에 따른 결말이다. 이와 비슷한 주제를 다룬 영화로는 부르스 윌리스 주연의 '바이스:범죄도시(Vice)'라는 것이 있고, 미드로는 '웨스트 월드(Westworld)'라는 것이 있다.

인간이 인공지능로봇을 파괴하면 무슨 죄가 될까? 일단 재물손괴죄 정도가 적용될 것이다. 현행 형법은 인간 외에는 모두 물건으로 간주하기 때문이다. 하지만 인공지능로봇이 인간과 같은 지위를 갖게 된다면 어떻게 될까? 살인죄가 적용될 수는 없지만 그 불법에 상응하는 '인공지능로봇 살해죄'가 만들어질지도 모를 일이다. 더 나아가 영화 '매트릭스'에서는 현실공간에서 인간이 로봇에게 지배를 받고 있다. 시리즈가 5편까지 나온 영화 '터미네이터'에서도 인류는 미래에 인공지능로봇에게 전투에서 밀리는 바람에 타임머신으로 아예 인공지능로봇이 만들어지기 이전에 인공지능로봇을 개발하지 못하도록 시도하기도 하였다. '터미네이터2'의 마지막 장면에서 아놀드 슈왈츠제네거가 엄지척을 하고 용광로로 들어가던 장면이 상당히 인상적이었는데, 어떻게 살아났는지 5편까지 출연했다. 인공지능로봇은 인간보다 우월하기 때문에 인간이 특이점을 넘어선 새로운 종(種)에게 지배를 받게 될 수도 있다는 것이다. 물론 예전에도 '혹성탈출'이라는 영화에서 인간이 다른 유인원의 지배를 받는다는 내용을 접했기 때문에 덜 충격적일 수도 있을 것이다. 각종 창작물들이 새로운 종(種)의 출현을 예언하고 있다. 어쩌면 지금부터 미리 준비해야 하지 않을까? 전설의 '프리메이슨(Freemason)'과 같은 조직을 창설해야 할지도 모를 일이다.

인공지능로봇은 아니지만 그와 유사하게 인간복제로 탄생한 인간에 대한 문제도 고려해 볼 필요가 있다. 2005년 마이클 베이 감독이 만든 '아일랜드(The Island)'에서는 인간복제로 인해 고립된 실험실에서 아일랜드로 이주하는 것을 그리며 살아가고 있는 사람들의 이야기가 펼쳐진다. 영화 속 링컨의 복제자인 링컨6-에코는 법적으로 링컨과 동일한 사람으로 권리와 의무를 지는 것일까? 아니면 쌍둥이와 같이 서로 다른 법적 주체일까? 영화 내용을 봐서는 개별 주체로 봐야하는 것이 맞을 것 같다. 그러므로 링컨이 복제인간인 링컨6-에코의 장기를 적출하여 자신에게 이식하게 되면 그에 따른 형사책임을 져야 할 것이다. 이와 함께 SF영화의 고전으로 일컬어지는 1982년에 개봉된 리들리 스콧 감독의 '블레이드 러너(Blade Runner)'도 같은 문제의식을 일으켜 준다. 영화의 배경은 2019년 미국의 LA이고, 타이렐사는

'리플리컨트'라는 복제인간을 생산한다. 복제인간들은 주로 다른 행성들을 식민지화 시키기 위한 인간들의 도구로 사용되는데, 복제인간들이 자신들을 학대하는 인간들에 대해 반기를 들면서 블레이드 러너인 '데커드'가 복제인간인 넥서스 6를 폐기처분 하면서 벌어지는 이야기이다. 이 영화에서도 인간들은 복제인간들을 인간들과 동일하게 취급하지 않고, 단지 도구로만 간주한다. 필요에 따라 그들을 사용하고, 필요 없게 되면 폐기처분하게 된다. 폐기처분이란 쉽게 말해 그들을 죽이는 것이다. 인간들의 욕망을 위해 새롭게 창조한 종(種)에게는 인간의 법이 적용되지 않는다. 그들은 단지 물건과 동일하게 취급되는 것이다. 인간이 창조하였다고 해서 인간이 마음대로 사용하고 폐기하는 것이 과연 옳은 일일까? 결국 데커드는 복제인간인 레이첼을 폐기하지 않고 도주시킨다. 이런, 필자가 스포일러가 되어 버렸다. 다만 여러 버전이 있으니 다행이다.

사실 이와 관련해서는 그 이전에도 고민이 있었다. 영화 '로봇캅(Robocop)'을 보면 머리만 인간이고 몸 전체인 로보캅을 인간으로 간주해야 할지, 아니면 로봇으로 간주해야 할지의 문제가 생길 수 있다. 또한 영화 '혹성탈출'의 시저와 같이 인간과 지능이 같은 유인원을 인간처럼 취급해야 할지도 문제가 될 수 있다. 더 나아가 애니메이션 '강철의 연금술사'에서 등장하는 '호문쿨루스(Homunculus)'와 같이 연금술로 만들어낸 인간이나 누구나 알고 있는 소설 '프랑켄슈타인'에 나오는 프랑켄슈타인을 법적으로 어떻게 취급할 지도 문제일 수 있다. (실례로 과거 노예들을 인간과 같이 취급해야 하는지의 문제에 대해서 우리는 이미 역사적으로 쓰라린 경험을 하였다. 당시 노예들은 동물과 같은 수준에서 취급을 받았다! 이기적인 인간의 무지함을 보여준 아픈 역사라고 할 것이다) 즉, 이제까지 이 세상은 인간과 동물, 식물 등과 같이 단순한 구분이 가능했지만, 기술의 발달로 인해 새로운 유형의 생명체(?)들이 생겨나면서 법적인 대응방법에 어려움이 있다. 물론 지금 상황에서는 공상적인 내용이 되겠지만 지금 우리가 사는 세상도 과거에는 공상이었다! 우리는 아마도 인간이 창조한 새로운 종(種)의 탄생을 준비해야 할 것이다.

III. 범죄대응의 미래

1. 범죄를 예측해서 처벌할 수 있을까?

2002년에 개인적으로 충격적인 영화를 보게 되었다. '마이널리티 리포트(Minority Report)'라는 영화이다. 영화의 핵심은 2054년 미국의 워싱턴은 세 명의 예지자들이 범죄를 미리 예견하게 되면 특수경찰들이 범죄 발생 이전에 범죄자를 체포할 수 있는 '프리크라임 시스템'을 구축하게 된다는 것이다. 범죄에 대응하는 이상적인 시스템인 것이다. 우리나라도 후고구려를 세운 궁예가 '관심법(觀心法)'을 통해 예언을 할 수 있었다고는 하는데 드라마에서 본 것이라 실제로 그런 능력을 가지고 있었는지는 모르겠다. 범죄는 일단 발생하게 되면 피해자가 생기게 된다. 범죄피해는 아무리 노력해도 완전히 지워지지 않는다. 우리 사회도, 피해자도, 심지어 가해자에게도 범죄의 흔적은 상당히 오래 간다. 그런 가운데 영화 속 프리크라임 시스템은 구현만 된다면 정말 범죄를 '박멸'할 수 있는 최고의 도구가 될 것이다. 그러나 우리 형사사법체계에서는 범죄가 발생하기 이전에 미리 가해자를 체포·구속하여 처벌할 수 없다. 범죄처벌은 범죄발생 이후의 처리절차이기 때문에 예방 차원에서 처벌할 수는 없다. 인공지능이 발달하여 범죄를 99.9999% 예측할 수 있다면 가능할까? 그래도 0.0001%의 오류 때문에 불가능하다. 법언에는 "100명의 범인을 놓쳐도, 단 1명의 억울한 사람을 생기게 해서는 안된다"는 말이 있다. 그 오류로 인해 범죄와 관련 없는 시민을 처벌할 수 있기 때문이다. 일단 범죄를 예측해서 처벌하는 것은 패스다.

2. 인공지능로봇을 통한 범죄대응은 가능할까?

현재 미국에서는 K5라는 계란형의 보안로봇이 실제로 활용되고 있다. K5는 건물 주변을 감시하고, 범죄를 저지르는 사람에 대해 전기충격을 가할 수 있다. 드론을 사용하여 시위를 진압하기도 하는데, 드론은 시위대를 감시하기도 하고 최루탄을 발사할 수도 있다. 다만, 아직까지는 기술적인 한계와 법률적인 한계로 인해 널리 활용되고 있지는 못하다. 미래에는 어떨까? 영화 '로보캅(Robocop)'은 범죄와 무질서에 빠진 도시의 최후의 보루가 되어 악의 무리에 대해 강력한 대처를 한다. 우리나라의 '로보카 폴리'와 헷갈리는 것은 금물이다. 또한 1995년에 개봉한 영화 '저지드레드(Judge Dredd)'에서는 2139년에 과거 뉴욕이었던 '메가 시티 원'에서 람보의 실버스타 스텔론이 판사로 변해 각종 첨단장비와 첨단무기의 도움으로 범죄에 대한 수사와 기소, 판결을 현장에서 바로 하기도 한다. 나름 느낌있지만 기소와 재판이 분리되는 탄핵주의 형사소송체계를 가지고 있는 우리나라에서는 꿈도 못 꿀 일이다. 더욱 강력한 예로 오시이 마모루 감독의 애니메이션 '공각기동대(Ghost In The Shell)'가 있다. 2029년 네트워크화된 세상에서 지능화되고 흉포화되는 범죄에 대응하기 위해 사이보그로 구성된 공안9과를 창설하여 범죄에 대응한다는 내용이다. 공안9과의 팀장인 주인공 쿠사나기는 전뇌화를 통해 인간의 정신에 사이보그 육체를 가지고 있는 사이보그 인간이다. 로보캅과는 달리 인간의 정신을 가지고 있는 사이보그라고 할 것이다. 또한 다치코마라는 A.I. 로봇이 운행수단이자 동시에 범죄검거에도 도움을 주기도 한다. 그런데 사이보그나 인공지능로봇이 와서 시민을 체포한다면 시민이 순순히 그에 응할까? 인공지능로봇이 시민을 재판한다면 시민은 그 재판에 승복할 수 있을까? 기술적·법률적으로 가능하다고 하더라도 시민의 감정이 허락하지 않을 수도 있다. 이처럼 아직까지는 인공지능로봇을 통한 범죄대응의 기술적 수단에는 한계가 있고, 법률도 미비하지만, 무엇보다 시민들의 법감정상 아직까지 승인하기는 쉽지 않을 것이다. 그러나 2015년 시즌1이 시작한 영미 합작 리메이크 드라마 '휴먼스(Humans)'라는 것을 보면 미래에는 인간과 휴머노이드가 평화롭게 살아가는 것이 어색하지 않고, 2000년 개봉한 '바이센테니얼 맨(Bicentennial Man)'에서 로봇인 앤드류는 로봇을 포기하고 인간과 같은 감정을 갖게 되고 인간이 되고 싶어 한다. 인간과 인공지능로봇의 경계가 모호해 지는 것이다. 그러므로 미래에는 인공지능로봇에 대한 시민들의 감정도 바뀔 수도 있지 않을까?

로봇에게 전적으로 인간의 안전을 맡기게 되면 발생할 수 있는 위험은 무엇일까? 2004년 개봉한 영화 '아이, 로봇(I, Robot)'에서는 그에 대한 문제점을 제기하고 있다. 로봇에게는 소설가이자 화학자인 아이작 아시모프(Isaac Asimov)가 주창한 다음과 같은 로봇 3원칙이 적용된다. "법칙1: 로봇은 인간을 다치게 해선 안 되며, 행동하지 않아서 인간이 다치도록 방관해서도 안 된다. 법칙 2: 법칙 1에 위배되지 않는 한, 로봇은 인간의 명령에 복종해야만 한다. 법칙 3: 법칙 1, 2

에 위배되지 않는 한 로봇은 스스로를 보호해야만 한다." 2035년 인공지능 슈퍼컴퓨터 비키는 인간의 자유가 인간을 다치게 하는 원인이므로 인간을 보호하기 위해서 로봇들을 조종하여 인간을 가택에 감금한다. 시카고 경찰 델 스프너와 인간의 심성을 지닌 인공지능로봇 써니가 비키의 만행(?)을 이겨내어 결국은 인간을 다시금 자유롭게 만든다는 내용이다. 사실 비키가 악역을 맡고 있지만 비키의 결정은 인간을 보호할 수 있는 최선의 결정일 수도 있다. 그러나 비키는 인간의 안전도 중요하지만 인간의 최고의 가치중 하나인 자유를 그 대가로 삼는 오류를 범하고 있다. 최근에도 우리의 안전을 위해 시민의 자유를 대가로 치러야 하는 경우가 많다. 기술발전으로 인해 위험이 더욱 커질 수 있는 미래에는 더욱 그러할 수도 있다. 그러나 새장 속의 자유는 자유가 아니다. 비키는 논리적으로는 최선의 결정을 하였지만, 가치적으로는 잘못된 결정을 한 것이다. 이처럼 미래에는 인간의 안전의 대부분을 인공지능로봇에게 맡기게 될 것이다. 하지만 안전을 책임지는 인공지능로봇이 인간의 안전을 위협할 수도 있지 않을까? 그래서 최후의 수단을 위해 킬 스위치(kill switch)를 반드시 설치해야 한다고 하는 것이다. 착한 인공지능로봇이 인간을 위해서 각종 서비스도 제공하고, 착하게 범죄에 대응해 줄 수 있으면 금상첨화일 것이다.

IV. 형사법의 미래

첨단기술들은 날아가고 있다. 사람들의 삶도 기술을 따라 열심히 달려가고 있다. 그런데 다소 과격한 표현일 수 있지만 문제는 법률은 뒷짐 지고 걸어가고 있다는 것이다. 물론 법률이 현상보다 앞서가

기는 쉽지 않다. 현상들을 뒤따라가는 것은 당연할 수 있다. 그런데 느려도 너무 느리다. 세상은 이미 화성시대를 준비하고 있는데 법률은 지구의 중력에 갇혀있다. 디지털 증거가 이미 아날로그 증거를 압도하고 있는데도 우리 형사소송법은 아직도 디지털 증거와 관련된 규정들을 충분히 품고 있지 못하다. 사이버범죄가 넘쳐나고 있는데도 형법에는 아직도 1996년 개정된 컴퓨터 범죄만이 규정되어 있고, 대다수 사이버범죄는 개별법인 정보통신망법에 규정되어 있다. 그나마 민사소송에서는 일부 전자소송이 도입되었지만 형사소송에서는 여전히 어마어마한 종이서류들을 가지고 재판을 하고 있다. 도대체 법률은 왜 이렇게 사회현상을 제대로 담지 못하고 아직도 과거를 규율하고 있을까?

가장 큰 이유는 정책을 마련하고 법률을 제정하는 입법부에서 정보화시대를 온전히 이해하지 못하기 때문이다. 우리나라 의사결정 구조는 상급자가 모든 최종 결정을 하는 구조이다. 실무자들이 아무리 뛰어나고, 능력이 있다고 하더라도 모든 결정은 상급자의 몫이다. 그런데 상급자는 실무자들이 아무리 많은 정보를 제공하더라도 자신들의 경험에 의존하는 경우가 많다. 문제는 상급자들의 경험에는 지금 우리가 경험하고 있는 정보화 사회가 거의 없다. 그러다 보니 대다수의 결정은 보수적이고 안정적으로 할 수 밖에 없게 된다. 이와 같은 의사결정 구조에서는 선진적인 정책이나 법률이 나오기 쉽지 않다. 여기에 더하여 형사법은 사회의 어두운 부분을 관장하는 법률이다. 형사법이 시민들에게 이익을 주고 희망을 주는 법률이라면 열심히 앞서 달려야 하겠지만 범죄자를 처벌해야 하는 법률이기 때문에 죄형법정주의 원칙, 최후수단성 원칙, 단편성 원칙, 보충성 원칙, 비례성 원칙 등 형사법을 제한하는 여러 원칙들을 충족해야 하기 때문에 더딘 걸음을 걸을 수밖에 없다. 물론 최근에는 이런 형사법의 태생적 한계를 극복하기 위해 위험형법이니 적대형법이니 예방형법이니 하는 새로운 개념들이 나타나고 있지만, 여전히 대세는 전통적인 형법관에 있다.

그렇다면 형법사의 미래는 어떻게 될까? 최근 들어 젊은 형사법학자들을 중심으로 정보화 사회를 담는 작업들이 계속되고 있다. 물론 젊은 형사법학자들이라고 하더라도 지천명(知天命)을 앞두고 있는 분들이 대부분이라 젊다고 하기도 민망하지만, 100세 시대에 아직 반환점도 돌지 않았기 때문에 젊은 것이다. 우선 사이버범죄 예방과 관련된 법률들부터 현실을 온전히 담으려고 노력하고 있다. 법률이 제정되기는 쉽지 않으므로 주로 규칙이나 시행령 등에 관련된 내용들을 담고 있다. 최근에는 형사소송법에도 디지털 증거와 관련된 규정이 들어왔다. 그리고 형법은 아니지만 정보통신망법에서는 열심히 사이버범죄들에 대한 처벌규정을 담고 있다. 법원이나 검찰, 변호사 등 법조계에서도 시대의 변화에 대응하기 시작하였다. 즉, 아직 더디긴 하지만 형사법도 미래를 준비하고 있는 것이다. 사실 과거에는 사회변화가 급속하지 않았으므로 법률이 쫓아가는 것에 큰 문제는 없었다. 하지만 지금과 같이 자고 일어나면 새로운 첨단기술이 개발되는 세상에서 법률이 적절히 따라가지 못하는 것은 지극히 당연할 수도 있다. 그래도 우리가 주요 OECD 국가 중에서 법률 상황이 뒤쳐지는 것이라면 자존심 문제도 작용할 것 같다. 우리 형법이 독일법을 계수한 일본법을 계속하여 근대화가 늦었다고 하더라도 IT강국으로서 지금도 여전히 외국법을 가져다 쓰는 것은 우리 후손들에게 면목이 서지 않는 일이다. 이제 부터는 집단지성에 강점이 있는 우리 시민들이 관심을 갖고 나서야 할 것이다. 다함께 법공부 합시다!!!

V. 퇴장하기

초등학교(구 국민학교) 때 필자는 특별활동부서로 컴퓨터반에 들어갔다. 애플2e, 아이큐 1000 MSX 등이 활개를 치기도 이전이었다. 그런데 컴퓨터반에는 컴퓨터가 없었다! 컴퓨터반에서 베이직(Basic)이라는 프로그래밍 언어를 배웠는데 빈 종이에 프로그램이 실행되는 상상을 하며 연필로 코딩을 하였다. 요즘 세상에서는 상상이 가지 않을 것이다. 1991년 아버지께서는 타고 다니시던 자동차를 파셔서 필자에게 8088 XT컴퓨터를 사 주셨다. 꼭 컴퓨터 전문가가 되어서 인공지능로봇을 만들겠다는 필자의 의지를 높이 사신 아버지께서 큰 결단을 내리시고 필자에게 투자를 하신 것이다. 5.25인치 플로피 디스크 드라이버 2개에 램은 640k, 화면은 VGA 256컬러에 음향을 위해 음악카드인 애드립 카드를 추가로 사서 장착하였다. 컴퓨터 전문가를 꿈꾸었지만 코에이(Koei)의 삼국지, 페르시아 왕자, 원숭이섬의 비밀 등 게임홀릭으로 인해 다른 길로 접어들게 되었다. 그 당시는 요즘처럼 프로게이머가 없고, 게임하면 게임폐인으로 취급되어 온갖 핍박을 받던 시기라 필자의 게임능력에 더 이상의 진보는 없었다. 사실 그 때의 꿈을 아직도 버리지 못했는지 필자는 정보처리기사 1급 자격증도 따고, 프로그래밍 언어들도 열심히 공부를 했다.

X세대로 일컬어졌던 필자는 행운일지도 모르겠다. 과거 아날로그만의 시대도 살아봤고, 아날로그 시대에서 디지털 시대로 격변하는 과정도 경험하였으며, 지금은 디지털 세상을 살아가고 있다. 어릴 적 상상화 속에 그리던 세상을 맞이한 것이다. 그런데 필자가 살아가는 세상으로 사이버범죄도 튀쳐나올 줄이야⋯ 모 드라마에서 암세포도 생명체라고 했다가 많은 지탄을 받아서 매우 조심스럽지만, 사이버

범죄는 정말로 육체를 입어서 살아있는 생명체가 되어가고 있다. 물론 아직도 SF소설 같은 이야기 이지만 누구도 실현될 수 없다고 단언할 수는 없을 것이다. 이제부터 우리가 살아가게 될 세상은 이전의 인류가 전혀 경험하지 못한 세상이다. 선조들의 지혜로 전통적인 형사법이 만들어진 것처럼 이제는 우리들의 지혜로 후손들을 위한 미래의 형사법을 마련해야 할 때이다. 남의 일이라고 무관심하지 말고 바로 당신이 그 일을 해 나가야 할 것이다!

index

색인

ㄱ

가상화 기술 183
강한 인공지능 로봇 65, 69
개인정보 104, 134
경찰청 미래비전 2045 87
과실범 73
과학경찰 88
관련성 202
기술적 오류가능성 136
기술지배성 10

ㄴ

나이트스코프(Knightscope) 92
네트워크 사회 6
네티켓(netiquette) 15

ㄷ

도덕적 행위력 67
동물 160
드론 93, 99, 105, 107
디스토피아 19
디지털 증거 압수·수색 185
디지털 증거의 압수·수색의 범위 193

ㄹ

로렌스 레식(Lawrence Lessig) 14, 33
로봇 60
로봇 3원칙 220
로봇 윤리 151
로봇의 권리장전 70

ㅁ

무경계성 12
민감정보 135

ㅂ

바이오매트릭스 120
범죄 14
범죄능력 162
범죄예방 85
범죄예방 환경설계적 방법 101
범죄와의 관련성 191
법률 16
법인 160
법인의 형사책임능력 166
보안강화 108
보호관찰 분야 131
비례성원칙 적용 137
비식별 개인정보 103
빅데이터 90, 96, 124, 182

ㅅ

사안중심적 입법형식 39
사이버 망명 98
사이버 범죄 32
사이버 불링(cyber bullying) 13
사이버스토킹 41
사이버 폭력 32
4차 산업혁명 53
사회규범 15
사회적 신뢰성 강화 109
새로운 종(種) 215
샌프란시스코 범죄 분류(crime
        classification) 프로젝트 91
생명정보(Bioinformation) 120
생체정보 98, 118
생체정보 활용분야 121
서버에 대한 압수·수색 192

셉테드 94
수사 126
순찰(patrol) 91
스토킹 39, 40
스토킹 범죄 38
시장 15
CCTV 93

ㅇ
아이작 아시모프 220
알파고 59
압수·수색 영장제도 199
약한 인공지능 149
약한 인공지능 로봇 68
엘빈토플러(Alvin Toffler) 3, 56
엣지 컴퓨팅 184
역인식 시스템(DAS: Domain Awareness
       System) 95
온라인 수색 207
위험사회(risk society) 4
유비쿼터스 사회 8
유비쿼터스화 25
유토피아 18
유해매체 32
율주행자동차의 과실범 75
익명성 10
인간중심의 행위체계 158
인공지능 59, 147
인공지능의 범죄능력 164
인공지능의 수형능력 169
인공지능의 형사책임능력 166
인터넷 중독 32

ㅈ
자율주행자동차 61, 157
전산화 25
전자감독제도 94
전자발찌 94, 131
전자 인간 69
전자인격 165
정보제출명령 203
정보침해 32

정보화 25
정보화 사회 5
정보화 역기능 23, 28
정보화 역기능 분류 34, 35
제1의 물결 56
제2의 물결 56
제3의 물결 57
제3자의 협력의무 206
제4의 물결 56, 57
제조물책임 76
증거 분야 129
집단성 12
집단지성 6

ㅊ
책임론 71
책임성 67
첨단과학기술 85
초인공지능 150

ㅋ
컴퓨터 범죄 26
코드(Code) 14, 17
클라우드 컴퓨팅 179
클라우스 슈밥(Klaus Schwab) 53

ㅌ
통신사실확인자료 207
투망식 탐색 200
특이점 150

ㅍ
판덱텐 시스템 입법형식 38
평판 11

ㅎ
한국전산원 25
한국정보화진흥원 33, 43
해킹행위 38
행위론 63
형법 16
형법각론의 분류체계 47
형법상 책임의 귀속 161
형법적 책임 71

저자 소개

이원상

고려대학교 법과대학 법학석사(형사법, 사이버범죄 전공)
독일 뷔르츠부르크 대학 법학박사(형사법, 사이버범죄 전공)
(전) 한국형사정책연구원 국제협력센터 사이버범죄 대응팀 팀장
(전) 세계 사이버스페이스 총회 자문위원
(전) 조선대학교 법학과 학과장
(현) 사이버범죄 민간합동조사단 위원
(현) 한국형사법학회 이사
(현) 한국비교형사법학회 상임이사
(현) 한국형사정책학회 상임이사
(현) 한국형사소송법학회 상임이사
(현) 한국보호관찰학회 상임이사
(현)한국디지털포렌식학회 상임이사
(현)한국법이론실무학회 상임이사
(현)한국소년정책학회 편집위원
(현) 한국정보화진흥원 학술지 편집위원
(현) 경찰대학 범죄수사학연구 편집위원
경찰시험 출제위원
공무원시험 출제위원
(현) 조선대학교 법학과 부교수

사이버범죄론 − 4차 산업혁명의 역습: 사이버공간을 탈출한 사이버범죄

초판1쇄 발행 2019년 1월 7일

지은이   이원상
펴낸이   안종만

편 집   조혜인
기획/마케팅 이영조
표지디자인   김연서
제 작   우인도 · 고철민

펴낸곳   **(주) 박영사**
           서울특별시 종로구 새문안로 3길 36, 1601
           등록 1959.3.11. 제300−1959−1호(倫)
전 화   02)733−6771
f a x   02)736−4818
e−mail   pys@pybook.co.kr
homepage   www.pybook.co.kr
ISBN   979−11−303−0680−3 93330

*잘못된 책은 바꿔드립니다. 본서의 무단복제행위를 금합니다.
*저자와 협의하여 인지첩부를 생략합니다.

정 가 15,000원